盐铁论

〔西汉〕桓宽 编著　倪仲 译注

海峡出版发行集团 | 鹭江出版社
THE STRAITS PUBLISHING & DISTRIBUTING GROUP
·厦门·

图书在版编目（CIP）数据

盐铁论 /（西汉）桓宽编著；倪仲译注. --厦门：鹭江出版社，2025. 4. -- ISBN 978-7-5459-2454-1

Ⅰ. F092.2

中国国家版本馆CIP数据核字第20258XL013号

出 版 人 雷　戎

责任编辑 林烨婧

美术编辑 朱　懿

YANTIELUN

盐铁论

〔西汉〕桓宽 编著　倪仲 译注

出版发行：鹭江出版社

地　　址：厦门市湖明路 22 号　　　邮政编码：361004

印　　刷：北京铭传印刷有限公司

地　　址：北京市密云区十里堡镇靳各寨村南 500 米　联系电话：13521736333

开　　本：880mm × 1240mm　1/32

印　　张：14.875

字　　数：320 千字

版　　次：2025 年 4 月第 1 版　　2025 年 4 月第 1 次印刷

书　　号：ISBN 978-7-5459-2454-1

定　　价：38.00 元

序言

在历史的长河中，思想的火花总是以其独特的光芒照亮着人类前行的道路。在这些璀璨的思想之光中，古代中国的典籍犹如一颗颗耀眼的明珠，不仅记录着先贤们的智慧与洞见，更承载着中华民族深厚的文化底蕴。《盐铁论》便是这样一部跨越时空、历久弥新的经典之作，它以其深刻的见解、激烈的辩论和丰富的史料价值，成为研究中国古代经济、政治、文化不可或缺的重要文献。

《盐铁论》成书于汉昭帝始元六年（公元前 81 年），是汉廷就盐铁官营、均输、平准、酒榷等经济政策召集的“盐铁会议”的记录。会议期间，文学、贤良一方与御史大夫桑弘羊等政府官员一方就国家经济政策、社会风气、道德伦理等问题展开了激烈的辩论。这些辩论不仅反映了当时社会各阶层对于国家政策的看法与诉求，更深刻揭示了古代中国在经济转型、社会治理等方面的思考与探索。

本书之所以命名为《盐铁论》，是因为盐与铁作为古代国家专营的重要物资，其经营方式直接关系到国家财政、民生福祉及社会秩序的稳定。会议围绕盐铁专营的利弊、民间工商业的发展、国家干预与自由市场的平衡等核心议题展开讨论，展现了古代中国在经济发展与社会治理上的复杂性与多样性。书中既有对国家宏观经济政策的宏观分析，也有对民间疾苦、道德伦理的微观关怀，体现了古代中国士大夫“以民为本”的治国理念与人文关怀。

重读《盐铁论》，我们不难发现，其中所探讨的问题，如政府与市场的关系、公平与效率的平衡、社会财富的分配等，至今仍是现代社会面临的重大课题。这部古老的典籍，以其跨越千年的智慧，为我们提供了宝贵的思考资源与启示。它让我们看到，无论是古代还是现代，无论是东方还是西方，人类社会在追求发展、进步的道路上，总会遇到相似的问题与挑战，而前人的智慧与经验，正是我们面对这些问题时不可或缺的指引。

因此，本次出版的《盐铁论》，不仅是对古代经典的一次致敬与传承，更是希望借此机会，让更多人了解并思考这些跨越时空的普遍性问题，从中汲取智慧，为当代社会的发展与进步贡献自己的力量。愿这部承载着古代中国智慧与洞见的典籍，能够在新时代焕发出新的生命力，成为连接古今、启迪未来的桥梁。

目录

卷一

卷二

卷三

卷　四

卷　五

卷　六

卷 七

卷 八

卷 九

卷 十

卷一

本议第一

导读

“本议”，即对基本问题的讨论，此处指有关盐铁官营、酒类专卖、均输、平准等经济政策的讨论。本篇在全书中属于纲领性的篇章，从本篇中可以看出文学与大夫的基本观点。文学认为这些经济政策与民争利，导致社会风气败坏，因而主张废除。大夫则反对废除，认为如果废除盐铁官营，就会导致边境军费不足，而均输、平准的实施则是为了“平万物而便百姓”。文学继而对此提出反驳，认为朝廷应用文教和德化的方法来感化远方异族，而不是诉诸武力；且均输、平准政策在实施过程中，非但没有带来均衡劳逸、方便贡输的好处，反而产生了官吏强征贱买、因垄断而导致物价飞涨、奸商囤积居奇等弊端。

惟始元六年[①]，有诏书使丞相、御史与所举贤良、文学语[②]。问民间所疾苦。

注释

①惟，句首发语词。始元六年：公元前81年。始元，西汉皇帝汉昭帝刘弗陵的第一个年号，公元前86年—前81年。

②诏书：帝王布告臣民之书。丞相：这里指田千秋。御史：这里指桑弘羊。贤良、文学：二者都是汉代选官取士的科目之一，此处指通经达变之士。语：讨论。

翻译

始元六年，汉昭帝发出诏书，让丞相田千秋、御史大夫桑弘羊与各地所举荐的贤良、文学进行讨论，询问民间疾苦。

文学对曰：窃闻治人之道[①]，防淫佚之原[②]，广道德之端，抑末利而开仁义[③]，毋示以利，然后教化可兴，而风俗可移也。今郡国有盐铁、酒榷、均输[④]，与民争利。散敦厚之朴[⑤]，成贪鄙之化[⑥]。是以百姓就本者寡，趋末者众。夫文繁则质衰[⑦]，末盛则本亏。末修则民淫，本修则民悫[⑧]。民悫则财用足，民侈则饥寒生。愿罢盐铁、酒榷、均输，所以进本退末，广利农业，便也[⑨]。

注释

①窃：谦辞，私下。闻：听说。

②淫佚：放纵享乐。佚，通“逸”。原：通“源”，根源。

③末利：古代中国重农抑商，以农为本，这里是对经营工商业图利的贬称。

④郡国：统指地方。盐铁：指盐、铁官营。酒榷：指酒类专卖。均输：指均输法，即在全国各地设均输官，掌管物资的运输和收购、调剂有无，防止私商牟取暴利。

⑤散：破坏。朴：本质。

⑥化：指风气。

⑦文繁：形式繁华。

⑧民悫：民风诚朴。

⑨便：适当。

翻译

文学回答说：我私下听说治民的方法，在于防堵放纵享乐的根源，发扬道德的端绪，抑制工商末利，宣扬仁义，不要以利益示民，这样道德教化才能兴盛，风俗才能改变。如今各地都在推行盐铁官营、酒类专卖和均输法，与老百姓争夺利益。这样做破坏了老百姓忠厚的本质，形成了贪婪卑劣的风气。因此，老百姓从事农业的少了，热衷于工商业的多了。形式繁华就会使本质衰败，逐利风气盛行就会使农业衰落。工商业发展就会使民风奢侈，农业发展就会使民风诚朴。民风诚朴就会财用富足，民风奢侈就会产生饥寒。希望废除盐铁官营、酒类专卖和均输法，这是用来推进农业根本、抑制工商业末利的方法，对于推广发展农业，是适当的。

大夫曰：匈奴背叛不臣①，数为寇暴于边鄙②。备之则劳中国之士③；不备则侵盗不止。先帝哀边人之久患④，苦为虏所系获

也，故修障塞，饬烽隧[5]，屯戍以备之。边用度不足，故兴盐、铁，设酒榷，置均输，蕃货长财[6]，以佐助边费。今议者欲罢之，内空府库之藏，外乏执备之用[7]，使备塞乘城之士[8]，饥寒于边，将何以赡之[9]？罢之，不便也。

注释

①大夫：此处及下文均指御史大夫桑弘羊。臣：臣服。

②数：屡次，多次。寇暴：侵扰，侵犯。边鄙：边境。

③中国：本指中原地区，此处指汉朝统治区域。

④先帝：指汉武帝刘彻。

⑤饬：修整。烽燧：烽火燧烟。古代在边境发现敌情，白天放烟报警叫“燧”，晚上举火报警叫“烽”。

⑥蕃货：增加货物。

⑦执备：守备。

⑧备塞：守备边塞。乘城：在城上防守。

⑨赡：供给。

翻译

大夫说：匈奴背叛汉家，不愿臣服，多次侵犯边境。防备匈奴入侵，就会劳苦将士；不加防备，匈奴就会进犯不止。先帝怜悯边境民众长期遭受匈奴侵扰祸害，苦于边民被匈奴所俘虏，所以在边境建造城堡要塞，修整烽火燧烟，屯田戍守来防御敌人。边防费用不足，所以才实行盐铁官营、酒类专卖和均输法，以此增加财货，增长财富，补充边防经费。如今你们想要废除它，这样对内会导致国库空虚，对外会导致边防费用缺乏，让守卫在边疆的战士挨冻受饿，朝廷拿什么去供给他们呢？废除这些政策是很不妥当的。

文学曰：孔子曰：“有国有家者①，不患贫而患不均，不患寡而患不安。”故天子不言多少，诸侯不言利害，大夫不言得丧。畜仁义以风之②，广德行以怀之③。是以近者亲附而远者悦服。故善克者不战④，善战者不师，善师者不阵。修之于庙堂⑤，而折冲还师⑥。王者行仁政，无敌于天下，恶用费哉？

注释

①国：诸侯的封地。家：卿大夫的封地。

②畜：通“蓄”，蓄积，培养。风：教化。

③广：推广。怀：安抚。

④克：胜利，取胜。

⑤修：修明政治。庙堂：指朝廷。

⑥折冲：使敌人的战车折回去。冲，战车。还师：迫使敌人退兵。

翻译

文学说：孔子说：“诸侯和卿大夫，不担心民众财富不多而担心财富分配不均；不必担心人口太少而担心社会不安定。”所以天子不谈论财富的多和少，诸侯不谈论利和害，大夫不谈论得和失。他们培养仁义来教化民众，推广仁德去安抚百姓。因此，近处的民众都亲近归顺，远方的民众都心悦诚服。所以，善于取胜的人不用战斗，善于战斗的人不用出动军队，善于用兵的人不用阵法。只要在朝廷上修明政治，就可以使敌人返车退兵。圣明的君主施行仁政，天下无敌，哪里用得着军费呢？”

大夫曰：匈奴桀黠[①]，擅恣入塞[②]，犯厉中国，杀伐郡县、朔方都尉[③]，甚悖逆不轨，宜诛讨之日久矣。陛下垂大惠[④]，哀元元之未赡[⑤]，不忍暴士大夫于原野。纵难被坚执锐[⑥]，有北面复匈奴之志，又欲罢盐、铁、均输，扰边用，损武略，无忧边之心，于其义未便也。

注释

①桀黠：凶暴狡猾。

②擅恣：肆意。

③朔方：汉武帝所立郡名，在今内蒙古自治区。都尉：武官名。

④陛下：这里指汉昭帝刘弗陵。垂：敬辞，施与。

⑤元元：老百姓。

⑥被坚执锐：身穿坚固的铠甲，手执锋利的武器。被，通“披”。

翻译

大夫说：匈奴凶暴狡猾，肆意侵入长城内地，侵犯中原，杀害郡县、朔方郡的都尉，叛逆作乱，图谋不轨，早就应对匈奴出兵讨伐了。当今皇帝施与恩惠，怜惜百姓生活不富足，不忍心让士大夫暴尸原野。你们这些读书人既不能身穿坚固的铠甲、手执锋利的武器去战斗，也没有北面抗击匈奴的壮志，却又想废除盐铁官营和均输法，扰乱边防军费，损害国家军事战略，没有忧虑边防之心，这在道义上是不妥当的。

文学曰：古者贵以德而贱用兵。孔子曰：“远人不服，则修文德以来之。既来之，则安之。”今废道德而任兵革①，兴师而伐之，屯戍而备之，暴兵露师以支久长②，转输粮食无已，使边境之士饥寒于外，百姓劳苦于内。立盐、铁，始张利官以给之③，非长策也。故以罢之为便也。

注释

①任兵革：使用武力。

②暴兵露师：将军队暴露在边塞原野。

③张利官：设置牟利官吏。张，设立。利官，主管财利之官，指汉朝的盐官、铁官、均输官、平准官等。

翻译

文学说：古时候崇尚以德服人，轻视用武力征服。孔子说：“远方的民众如果不归服，就发扬文治教化招致他们。对已经来朝归附的，就要使他们安心。”现在废弃道德感化而使用武力，发动军队进行讨伐，屯田驻军来防备他们，将军队暴露在边塞原野来支撑长期征战，无休无止地往前线运输粮食，在外使边境的将士挨饿受冻，在内使百姓劳苦备战。实行盐铁官营，设置掌管财利的官吏来供给军费，这不是长久之计。因此还是把这些废除为好。

大夫曰：古之立国家者，开本末之途，通有无之用。市朝以一其求①，致士民，聚万货，农商工师各得所欲，交易而退。《易》曰："通其变，使民不倦。"故工不出，则农用乏；商不出，则宝货绝。农用乏，则谷不殖②；宝货绝，则财用匮。故盐、铁、均输，所以通委财而调缓急③。罢之，不便也。

注释

①市朝：市场。一其求：统一调剂各方面需要。

②殖：繁殖，即增产。

③通委财：流通积压的货物。委，积压。

翻译

大夫说：古代建立国家的人，开辟发展农业和工商业的途径，互通物产有无。通过市场统一解决各方面的需求，招来四方百姓，聚集各种货物，使农民、商人、工匠、军人各得所求，互相交换之后便各自回去。《易经》说："让变化了的事情畅通运行，使百姓不会厌倦。"因此，工匠不生产，就会使农具缺乏；商人不开店，就会使物资不流通。农具缺乏，就会使粮食不能增产；物资不流通，就会使财政困难。因此，实行盐铁官营和均输法，是用来流通积压的货物、调剂缓急的手段。废除它，是不妥当的。

文学曰：夫导民以德，则民归厚；示民以利，则民俗薄。俗薄则背义而趋利，趋利则百姓交于道而接于市。《老子》曰："贫国若有余。"非多财也，嗜欲众而民躁也①。是以王者崇本退末，以礼义防民欲，实菽粟货财②。市商不通无用之物，工不作无用之器。故商所以通郁滞，工所以备器械，非治国之本务也。

注释

①嗜欲众：欲望众多。躁：焦急不安，这里指急于求利。

②菽粟：豆和小米，泛指粮食。

翻译

文学说：用仁德教导百姓，民风就会变得淳厚；用财利诱导百姓，风俗就会变得鄙薄。风俗鄙薄，就会使百姓违背道义而追逐利益；追逐利益，就会使百姓奔走往来于道路上和集市中。《老子》说："贫穷的国家似乎有多余的财富。"其实不是贫穷的国家拥有多余的财富，而是百姓欲望众多，急于求利。因此，高明的执政者重视农业，抑制工商业，用礼义来节制民众的欲望，充实粮食和货物。在集市上，商人不贩卖无用的货物，工匠不生产无用的器具。因此，商业可以用来交流积压的货物，手工业可以用来生产各种用具，但工商不是治理国家的根本要务。

大夫曰：《管子》云："国有沃野之饶而民不足于食者，器械不备也。有山海之货而民不足于财者，商工不备也。"陇、蜀之丹漆旄羽[①]，荆、扬之皮革骨象[②]，江南之柟梓竹箭[③]，燕、齐之鱼盐旃裘[④]，兖、豫之漆丝絺纻[⑤]，养生送终之具也，待商而通，待工而成。故圣人作为舟楫之用，以通川谷，服牛驾马，以达陵陆；致远穷深，所以交庶物而便百姓[⑥]。是以先帝建铁官以赡农用，开均输以足民财；盐、铁、均输，万民所载仰而取给者，罢之，不便也。

注释

①丹：朱砂。漆：油漆。旄：牦牛尾。羽：鸟羽。

②皮：兽皮。骨：兽骨。象：象牙。

③柟：同“楠”，楠木。梓：梓木。箭：箭竹，杆细而硬，可做箭杆。

④旃：通“毡”，毡子。裘：皮袄。

⑤絺：细葛布。纻：纻麻织成的布。

⑥交：流通，交换。庶物：各种各样的货物。

翻译

大夫说：《管子》上说：“国家有肥沃富饶的土地而百姓却吃不饱，是因为生产工具不完善；有山林大海出产的各种物品而百姓仍然不富裕，是因为工商业不发达。”陇、蜀两郡的朱砂、油漆、牦牛尾和鸟羽，荆、扬两州的皮革、兽骨和象牙，江南的楠木、梓木和毛竹、箭竹，燕、齐两地的鱼、盐、毡子和皮袄，兖州、豫州出产的漆、丝、葛布和麻布，这些都是养育生者、葬送死者的必需品，要靠商业来流通，靠工匠来制作。所以，圣人制造船、桨，通行于大川河谷，驾驭牛马，到达山陵内陆；到达远方，穷尽深处，是用来交换各种货物从而便利百姓。因此，已故的武帝设置铁官来供应农业需要的用具，实行均输来满足民众对财物的需求；盐铁、均输政策，是百姓所依赖并得以取得生活给养的来源，废除它们，是不妥当的。

文学曰：国有沃野之饶而民不足于食者，工商盛而本业荒也；有山海之货而民不足于财者，不务民用而淫巧众也[①]。故川原不能实漏卮[②]，山海不能赡溪壑。是以盘庚萃居[③]，舜藏黄金，高帝禁商贾不得仕宦[④]，所以遏贪鄙之俗而醇至诚之风也。排困市井[⑤]，防塞利门[⑥]，而民犹为非也，况上之为利乎？《传》曰："诸侯好利则大夫鄙，大夫鄙则士贪，士贪则庶人盗。"是开利孔为民罪梯也。

注释

①淫巧：过于精巧的物品，指奢侈品。

②卮：酒杯。

③萃居：聚众而居。

④高帝：指汉高祖刘邦。

⑤排困：排斥，抑制。市井：本指市场，这里指商人。

⑥防塞利门：堵塞求利的门路。利，求利，谋利。

翻译

文学说：国家有肥沃富饶的土地，百姓却还吃不饱，是因为工商业兴盛而农业荒废；有山林大海出产的各种财货，百姓却仍然不富裕，是因为不致力于生活必需品而制作了过多的奢侈品。因此，大河的水装不满漏酒杯，山海货物填不满深沟峡谷。因此，盘庚聚民而居，舜藏起黄金，高祖皇帝禁止商人做官，是用来遏止贪鄙的习俗，培养人们诚朴的风气。抑制商人，堵塞求利的门路，而民众尚且为非作歹，更何况朝廷带头牟利呢？《传记》说："诸侯好利，那么大夫就贪鄙；大夫贪鄙，那么士人就贪婪；士人贪婪，那么庶人就会偷盗。"这就是打开了求利的门路，给民众提供了犯罪的阶梯。

大夫曰：往者郡国诸侯各以其方物贡输①，往来烦杂，物多苦恶②，或不偿其费。故郡国置输官以相给运，而便远方之贡，故曰均输。开委府于京师③，以笼货物④。贱即买，贵则卖。是以县官不失实，商贾无所贸利，故曰平准⑤。平准则民不失职，均输则民齐劳逸。故平准、均输所以平万物而便百姓，非开孔利为民罪梯者也。

注释

①方物：地方特产。贡输：把特产运送到京师里，进贡给中央。

②苦恶：质量低劣。

③委府：储积物资的仓库。

④笼：收罗，掌握，这里是收归国有的意思。

⑤平准：平衡物价，这里指平衡物价的政策。

翻译

大夫说：以前各郡和诸侯把地方特产作为贡物运到京城，往来麻烦杂乱，货物大多质量低劣，有的货物的价值甚至不够运费。因此，在各郡国设置均输官来帮助运输，便利于远方交纳贡物，所以叫做均输。在京城设立仓库，用来统一掌管天下货物。物价便宜就买进，物价贵就卖出。因此，朝廷掌管实物，商人不能从中牟取暴利，所以叫做平准。实行平准，百姓就能各安其业；实行均输，百姓就会劳逸得当。所以，平准、均输是为了平抑物价而便利百姓，并不是打开求利的洞口而成为人们犯罪的阶梯。

文学曰：古者之赋税于民也，因其所工①，不求所拙。农人纳其获，女工效其功②。今释其所有，责其所无。百姓贱卖货物，以便上求。间者③，郡国或令民作布絮④，吏恣留难⑤，与之为市。吏之所入，非独齐、阿之缣⑥，蜀、汉之布也，亦民间之所为耳。行奸卖平，农民重苦，女工再税，未见输之均也。县官猥发⑦，阖门擅市⑧，则万物并收。万物并收，则物腾跃。腾跃，则商贾侔利。自市⑨，则吏容奸。豪吏富商积货储物以待其急，轻贾奸吏收贱以取贵，未见准之平也。盖古之均输，所以齐劳逸而便贡输，非以为利而贾万物也。

注释

①因：依据。工：工巧，擅长。

②功，这里主要指纺织品。

③间者：近来。

④布：布匹。絮：棉絮。

⑤恣留难：任意刁难。

⑥齐、阿：都是汉代丝绸的著名产地。缣：双丝的细绢。

⑦猥发：乱发号令。猥，杂乱。

⑧阖：关闭。擅市：垄断市场。擅，独占。

⑨自市：指官吏自己经商。

翻译

文学说：古时候向民众征税，是根据他们所擅长生产的产品进行征收，不强征他们所不擅长生产的产品。农民交纳农产品，妇女交纳纺织品。现在，官府不去征收他们生产的东西，而索取他们不能生产的东西。为此百姓只好低价卖出自己的货物，换回政府所要征收的东西，以满足官府需求。近来，有的郡和诸侯国命令百姓生产布匹棉絮，官吏肆意刁难，强行与他们做交易。官吏所征收的，不仅有齐、阿的细绢，蜀、汉的麻布，还有民间所生产的其他物品。官吏用欺诈的手段低价收购，使农民倍加痛苦，妇女再次纳税，我们看不到官府运输带来什么平均的好处。官府乱发号令，关闭城门，垄断市场，各种货物都收购。各种货物都收购，就会使物价就飞涨。物价飞涨，就使商人牟取暴利。官吏自己经营，就会使官吏包容奸商。豪吏、富商乘机囤积居奇来等待货物缺乏。不法商人和狡猾官吏低价购进，高价出售，我们看不到什么物价平衡的好处。古代的均输是用来均衡劳逸，便利贡物的运输，并不是为牟利而倒卖各种货物。

力耕第二

导读

力耕，即努力耕种。本篇主要讨论农耕在国家治理中的重要性。文学认为农业是立国之本，“理民之道，在于节用尚本，分土井田而已”。大夫则认为“富国何必用本农，足民何必井田”，国家经营盐铁、酒类以及实施均输、平准，也能达到富国足民的目的。

大夫曰：王者塞天财[①]，禁关市，执准守时[②]，以轻重御民[③]。丰年岁登，则储积以备乏绝；凶年恶岁，则行币物；流有余而调不足也。昔禹水汤旱，百姓匮乏，或相假以接衣食[④]。禹以历山之金，汤以庄山之铜，铸币以赎其民，而天下称仁。往者财用不足，战士或不得禄，而山东被灾[⑤]，齐、赵大饥，赖均输之畜[⑥]，仓廪之积，战士以奉，饥民以赈。故均输之物，府库之财，非所以贾万民而专奉兵师之用[⑦]，亦所以赈困乏而备水旱之灾也。

注释

①塞：掌握，控制。天财：自然资源。

②准：物价标准。时：时机。

③轻重：用行政力量和经济手段调控物资的供求和价格水平。轻，指物价低落。重，指物价上涨。

④假：借贷，租赁。

⑤山东被灾：指汉武帝元狩三、四年（公元前120至前119年）发生的大水灾。被，遭受。

⑥畜：通“蓄”，储备。

⑦贾：做买卖，交易。

翻译

大夫说：君王控制自然资源，严格管理关卡集市，掌握物价标准，把握贸易时机，通过行政力量和经济手段调控物资的供求和价格水平，来管理百姓。丰收的年岁，就储积粮食以备饥荒；灾荒的年岁，就发行货币和财物，用积贮的物品来周济不足。从前夏禹遭受水灾，商汤遭受旱灾，老百姓物资匮乏，有的要靠借贷来接济衣食。于是夏禹用历山的金，商汤用庄山的铜，铸成钱币来救济老百姓，天下称颂夏禹、商汤为仁君。过去，国家的财用不足，有些战士得不到粮饷，而崤山以东又遭受水灾，齐、赵一带发生饥荒，全靠实行均输法所积蓄的财富和国家仓库中所储备的粮食，才使战士得到给养，饥民得到赈济。所以，均输的物资，官府仓库中的钱财，并不只是从老百姓那里收来专供军队费用，也是用来赈济贫困、防备水旱灾害的手段。

文学曰：古者，十一而税[①]，泽梁以时入而无禁[②]。黎民咸被南亩而不失其务[③]。故三年耕而余一年之蓄，九年耕有三年之蓄。此禹、汤所以备水旱而安百姓也。草莱不辟[④]，田畴不治，虽擅山海之财[⑤]，通百末之利[⑥]，犹不能赡也[⑦]。是以古者尚力务本而

种树繁，躬耕趣时而衣食足[⑧]，虽累凶年而人不病也[⑨]。故衣食者民之本，稼穑者民之务也，二者修，则国富而民安也。《诗》云“百室盈止，妇子宁止”也。

注释

①十一而税：征收民众所收获的十分之一作为贡税。

②以时：按照季节。

③被：覆盖，引申为“到”。南亩：田地。不失其务：不荒废农务。

④草莱：杂草，此处指杂草丛生的荒地。辟：开垦。

⑤擅：占有，垄断。

⑥百末：指各种商业。

⑦赡：这里是富足、丰足的意思。

⑧趣时：即赶时节，指不误农时。趣，通“趋”。

⑨累：连年。病：指遭受饥荒。

翻译

文学说：古时候，国家征收十分之一的赋税，民众可以按时节到湖泊鱼塘捕鱼而国家不会禁止，百姓都能耕田种地，不荒废农务。所以民众耕种三年就有一年的余粮，耕种九年就有三年的余粮。这就是夏禹、商汤用来防备水旱而安定老百姓的方法。如果荒地不开垦，田地不整治，即使占有山海的财富，广开各种取利的途径，国家仍然不能富足。所以，古代鼓励人们从事农业劳动，种植繁多，亲身耕作，不误农时，衣食充裕，即使遭到连年灾荒，人们也不至于陷入贫困。穿衣吃饭是老百姓生存的根本，耕作收割是老百姓的主要事务。如果这两方面都做好了，就会国富民安。《诗经》说："家家粮食满仓，妇女小孩安宁。"

大夫曰：圣贤治家非一宝，富国非一道。昔管仲以权谲霸，而纪氏以强本亡①。使治家养生必于农，则舜不甄陶而伊尹不为庖②。故善为国者，天下之下我高，天下之轻我重。以末易其本，以虚易其实。今山泽之财，均输之藏，所以御轻重而役诸侯也。汝、汉之金，纤微之贡③，所以诱外国而钓胡、羌之宝也。夫中国一端之缦④，得匈奴累金之物，而损敌国之用。是以骡驴馲驼，衔尾入塞，驒騱骡马，尽为我畜，鼲鼦狐貉，采旃文罽⑤，充于内府，而璧玉珊瑚琉璃，咸为国之宝。是则外国之物内流，而利不外泄也。异物内流则国用饶，利不外泄则民用给矣。《诗》曰："百室盈止，妇子宁止。"

注释

①纪氏以强本亡：纪氏注意发展农业，但不能很好管理，粮食流出境外，最后被齐国灭掉。

②甄陶：用土烧制陶器。甄，制作陶器的转轮。伊尹：商汤的大臣。

③纤微：精细的丝织品。贡：贡品。

④端：古代的度量单位。缦：无花纹的丝织品。

⑤采旃：彩色的毛子。"旃"古通"毡"。文罽（jì）：有花纹的毯子。

翻译

大夫说：贤君圣主治理国家的方法不止一种，使国家富裕的途径也并非只有一条。从前管仲以权术欺诈辅佐齐桓公称霸，而纪国因为加强农业而导致亡国。如果治理国家养活民众一定要务农才行，那么舜就不应该去制作陶器，伊尹也不应当去当厨师。所以善于治理国家的人，应该是天下人认为卑贱的，他却认为高贵；天下人所轻视的，他却重视。用工商业代替农业，用无用的东西换取有用的。如今山林河泽的资财，均输所储存的货物，都是通过施用轻重之法来役使天下的诸侯。汝、汉一带的金子，各地进贡的丝织品，是用来赚取外国和匈奴、西羌钱财的宝物。中国一段没有花纹的丝织品，就能换取匈奴的很多贵重物品，从而损耗敌国的财用。这样，外国的骡、驴、骆驼就可以成群结队地进到边塞之内，野马和赤毛白腹的马，都成了我国的牲畜，鼠皮、貂皮、狐貉，彩色的毡子，有花纹的毯子充满皇宫的仓库，璧玉、珊瑚、琉璃，都成了我国的宝贵物品。这样，外国货物不断内流进入中国，而内地的财物不外流。外国异物内流就会使国家财用丰饶，自己的财物不外流就会使人民家用丰足。《诗经》说："家家粮食满仓，妇女小孩安宁。"

文学曰：古者，商通物而不豫①，工致牢而不伪，故君子耕稼田鱼②，其实一也。商则长诈，工则饰骂③，内怀闚窬而心不怍④，是以薄夫欺而敦夫厚。昔桀女乐充宫室，文绣衣裳，故伊尹高逝游薄⑤，而女乐终废其国。今骡驴之用，不中牛马之功⑥，鼲鼦旃

阓，不益绵绨之实。美玉珊瑚出于昆山，珠玑犀象出于桂林⑦，此距汉万有余里。计耕桑之功，资财之费，是一物而售百倍其价一也，一揖而中万钟之粟也⑧。夫上好珍怪，则淫服下流⑨，贵远方之物，则财货外充。是以王者不珍无用以节其民，不爱奇货以富其国。故理民之道，在于节用尚本，分土井田而已。

注释

①豫：诳诈，欺骗。

②田：同“畋”，打猎。鱼：同“渔”，捕鱼。

③饰骂：饰巧，作假。

④阓窬（yú）：同“窥窬”，窥伺，这里指商人窥伺时机投机取利。窬，门旁小洞。怍：惭愧。

⑤高逝：远走高飞。薄：通“亳”，商朝国都。

⑥不中：不相当，比不上。

⑦玑：不圆的珠子。桂林，秦汉时郡名。

⑧一揖：一捧东西。揖：通“挹”。钟：古代量器，一钟合六十四斗。

⑨淫服：奇装异服，这里指奢侈的习气。下流：下层社会。

翻译

文学说：古时候，商人流通货物而不欺骗顾客，工匠制作坚固的器物而不弄虚作假。因此，君子不论是从事农耕，还是打猎捕鱼，都是一样诚实。现在，商人长于欺诈，工匠弄虚作假，内心窥伺时机牟利而不感到羞愧，所以刻薄的人会更加欺诈，而老实的人也会变得刻薄。从前夏桀宫室中充满歌女，她们穿着绣花衣裙，所以伊尹远走高飞去了商朝国都亳地，结果，夏朝终于断送在歌女手中。现在，外来的骡、驴的用途，抵不上我们的牛、马的功用，鼠皮、貂皮、毡子、毛毯，比不上我们华丽丝绸实用。美玉、珊瑚产于昆仑山，珍珠、犀牛角、象牙产于桂林，从桂林到长安有一万多里。按照种田养蚕的劳动来计算一下购买这些物品的费用，就可以知道一件珍奇异物的价格高出原来的百倍，一捧珍奇之物相当于万钟粮食。如果上位的人喜欢珍贵的东西，那么奢侈的习俗就会流行于下层社会，如果朝廷重视远方珍奇之物，那么货财就会外流。所以，帝王不应该珍视无用之物，以此引导百姓节俭，不应喜爱那些稀奇古怪的东西，以使国家富裕起来。所以，治理百姓的方法，在于节约财用，重视农业根本，分封土地，实施古代的井田制罢了。

大夫曰：自京师东西南北①，历山川，经郡国，诸殷富大都，无非街衢五通，商贾之所凑，万物之所殖者。故圣人因天时②，智者因地财，上士取诸人，中士劳其形。长沮、桀溺③，无百金之积，跖蹻之徒④，无猗顿之富⑤，宛、周、齐、鲁，商遍天下。故乃商贾之富，或累万金，追利乘羡之所致也⑥。富国何必用本农，足民何必井田也？

注释

①京师：指长安。

②因：根据，顺应。天时：自然界的变化。

③长沮、桀溺：春秋时楚国的两个躬耕隐士。孔丘周游到列国时路过他们身边，让子路去向他们打听渡口的所在，结果被他们嘲笑了一顿。

④跖：穿。蹻：同“屩”，草鞋。

⑤猗顿：春秋时鲁人，在猗氏县（今山西省安泽县东南）经营煮盐及畜牧致富。

⑥乘羡：谋取盈余。羡，盈余。

翻译

大夫说：从京城向四方，经过高山大川，到各个郡县，凡是繁华的城市，没有不是道路四通八达，商贾云集，万物增殖的地方。所以圣人顺应天时变化，有智慧的人善于利用当地特产，聪明的人依靠别人劳动发财致富，不聪明的人靠自己劳动取得财富。长沮、桀溺没有百金的积蓄，穿草鞋的人也没有猗顿那样富裕，宛、周、齐、鲁的商人遍布天下。因此商人很富裕，有的甚至积累了多达万金的财富，这是追求利润、积累盈余所带来的结果。因此，使国家富裕何必一定要用农业？使百姓富裕何必一定要实施井田制呢？

文学曰：洪水滔天，而有禹之绩，河水泛滥，而有宣房之功[①]。商纣暴虐，而有孟津之谋[②]，天下烦扰，而有乘羡之富。夫上古至治，民朴而贵本，安愉而寡求。当此之时，道路罕行，市朝生草[③]。故耕不强者无以充虚，织不强者无以掩形。虽有凑会之要，陶、宛之术[④]，无所施其巧。自古及今，不施而得报，不劳而有

功者，未之有也。

注释

①宣房：元封二年（公元前109年），黄河在瓠子口决口，汉武帝亲临现场，指挥军民堵塞决口，事后在坝上筑宣房宫。

②孟津之谋：因周武王伐纣时与诸侯在孟津会盟而得名。孟津，又叫盟津，古渡口名。

③市朝：这里指古代官吏办公事的地方。

④陶：陶朱公范蠡。范蠡在灭吴后隐姓埋名，改行经商，成为富翁，居陶地，自称朱公，后人称他陶朱公。宛：宛孔氏，战国时以冶铁经商致富的大商人。

翻译

文学说：洪水泛滥，才有大禹治水的功绩；黄河决口，才有汉武帝宣房的功勋。商纣王凶恶残酷，才有周武王与诸侯誓师孟津的谋略；天下混乱，才使商人乘机谋利发财。上古时期是治国的最高境界，那时百姓淳朴，重视农业，平静快乐，寡欲少求。那时路上行人稀少，市朝生出杂草。在那种情况下，不努力种田的人就吃不饱肚子，不好好织布的人就没有衣服穿。即使有人群聚集的商业要地，有陶朱公、宛孔氏的经商手段，也没有地方施展技巧。从古到今，不给人家东西而想得到报酬，不劳动就想有收获的事情，是从来没有的。

通有第三

导读

通有，就是通有无的意思。本篇围绕货物的流通与调剂这一问题展开辩论。大夫认为货物流通有利于财富增殖，通过列举大量事实，提出“均有无而通万物”，并以此作为实行均输政策的理论根据。文学则恪守以农为本的信念，主张“力耕”之说，认为“远方之物不交”。大夫强调货物流通带来的利益，否定“力耕”，显然对农业之本不利；而文学则强调工商业活动所带来的奢靡风气，反对货物流通，有闭关自守之嫌。

大夫曰：燕之涿、蓟，赵之邯郸，魏之温、轵，韩之荥阳，齐之临淄，楚之宛、陈，郑之阳翟，三川之二周①，富冠海内，皆为天下名都。非有助之耕其野而田其地者也，居五诸之冲，跨街衢之路也②。故物丰者民衍③，宅近市者家富。富在术数④，不在劳身；利在势居⑤，不在力耕也。

注释

①三川：伊水、洛水、黄河。二周：本指西周公和东周公，这里指东周公的封地巩县和西周公的封地洛阳西。

②五诸：即五都，汉时五都指洛阳、邯郸、临淄、宛城、成都。冲：交通要道。衢：指四通八达的道路。

③民衍：民众富裕。衍，富裕。

④术数：筹划，这里指会做生意。

⑤势居：指所处的地势优越。

翻译

大夫说：燕地的涿、蓟，赵地的邯郸，魏地的温、轵，韩地的荥阳，齐地的临淄，楚地的宛和陈，郑地的阳翟，还有处在三川之滨的洛阳和巩县，富裕冠于海内，都是天下有名都市。这些地方之所以富裕，并不是靠耕田种地，而是因其处在五大都城的要道，处于交通枢纽之上。所以，物产丰富的地方百姓就富裕，住宅靠近都市的人家就有钱。致富在于筹划，不在于亲身劳动；获利在于处在好的位置，不在于努力耕作。

文学曰：荆、扬南有桂林之饶，内有江湖之利，左陵阳之金，右蜀、汉之材①，伐木而树谷，燔莱而播粟②，火耕而水耨③，地广而饶财；然民鮆窳偷生④，好衣甘食，虽白屋草庐，歌讴鼓琴，日给月单⑤，朝歌暮戚。赵、中山带大河，纂四通神衢⑥，当天下之蹊，商贾错于路，诸侯交于道；然民淫好末，侈靡而不务本，田畴不修，男女矜饰⑦，家无斗筲⑧，鸣琴在室。是以楚、赵之民，均贫而寡富。宋、卫、韩、梁好本稼穑，编户齐民，无不家衍人给。故利在自惜，不在势居街衢；富在俭力趣时⑨，不在岁司羽鸠也。

注释

①左、右：在古代，人们以背北面南作为方向的基准，左手边为东，右手边为西。

②燔（fán）莱：焚烧荒草。燔，焚烧。播粟：播种庄稼。

③火耕：古时开荒种地的耕作方法，先用火烧尽荒草，而后播种耕作。水耨（nòu）：古代一种除草方法，放水将草沤烂。

④呰窳（jì yǔ）：懒惰。

⑤给：丰足。单：通“殚”，尽，空。

⑥纂：汇合，连接。

⑦矜饰：讲究修饰打扮。

⑧筲（shāo），古代盛饭或装粮食的竹器。

⑨趣时：赶时，抓紧时间。趣，通“趋”。

翻译

文学说：荆州、扬州南有桂林的丰饶，内有江河湖泊的水产，东有陵阳的铜矿，西有蜀郡、汉中的木材，伐掉树木就能种庄稼，烧掉野草就能播种，简单地火耕水耨就可以长庄稼，可谓是土地广阔，财物丰富；但民众懒惰偷生，喜欢鲜衣美食，虽然住着简陋的茅草房，也要唱歌弹琴，吃了上顿不顾下顿，早上唱歌，晚上忧愁。此外，赵地和中山靠近黄河，汇合各路交通的要冲，是天下人必经之路，商贾在路上交叉往来，诸侯交接于道路；然而那里的百姓奢侈浪费，不愿务农，田地不整治，男女讲究修饰打扮，家里即使没有一斗一筲余粮，仍然在屋里弹瑟作乐。因此，楚地、赵地的民众都是一样的贫困，很少有富足的。宋、卫、韩、梁的百姓重视农业，努力耕种，凡编入户籍的平民，无不是家富人足。所以，获利在于自己爱惜财物，不在于地处街道要冲；致富在于自己节俭、努力按时耕种，不在于每年派官吏从事于羽鸠赋税的征收。

大夫曰：五行，东方木，而丹、章有金铜之山；南方火，而交趾有大海之川①；西方金，而蜀、陇有名材之林；北方水，而幽都有积沙之地②。此天地所以均有无而通万物也。今吴、越之竹，隋、唐之材③，不可胜用，而曹、卫、梁、宋，采棺转尸④；江湖之鱼，莱、黄之鲐，不可胜食，而邹、鲁、周、韩，藜藿蔬食⑤。天地之利无不赡，而山海之货无不富也；然百姓匮乏，财用不足，多寡不调，而天下财不散也。

注释

①交趾：汉郡名。大海之川：即南海。

②幽都：即幽州，今河北省北部、山东半岛及辽宁省等地。积沙之地：指沙漠。

③隋：通“随”，春秋诸侯国。唐：春秋诸侯国。

④采棺：用柞木做的简陋棺材。转尸：抛弃尸体。

⑤藜：一种野菜。藿（huò）：豆叶。

翻译

大夫说，根据五行学说，东方属木，而丹阳、章山却有丰富的金铜矿；南方属火，而交趾一带却有浩瀚的南海；西方属金，而蜀郡、陇西郡却有名贵的木材；北方属水，而幽州一带却是沙漠地带。这些都是天地用来平均有无而流通万物的。如今吴地、越地的竹子，随地、唐地的木材，多得用不完，但是曹地、卫地、梁地、宋地用柞木做简陋棺材，有的甚至抛弃尸体不予埋葬；江河湖泊的鱼产，莱地、黄县的鲐鱼，多得吃不完，但是邹地、鲁地、周地、韩地的人，只能吃些粗食野菜。自然资源不是不富足，山海的物产不是不丰富，然而有的地方百姓生活匮乏，财用物品不足，这是财物多少的分布不均匀，天下的财物得不到流通疏散的结果。

文学曰：古者，采椽不斫①，茅茨不翦②，衣布褐③，饭土硎④，铸金为钽，埏埴为器⑤，工不造奇巧，世不宝不可衣食之物。各安其居，乐其俗，甘其食，便其器。是以远方之物不交，而昆山之玉不至。今世俗坏而竞于淫靡，女极纤微，工极技巧，雕素朴而尚珍怪，钻山石而求金银，没深渊求珠玑⑥，设机陷求犀象，张网罗求翡翠⑦，求蛮貉之物以眩中国⑧，徙邛、筰之货致之东海，交万里之财，旷日费功，无益于用。是以褐夫匹妇，劳疲力屈⑨，而衣食不足也。故王者禁溢利，节漏费。溢利禁则反本，漏费节则民用给。是以生无乏资，死无转尸也。

注释

①采椽：用栎木作屋顶上的木条。斫（zhuó）：砍削，雕饰。

②茅茨：盖房顶用的茅草和芦苇。茅，茅草。翦：同“剪”，

修剪整齐。

③褐：粗布短衣。

④土硎（xíng）：土做的饮食器具。

⑤埏（shān）埴：糅合泥土。

⑥珠玑：珍珠圆的叫“珠”，不圆的叫“玑”。

⑦翡翠：一种珍贵的鸟，羽毛可做装饰品。

⑧蛮：泛指我国古代南方的少数民族。貉（mò）：同“貊”，泛指我国古代东北方的少数民族。眩：迷惑，迷乱。

⑨屈：竭。

翻译

文学说，古时候，房屋上的椽子不经木匠加工砍削，盖屋的茅草也不用修剪，穿的是粗布衣服，吃饭用的是泥土制的饭碗，把铜铁铸成锄头，糅合泥土成为器具，工匠不制作奇异怪巧的东西，世人不以不能吃穿的东西为宝。大家都是安定地居住在自己家乡，喜欢当地的风俗习惯，甜美地吃着本地产的粮食，使用自己做的器具。因此，远方的货物不去交易，而昆山的玉石也不到内地。可是，如今社会风俗败坏，人们竞相奢侈浪费，女工手工制品要求极其精细，工匠追求奇巧的技术，雕琢素朴的东西，崇尚奇珍怪异的东西，开山凿石寻求金银，潜入深水捞取珍珠，设置机关陷阱逮捕犀牛、大象，张开罗网捕猎捕翡翠，用南北方少数民族的物品迷惑内地人，把邛、筰的货物转运到东边沿海地区，交换万里之外的财物，既耽误时间，又耗费人力，无益于实用。因为这样，老百姓忙得精疲力竭，缺吃少穿。所以，君王禁止暴利，节约不必要的费用。暴利被禁止，人们就会回到农业生产上去；不必要的费用被节约下来，百姓就会富足。这样，活着的时候就不会缺乏生活必需品，死后也不会被抛尸。

大夫曰：古者，宫室有度，舆服以庸[①]；采椽茅茨，非先王之制也。君子节奢刺俭，俭则固。昔孙叔敖相楚，妻不衣帛，马不秣粟。孔子曰："不可，大俭极下[②]。"此《蟋蟀》所为作也[③]。《管子》曰："不饰宫室，则材木不可胜用，不充庖厨，则禽兽不损其寿。无末利，则本业无所出，无黼黻[④]，则女工不施。"故工商梓匠，邦国之用，器械之备也。自古有之，非独于此。弦高贩牛于周[⑤]，五羖赁车入秦[⑥]，公输子以规矩[⑦]，欧冶以熔铸。《语》曰："百工居肆，以致其事"。农商交易，以利本末。山居泽处，蓬蒿埆埆[⑧]，财物流通，有以均之。是以多者不独衍，少者不独馑[⑨]。若各居其处，食其食，则是橘柚不鬻，朐卤之盐不出，旃罽不市，而吴、唐之材不用也。

注释

①舆：车子。服：衣服。庸：功劳。

②大：通"太"，过于。极下：接近下级，指体现不了等级差别。

③《蟋蟀》：《诗经·唐风》中的作品，这首诗是为了讥刺晋僖公过于节俭而作。

④黼黻（fǔ fú）：古代礼服上绣的花纹。

⑤弦高：春秋时郑国商人。弦高曾到周地卖牛，路过滑地时遇到前来偷袭的秦军，于是他以郑君使者的名义用十二头

牛犒赏秦军，让秦军以为郑国已有防备，最后只好退兵。

⑥五羖（gǔ）：指百里奚。羖，黑色的公羊。赁车：租车。身为虞国大夫的百里奚在虞国被灭后被俘，作为陪嫁奴仆送入秦国。后在楚地被秦穆公以五羖（即五张公羊皮）赎回，故号“五羖大夫”。

⑦公输子：即鲁班，春秋时鲁国巧匠。规：圆规。矩：量方的曲尺。

⑧蓬蒿：这里指野草。垸埆（qiāo què）：土地贫瘠。

⑨僅：同“堇”，缺乏，缺少。

翻译

大夫说：古时候，宫室有一定的等级制度，车子和衣服按功劳大小赐给；用栎木椽子和茅草盖屋，并不是先王的制度。君子节制奢侈，但也讥刺俭朴，因为俭朴就会粗陋。从前孙叔敖当楚国令尹时，他的妻子不穿丝绸衣服，不用粮食去喂马。孔子说：“不可以过于俭朴，太俭朴就和下级分不出等级了。”这就是《诗经·蟋蟀》创作的原因。《管子》上说：“要是不装饰宫殿，木材就不能充分利用；不充实厨房，禽兽就不会被杀死。没有工商业，农业就无从发展；衣服不装饰花纹，女工就不能施展技艺。”所以，各种工商工匠，都是对国家有用的人，他们能够提供器械设备。这是自古以来就有的，并不是现在才有。郑国的弦高就曾到东周去卖牛，百里奚曾经租车到秦国做生意，公输班凭借圆规曲尺而成为能工巧匠，欧冶子凭借镕铸技术而成为铸剑高手。《论语》说：“各种工匠住在作坊里，尽力把工作做好。”农业与商业交易，有利于发展农业和工商业。那些穷山深泽，荒凉贫瘠的地方，更应加强财物流通，互通有无。这样就可以使财物多的地方不独自富裕，财物少的地方不独自贫乏。如果都是各自住在自己的地方，吃那个地方出产的东西，那么橘子、柚子就卖不出去，朐、卤的盐就运不出来，毡子地毯都不能上市，吴、唐地区的竹子和木材就用不上了。

文学曰：孟子云："不违农时，谷不可胜食。蚕麻以时，布帛不可胜衣也。斧斤以时，材木不可胜用。田渔以时，鱼肉不可胜食。"若则饰宫室，增台榭，梓匠斫巨为小，以圆为方，上成云气[1]，下成山林，则材木不足用也。男子去本为末，雕文刻镂，以象禽兽，穷物究变[2]，则谷不足食也。妇女饰微治细[3]，以成文章[4]，极伎尽巧，则丝布不足衣也。庖宰烹杀胎卵，煎炙齐和[5]，穷极五味，则鱼肉不足食也。当今世，非患禽兽不损，材木不胜，患僭侈之无穷也；非患无旃罽橘柚，患无狭庐糠糟也[6]。

注释

①云气：指宫室台榭上雕刻的云彩花纹。

②穷物究变：雕刻时穷尽事物变化，这里形容雕刻极其用心。

③饰微治细：形容刺绣非常精细。

④文章：花纹。

⑤炙：火烤。齐和：调和的意思。齐，同"剂"。

⑥狭庐：狭小的茅屋。糠糟：又作"糟糠"，稻麦的外壳和酒渣，指粗糙的食品。

翻译

文学说：孟子说过："不误农时，粮食是吃不完的。按时养蚕种麻，粗布丝帛是穿不完的。在适宜的时节进山伐木，木材是用不完的。按照时节打猎捕鱼，鱼和禽兽的肉是吃不完的。"如果无休无止地修饰宫室，增建亭台楼榭，木工把大木料砍小，把圆木砍为方木，上面雕刻云气，下面雕刻山林，那么木材就会不够用。男人弃农经商，雕镂刻画各种飞禽走兽，穷尽事物变化，那么粮食就会不够吃。妇女刺绣精心细致，做成各种花纹图案，极尽技巧，那么丝帛粗布就不够穿。厨师烹杀兽胎蛋卵，煎烤调和，力求五味俱全，那么鱼肉就不够吃。如今，不怕禽兽不减少，材木用不完，而是怕僭越、奢侈之风无穷无尽；不怕没有毡子、毛毯、橘子、柚子，而是怕连狭小的茅屋都住不上，连谷糠酒渣都吃不上。

错币第四

导读

"错币"即铸币。本篇讨论的是货币铸造权问题。文学主张民铸，认为应该允许民间铸钱，保持货币多样化，反对朝廷与民争利。大夫则坚持官铸，认为由国家统一铸造钱币，是强干弱枝、平息奸伪、均衡贫富的必要手段。

大夫曰：交币通施①，民事不及②，物有所并也。计本量委③，民有饥者，谷有所藏也。智者有百人之功，愚者有不更本之事④。人君不调，民有相妨之富也。此其所以或储百年之余，或不厌糟糠也⑤。民大富⑥，则不可以禄使也；大强，则不可以罚威也。非散聚均利不齐。故人主积其食，守其用，制其有余，调其不足，禁溢羡⑦，厄利涂⑧，然后百姓可家给人足也。

注释

①交币：流通钱币。通施：交换有无。

②民事不及：人民的生活必需费用供给不够。

③计本量委：根据农业收入，计量支出。本，收入。委，支出。

④不更本：不够本。更，偿。

⑤厌：同“餍”，饱足。

⑥大：同“太”。下文“大强”之“大”意同。

⑦溢羡：羡余，超出的盈余。

⑧厄：同“阨”，狭隘，堵塞。涂：同“途”，途径。

翻译

大夫说：流通货币，交换有无，人民的生活必需费用供给不足，这是因为货物被垄断了。根据农业收入计量支出，老百姓还有挨饿的，这是因为粮食被人囤积了。一个聪明的人的收入可以抵一百个人的劳动收入，愚蠢的人却连本钱都赚不回。君主如果不加以调剂，民间就会出现侵害别人利益的富户。这就是有的人储藏的粮食一百年也吃不完，有的人连糟糠都吃不饱的原因。百姓太富裕，国家就不能用俸禄支使他们；民众势力太强，就不能用刑罚来威慑他们。如果不去分散聚积的财富，平均利益，就会贫富悬殊。所以，君主储备粮食，掌管财用，限制有余的人，调剂不足的人，禁止拥有过多的财富，堵塞牟取暴利的途径，这样，百姓就家家户户不愁吃穿了。

文学曰：古者，贵德而贱利，重义而轻财。三王之时[①]，迭盛迭衰。衰则扶之，倾则定之。是以夏忠、殷敬、周文，庠序之教[②]，恭让之礼，粲然可得而观也[③]。及其后，礼义弛崩，风俗灭息，故自食禄之君子，违于义而竞于财，大小相吞，激转相倾。此所以或储百年之余，或无以充虚蔽形也。古之仕者不穑，田者不渔，抱关击柝[④]，皆有常秩[⑤]，不得兼利尽物。如此，则愚智同功，不相倾也。《诗》云："彼有遗秉[⑥]，此有滞穗[⑦]，伊寡妇之利。"言不尽物也。

注释

①三王：指夏、商、周三代之王，即夏禹、商汤、周武王。

②庠序：古代学校的名称，殷曰序，周曰庠。

③粲然：鲜明的样子。

④抱关：守关的人。击柝（tuò）：打更的人。柝，打更用的木梆子。

⑤常秩：固定的俸禄。秩，俸禄。

⑥遗：遗漏。秉：一把稻子。

⑦滞穗：丢下的谷穗。

翻译

文学说：古时候，人们重视道德而轻贱利益，重大义而轻财富。夏禹、商汤、周武王时，道德大义交替盛衰。衰落时就扶植它，破败时就巩固它。因此夏朝政教以忠厚为主，商朝以敬鬼神为主，周朝以礼文繁缛为主，学校的教化，恭让的礼节，后人可以鲜明地看到。从这以后，礼义废弛崩坏，好的风俗熄灭，因而那些领取国家俸禄的君子开始违背礼义而去争夺财利，以大吞小，激烈地互相倾轧。这就是有的人积蓄了百年以上的财富，而有的人却吃不饱、穿不暖的原因。古代做官的人不种庄稼，打猎的人不捕鱼，守关卡、打更的人都各有各的收入，不得将利益一网打尽。这样，愚笨的人和智慧的人都会同样有收获，不会相互倾轧。《诗经》说："那里有遗漏的一把稻子，这里有丢掉的一些稻穗，寡妇拾起来就够吃了。"说的就是不将利益一网打尽啊。

大夫曰：汤、文继衰，汉兴乘弊。一质一文[①]，非苟易常也[②]。俗弊更法[③]，非务变古也，亦所以救失扶衰也。故教与俗改，弊与世易。夏后以玄贝[④]，周人以紫石[⑤]，后世或金钱刀布[⑥]。物极而衰，终始之运也。故山泽无征则君臣同利，刀币无禁则奸贞并行[⑦]。夫臣富则相侈，下专利则相倾也。

注释

①质：质朴。文：文明。

②苟：随意，随便。易：改变。常：常规。

③“弊”：通“币”，货币。

④夏后：夏后氏，指夏朝。玄贝：黑色贝，为夏朝货币。

⑤紫石：紫色贝壳，为周朝货币。

⑥刀布：古代两种钱币。“刀”钱币形状像刀。“布”钱币形状像铲子。

⑦奸贞：真假货币。奸，假币，此处指人民私铸的钱。贞，通“正”，真币，此处指国家铸的钱。

翻译

大夫说：商汤、周文王继夏、殷衰亡之后而起，汉王朝趁着秦朝弊政之机而发迹兴盛。行政风格一个质朴，一个文明，并不是随意改变传统法度。风俗败坏就要变革，并不是为了要变乱古法，而是要拯救失误扶持衰世。所以教化跟随风俗的变化而改变，钱币跟随时代的不同而变易。夏朝使用黑色的贝壳作钱币，周朝使用紫色的贝壳作钱币，后代则用金钱刀布作货币。事物发展到了极点就会衰退，这是事物由始到终的变化过程。所以，山林川泽不征赋税，就会导致君主与臣民同等利益；铸钱不加以限制，就会使真钱和假钱同时流通于市。臣民富足就会竞相炫耀奢侈，私人操纵财利就会互相倾轧。

文学曰：古者，市朝而无刀币，各以其所有易所无，抱布贸丝而已。后世即有龟贝金钱交施之也，币数变而民滋伪。夫救伪以质，防失以礼[①]。汤、文继衰，革法易化，而殷、周道兴。汉初乘弊，而不改易，畜利变币，欲以反本[②]，是犹以煎止燔[③]，以

火止沸也。上好礼则民闇饰④，上好货则下死利也。

注释

①防失以礼：用实行礼义来防止放纵。失，通“泆”，放纵。

②反：返回，这里有加强的意思。

③以煎止燔：用煎熬去防止烧烤。煎，熬。

④闇饰：懂得用礼修饰自己的行为。闇，通“谙”，明白。

翻译

文学说：古时候，市场上不用钱币，各人以其所有去交换所无，比如用布帛去交换蚕丝罢了。后来才有龟甲、贝壳、铜钱在市场上交替使用，钱币屡次改变，民众因此越来越虚伪。要用质朴来补救虚伪，用实行礼义来防止放纵。商汤、周文王继承夏桀、殷纣王衰世，变更旧法，移风易俗，使殷朝、周朝兴盛起来。汉初乘秦朝弊政机会，不加改变，反而聚敛财利，改变货币制度，却想要返回农业根本，这就好像用煎熬去防止烧烤，用烧火去防止水的沸腾一样。在上位的人爱好礼义，那么老百姓就知道用礼义节制自己的行为；在上位的人爱好财物，那么在下位的人就会冒死追求财利。

大夫曰：文帝之时①，纵民得铸钱、冶铁、煮盐。吴王擅鄣海泽②，邓通专西山③。山东奸猾咸聚吴国，秦、雍、汉、蜀因邓氏④。吴、邓钱布天下，故有铸钱之禁。禁御之法立而奸伪息，奸伪息则民不期于妄得，而各务其职，不反本何为？故统一，则

民不二也[⑤]；币由上，则下不疑也。

注释

①文帝：汉文帝刘恒。

②吴王：汉高祖刘邦的侄子刘濞，被封为吴王。擅鄣：垄断的意思。鄣，同“障”，壅塞，防守。

③邓通：汉文帝宠臣，汉文帝将四川严道铜山赐给他，邓通私铸钱币而制富。专：独占。西山：即严道铜山。

④因：依附。

⑤不二：不生二心。

翻译

大夫说：文帝时，放任民众铸造钱币、冶炼铁器、煮制食盐。吴王刘濞擅自垄断沿海湖泽，邓通垄断西山铜业。崤山以东奸诈狡猾的人都聚集在吴王刘濞手下，秦、雍、汉、蜀的奸民都依附邓通，吴王刘濞、邓通的钱币遍布天下，因此朝廷才有铸钱的禁令。朝廷的禁令施行了，就会使奸诈作伪之风平息下来。奸诈作伪之风平息，民众就不期望非法所得，各干各的事情，这样，他们不从事农业又干什么呢？因此，国家统一铸钱，老百姓就不会三心二意；钱币由国家统一发行，老百姓就不会产生疑问。

文学曰：往古，币众财通而民乐。其后，稍去旧币，更行白金龟龙[①]，民多巧新币[②]。币数易而民益疑。于是废天下诸钱，而

专命水衡三官作[③]。吏匠侵利，或不中式[④]，故有薄厚轻重。农人不习，物类比之，信故疑新，不知奸贞[⑤]。商贾以美贸恶，以半易倍。买则失实，卖则失理，其疑或滋益甚[⑥]。夫铸伪金钱以有法，而钱之善恶无增损于故。择钱则物稽滞，而用人尤被其苦。《春秋》曰："算不及蛮、夷则不行。"故王者外不鄣海泽以便民用，内不禁刀币以通民施。

注释

①更：变更。行：发行。白金龟龙：汉武帝时的一种钱币。白金，即银锡。龟龙，指钱上的花纹，有龙文、马文、龟文三种，其中龙文价值最高。

②巧新币：巧用铅铁伪造新币。

③水衡：水衡都尉，汉代官名，主管上林苑，兼管铸钱。三官：指"水衡"下属的均输官、钟官令、辨铜令。

④中式：符合规格。

⑤奸贞：真假。

⑥或：通"惑"，疑惑。

翻译

文学说：古时候，钱币种类很多，财物流通，人民安居乐业。后来，渐渐去掉旧钱币，另发行银锡龟龙钱币，不少人巧用铅铁伪造新币。钱币经过多次改变，人们越发怀疑。因此朝廷下令废除各种钱币，而专门命令水衡三官铸钱。主管铸钱官吏和铸钱工匠从中牟利，有些钱造得不合规格，铸出来的钱有薄、厚、轻、重之分。农民不习惯新币，用熟悉的旧钱币来与新币比较，相信旧币，怀疑新币，辨别不出钱的真假。商贾用质量好的钱币换取质量差的钱币，用半数真钱就可以换取成倍的假钱。要买进就要损失实利，要卖出就怕失去常理，因而更增加了人们的疑惑。铸假钱已经有法令禁止，但是货币有好有坏的现象还是和过去一样。选择真钱会导致货物的积压，用钱的人尤其苦恼。《春秋》说："筹划赶不上蛮、夷就不要实行。"所以，朝廷一方面不垄断河海川泽，以方便人们使用；另一方面不限制铸钱，以便沟通民间的交易。

禁耕第五

导读

本篇中的"禁耕"，是盐铁官营极大地伤害了农耕的意思。本篇就是否应禁止耕者营盐铁之利展开了辩论。大夫反对盐铁私营，认为盐铁私营为诸侯反叛提供了经济基础，促进了豪强势力膨胀，造成不法奸商垄断市场，形成"一家害百家"的恶果。文学则指出盐铁官营对农耕造成诸多不便，因而主张开放盐铁私营。

大夫曰：家人有宝器[①]，尚函匣而藏之，况人主之山海乎？夫权利之处[②]，必在深山穷泽之中，非豪民不能通其利。异时盐铁未笼[③]，布衣有朐邴[④]，人君有吴王，皆盐铁初议也[⑤]。吴王专

山泽之饶，薄赋其民，赈赡穷乏，以成私威。私威积而逆节之心作[⑥]。夫不蚤绝其源而忧其末[⑦]，若决吕梁，沛然[⑧]，其所伤必多矣。太公曰："一家害百家，百家害诸侯，诸侯害天下，王法禁之。"今放民于权利，罢盐铁以资暴强，遂其贪心，众邪群聚，私门成党，则强御日以不制[⑨]，而并兼之徒奸形成也。

注释

①家人：居家之人，泛指民众。

②权利：权势、利益，这里引申为财富。

③异时：过去。笼：收归国有的意思。

④布衣：平民，泛指不当官和没有功名的人。朐邴（qú bǐng）：即曹邴氏，以经营冶铁成为富商。因为他是朐地人，故又称朐邴。

⑤盐铁初议：盐铁官营的最初话题。

⑥逆节：叛逆的行为。

⑦蚤：通"早"。源：指经济来源。末：后果。

⑧沛然：水势湍急的样子。

⑨强御：豪强。

翻译

大夫说：老百姓有宝贵的东西，尚且放进箱、笼、柜、厨里面收藏，更何况是国君的山林河海呢？出产盐铁的地方，一定是在深山穷泽之中，不是豪强富商是不能开发利用这些资源的。过去，盐铁没有官营时，平民中有朐邴，诸侯中有吴王刘濞，他们都是最初引起盐铁官营的话题。吴王刘濞垄断了山林川泽的富饶资源，通过减轻赋税、赈济穷人的手段，收买人心，以提高个人的威望。个人威望提高了，叛逆朝廷之心就产生了。如果不早日断绝他的经济来源而忧患他的反叛后果，就好像掘开吕梁山，让黄河水奔腾泛滥，所带来的危害必然很多。姜太公说："一家不择手段地追求私利，就会伤害百家的利益；百家不择手段地追求私利，就会损害诸侯的利益；诸侯不择手段地追求私利，就会危害国家的利益；这是王法所禁止的。"现在如果放任民众私自经营盐铁，废除盐铁官营政策来帮助豪强，满足他们的贪心，各种邪恶之徒聚集到一起，豪强私门结成党羽，这样，豪强日益难以制服，割据势力作奸局面也就形成了。

文学曰：民人藏于家，诸侯藏于国，天子藏于海内。故民人以垣墙为藏闭①，天子以四海为匣匮②。天子适诸侯③，升至阼阶④，诸侯纳管键⑤，执策而听命，示莫为主也。是以王者不畜聚⑥，下藏于民，远浮利，务民之义，义礼立则民化上。若是，虽汤、武生存于世，无所容其虑。工商之事，欧冶之任，何奸之能成？三桓专鲁⑦，六卿分晋⑧，不以盐铁。故权利深者，不在山海，在朝廷；一家害百家，在萧墙，而不在朐邴也。

注释

①垣墙：院墙。

②匣匮：橱柜。

③适：到，去。

④阼（zuò）阶：大堂前东面的台阶。古代宾主相见，宾立于西阶，主人立于东阶。但天子到诸侯国站在东阶上，表示天子是那里的主人。

⑤管键：城门的钥匙。

⑥畜聚：聚积财富。畜，通“蓄”。

⑦三桓：春秋时鲁大夫孟孙氏、叔孙氏、季孙氏，他们都是鲁桓公的后裔，故称“三桓”。专鲁：掌握鲁国政权。

⑧六卿：指春秋时，晋国大夫范氏、中行氏、智氏、韩氏、赵氏、魏氏，世为晋卿，执掌晋国政权，故称“六卿”。

翻译

文学说：百姓把财富藏在家里，诸侯把财富藏在封国，天子把财物藏在四海之内。所以百姓把院墙作为藏财物的遮蔽，天子把四海作为收藏东西的橱柜。天子驾临诸侯国，从大堂前东阶登堂，诸侯交纳城门钥匙，手捧写着姓名、官职的简策，站在旁边听候命令，表示不敢以主人自居。所以，君王不聚积财富，而是藏富于民；不追求工商之利，而是注重用礼义去教化百姓。建立了礼义，百姓就会被在上位的人所教化。如果能够做到这样，即使商汤王、周武王还活在世上，也用不着有什么忧虑。搞工商业，像欧冶子那样铸铜炼铁，怎么能形成奸党呢？三桓掌握鲁国的政权，六卿分掌晋国大权，并不是因为盐铁官营才产生的。所以，权势财利深藏的地方，不在山林河海，而在朝廷；一家伤害百家，在朝廷内部，而不在平民朐邴那样的人。

大夫曰：山海有禁，而民不倾[①]，贵贱有平，而民不疑。县官设衡立准[②]，人从所欲，虽使五尺童子适市，莫之能欺。今罢去之，则豪民擅其用而专其利，决市闾巷[③]，高下在口吻，贵贱无常，端坐而民豪，是以养强抑弱而藏于跖也[④]。强养弱抑，则齐民消；若众秽之盛而害五谷[⑤]。一家害百家，不在胸邪，如何也？

注释

①倾：互相倾轧。

②设衡立准：设立衡量器具，规定公平标准。

③闾巷：里弄，胡同，这里指豪民住的地方。

④养强：培养豪强。藏于跖：将财物藏于盗跖手里。

⑤秽：田中杂草。

翻译

大夫说：禁止人民私自开发利用山海的资源，人民就不会互相倾轧；物价贵贱有了公平标准，人民就不会对价格产生怀疑。朝廷设立衡量器具，规定公平标准，人人都称心如意，即使让儿童到市场上去买东西，也没有人能够欺骗他。现在如果废除盐铁官营和均输、平准政策，就会使豪强富商垄断资源，独占财利。决定市场物价高低的人住在民间里弄，决定行市、物价的高低全凭他们的一句话，贵贱没有标准，他们端坐在家里而成为豪强，这是培养豪强、抑制弱民，将财物藏于盗跖手里。如果培养豪强抑制弱民，那么百姓间的平等就消失了；这就好比田中杂草茂盛而损害五谷生长一样。一家伤害百家，不是由于朐邴那样的豪强，又是谁呢？

文学曰：山海者，财用之宝路也。铁器者，农夫之死士也[1]。死士用则仇雠灭[2]，仇雠灭则田野辟，田野辟而五谷熟。宝路开则百姓赡而民用给，民用给则国富。国富而教之以礼，则行道有让，而工商不相豫[3]，人怀敦朴以自相接而莫相利。夫秦、楚、燕、齐，土力不同，刚柔异势，巨小之用，居句之宜[4]，党殊俗异[5]，各有所便。县官笼而一之，则铁器失其宜，而农夫失其便。器用不便，则农夫罢于野而草莱不辟。草莱不辟，则民困乏。故盐冶之处，大傲皆依山川[6]，近铁炭，其势咸远而作剧。郡中卒践更者多不勘[7]，责取庸代[8]。县邑或以户口赋铁，而贱平其准。良家以道次发僦运盐铁[9]，烦费，百姓病苦之。愚窃见一官之伤千里，未睹其在朐邴也。

注释

①死士：敢死之士，这里比喻铁制农具。

②仇雠：仇敌，这里指杂草。

③豫：欺诈，指虚抬物价。

④居句：曲直。

⑤党殊俗易：意为不同的地方，风俗习惯不一样。党，古代五百家为一党。

⑥大傲：大都，大凡，大抵。

⑦卒践更：汉代的徭役制度，成年男子每人每年在郡里服役一个月，一月一换，叫卒更；雇人代役，每月二千钱，叫践更。勘：通“堪”，忍受。

⑧责取庸代：责令用钱雇人代为服役。庸，通“佣”，出钱雇人。

⑨次：次序。发僦（jiù）：出钱雇用车子和劳力。

翻译

文学说：山林河海，是财用的宝贵源泉。用铁铸造的农业生产工具，相当于农夫的敢死卫士。敢死卫士出动，田野杂草这些仇敌就被消灭；仇敌被消灭，田野就能开垦；田野开垦了，就能五谷丰收。将财用的宝贵源泉打开，就使老百姓的吃用得到满足；百姓供给充足，国家就会富裕。国家富裕后再用礼义来教导百姓，人们在路上行走就会相互谦让，工商业者就不会互相欺诈，人人怀着敦厚朴实的感情相处，而没有人以利相交。秦国、楚国、燕国、齐国，土地的生产能力不同，土质的硬软程度不一，因此农具的大小曲直也要随各地的风俗习惯的不同而有所调整。朝廷笼统规定统一规格，铁器就失去因地制宜的特点，农民使用起来很不方便。农具使用不方便，农民耕作时就疲惫不堪，难以除掉杂草。杂草不除，庄稼不长，人们生活就会陷入贫困。煮盐冶铁的地方，大都靠着深山大川，靠近炼铁所需山林木炭之处，地势远僻，劳动强度大。各郡轮流服役的人大多不能忍受那种劳苦，官府便责令他们用钱雇人代为服役。有的县邑按户征收生铁，而且还压低收购价格。六郡“良家”，又按照各道方位挨次出钱雇用车子和劳力代为转运盐铁，既麻烦，又费钱，老百姓对此深感痛苦。我们只看见一个盐铁官员伤害了千里之内百姓的事情，没有看到朐邴带来了什么祸害。

复古第六

导读

“复古”，即恢复古道。本篇就政策是否符合古道展开了辩论。本篇虽以“复古”为题，但是对于古代制度的内涵，辩论双方却有不同的理解。大夫认为盐铁官营“非独为利入也”，实施盐铁官营政策是完全符合古代传统的。贤良、文学提倡恢复古道，认为朝廷官员不应该谋取权势和财利，应维持民间得擅盐铁之利。

大夫曰：故扇水都尉彭祖宁归[①]，言：“盐、铁令品[②]，令品甚明。卒徒衣食县官，作铸铁器，给用甚众，无妨于民。而吏或不良，禁令不行，故民烦苦之。”令意总一盐、铁，非独为利入也，将以建本抑末，离朋党，禁淫侈，绝并兼之路也。古者，名山大泽不以封，为下之专利也。山海之利，广泽之蓄，天地之藏也，皆宜属少府[③]；陛下不私，以属大司农[④]，以佐助百姓。浮食奇民[⑤]，好欲擅山海之货，以致富业，役利细民，故沮事议者众[⑥]。铁器兵刃，天下之大用也，非庶众所宜事也。往者，豪强大家，得管山海之利，采铁石鼓铸[⑦]，煮海为盐。一家聚众，或至千余人，大抵尽收放流人民也。远去乡里，弃坟墓，依倚大家，聚深

山穷泽之中，成奸伪之业，遂朋党之权，其轻为非亦大矣。今者，广进贤之途，练择守尉[8]，不待去盐、铁而安民也。

注释

①扇水：地名。宁归：告假回家办理父母丧事。

②令品：指有关盐、铁的法令条文。

③少府：主管皇帝私用的官。

④大司农：主管国家公用的官。

⑤浮食奇民：指依赖商贾等浮利为食而奇诡不正的人。

⑥沮：阻挠、破坏。

⑦鼓铸：熔炼金属以铸器械或钱币。

⑧练择：选择。练，通“拣”，挑选。守尉：郡守和都尉，此处泛指郡县官吏。

翻译

大夫说：前任扇水郡都尉彭祖告假回家办理父母丧事时，向朝廷汇报说：“朝廷制订的盐、铁法令条文，内容非常严明。从事煮盐炼铁的吏卒和刑徒，穿衣吃饭都由朝廷供给，铸造铁器，朝廷下拨的经费很多，并不妨害百姓的利益。有些不良官吏，不执行朝廷的禁令，因此让百姓感到烦扰和痛苦。”国家发出法令要推行盐、铁官营，不单纯是为了得到财政收入，也是为了促进农业，抑制工商业，瓦解地方豪强朋党集团，禁止社会过度奢侈风气，杜绝相互兼并的道路。古时候，不把名山大泽分封给诸侯，怕的是地方诸侯垄断名山大泽的利益。山海的资源，湖泽的物产，都是自然界的宝藏，都应该归朝廷少府管理；陛下不营私利，将山泽归于大司农掌管，用山泽的收入来补助百姓赋税的不足。那些依赖商贾等浮利为食的奇诡不正的人，企图垄断山林河海的货物，以此发家致富，役使和收买百姓，所以阻挠盐铁官营的人很多。铁器和兵器，对天下有很大的用处，不适宜人们私营。过去，豪门大户独占山海的利益，采矿冶铁，铸造铁器，煮海水制盐。有的豪强大家聚众多达上千人，这些人大都是收容流放的犯人。这些人离乡背井，丢弃祖坟投靠豪强大户，豪强把这些人聚集在深山大泽之中，从事奸诈欺骗的勾当，实施结党营私的权谋，他们轻易地为非作歹，问题可就大了！如今，朝廷拓广进贤授能的途径，慎重选择地方官吏，不必废除盐铁官营而可以安定民众。

文学曰：扇水都尉所言，当时之权，一切之术也[①]，不可以久行而传世，此非明王所以君国子民之道也[②]。《诗》云：“哀哉为犹，匪先民是程，匪大犹是经，维迩言是听。”此诗人刺不通于王道，而善为权利者。孝武皇帝攘九夷[③]，平百越，师旅数起，粮食不足。故立田官，置钱，入谷射官[④]，救急赡不给。今陛下继大功之勤，养劳倦之民，此用麋鬻之时[⑤]；公卿宜思所以安集百姓，致利除害，辅明主以仁义，修润洪业之道。明主即位以来[⑥]，六年于兹，公卿无请减除不急之官，省罢机利之人。人权县太久[⑦]，民良望于上。陛下宣圣德，昭明光，令郡国贤良、文学之士，乘传诣公车[⑧]，议五帝、三王之道，《六艺》之风，册陈安危利害之分，指意粲然[⑨]。今公卿辨议，未有所定。此所谓守小节而遗大体，抱小利而忘大利者也。

注释

①一切之术：权宜之计，一时之计。

②君国：治理国家。子民：统治人民。

③孝武皇帝：汉武帝刘彻。汉代以孝治天下，从汉惠帝起，每代皇帝谥号前都要加一个“孝”字。攘：抗击。

④入谷射官：将粮食献给国家，换取官职。射，求取。

⑤糜：通“糜”，煮烂。鬻：通“粥”。

⑥明主：指汉昭帝刘弗陵。

⑦人权县（xuán）太久：人们期待权衡轻重已经太久了。权，权衡。县，期待。

⑧乘传：汉代征招进京的人用驿车一站一站地传送。传，指驿车。诣：到。公车：汉代在京城设置的一个官署，招待被召见的人。

⑨指意：目的，用意。指，同“旨”。

翻译

文学说：扇水都尉所汇报的，是权宜之计，不可以长久实行并传之后世，这不是圣明国君用来统治国家、治理人民的方法。《诗经》说：“这些谋划可哀，既不遵循古人的法式，又不经营远大的计划，只是听浅近之言。”这是诗人讽刺那些不懂先王之道而又善于弄权谋利的人。孝武皇帝抗击九夷，平定百越，频繁用兵，粮食不足。所以设立屯田官，实行国家统一铸造钱币，让大商人用粮食买官爵，拯救危急，补助不足。如今陛下继承了孝武皇帝创建伟大功业的勤勉，供养着疲劳的百姓，这正是处于用烂稀饭喂养病人的时候；朝廷公卿应该考虑如何安定团结百姓，兴利除害，用仁义辅助皇帝，建立宏图大业。皇上即位以来，到现在已有六年，你们这些大臣没有请求皇帝减除不需要的官吏，罢黜机诈谋利的小人。人们期待权衡轻重已经太久了，人民对皇上有很大期待。现在皇上行圣贤之德，布恩泽，下令各郡国贤良、文学之士乘官车到公车署，讨论五帝、三王之道和《六艺》的教化，上书讲述安危利害的关系，皇上的用意是很明显的。如今公卿辩论，仍然没有定论，这就是人们所说的守小节而丢了大体，只顾小利而忘了大利啊。

大夫曰：宇栋之内，燕雀不知天地之高；坎井之蛙，不知江海之大；穷夫否妇，不知国家之虑；负荷之商，不知猗顿之富。先帝计外国之利，料胡、越之兵，兵敌弱而易制，用力少而功大，故因势变以主四夷①，地滨山海，以属长城②，北略河外，开路匈奴之乡，功未卒。盖文王受命伐崇，作邑于丰，武王继之，载尸以行③，破商擒纣，遂成王业。曹沫弃三北之耻④，而复侵地；管仲负当世之累⑤，而立霸功。故志大者遗小，用权者离俗。有司思师望之计⑥，遂先帝之业，志在绝胡、貉，擒单于，故未遑扣扃之义⑦，而录拘儒之论⑧。

注释

①因势变：根据形势的变化。主：主导征讨战争。

②属（zhǔ）：连接。

③载尸以行：周文王死后，其子武王姬发继承其父遗志，在起兵伐商时把文王的木制灵牌放在战车主帅的位置上。尸，用木头制作的灵牌。

④曹沫弃三北之耻：曹沫是春秋时鲁庄公的武士，鲁与齐战，三战三败，鲁庄公割地求和。曹沫随鲁庄公参加齐鲁柯之会，用匕首威胁齐桓公，迫使齐国归还所侵占的鲁国土地。

⑤管仲负当世之累：指管仲幽囚以及忍受舆论批评他不能为公子纠死节之事。

⑥师望：周文王师吕尚，本姓姜，字子牙。文王尊称之曰太公望，立为师，故又曰师望。

⑦未遑：没有时间。扣扃（jiōng）之义：门外汉的观点，不切实际的空谈。扣扃，叩门。义，同“议”。

⑧拘儒：固执迂腐的儒生。

翻译

大夫说：屋檐栋梁之内，燕子、麻雀不知道天地之高；土井里的青蛙，不知道江海之大；穷困的夫妇，不知道国家的谋略；背负肩挑货物的小商贩，不知道大商人猗顿的富有。已故的武帝分析外国的利弊，估计匈奴、南越的兵力情况，感到敌人兵力弱，我们容易取胜，用小的力量可以取得大的胜利，因此根据形势变化来主导外伐四夷，使汉朝的疆域依山临海，并把长城连接在一起，北边攻取河套以北地带，直到匈奴的老家，可惜他的功业没有完成。当年周文王受天命讨伐崇国，在丰地建立国都，周武王继承文王的事业，车载文王木主去征讨殷商，灭了商朝，生擒商纣王，成就了帝王大业。曹沫抛弃三次战败的耻辱，而收复被齐国侵占的鲁国土地；管仲背负当世不好的名声，辅助齐桓公建立霸主功业。所以志向远大的人不计较小的得失，通达权变的人不同于一般人的见解。目前主管官员思考的是如何施展姜太公的计谋，以完成先帝未完成的事业，志在彻底打败匈奴和东北方的外族，活捉单于，因此没有时间考虑你们这些门外汉的不切实际的空谈，而采用固执迂腐的儒生的意见。

文学曰：燕雀离巢宇而有鹰隼之忧，坎井之蛙离其居而有蛇鼠之患，况翱翔千仞而游四海乎？其祸必大矣！此李斯所以折翼[1]，而赵高没渊也[2]。闻文、武受命，伐不义以安诸侯大夫，未闻弊诸夏以役夷、狄也[3]。昔秦常举天下之力以事胡、越，竭天下之财以奉其用，然众不能毕[4]；而以百万之师，为一夫之任[5]，此天下共闻也。且数战则民劳，久师则兵弊，此百姓所疾苦，而拘儒之所忧也。

注释

①李斯：秦朝丞相，协助秦始皇统一天下，后为赵高所诬陷，被秦二世杀害。折翼：折断翅膀，形容失败。

②赵高：秦朝宦官，秦始皇死后，他与李斯合谋逼秦始皇长子扶苏自杀，拥立胡亥为皇帝，后设计害死李斯和秦二世，另立子婴，不久被子婴所杀。没渊：沉没深渊。

③诸夏：中原各诸侯国，这里指汉朝。

④众：通“终”。毕：完成。

⑤一夫：独夫，指残暴的人，这里是儒生对秦始皇的咒骂。

翻译

文学说：燕雀离开鸟巢就有被鹰隼伤害的忧患，土井里的青蛙离开居所就有被蛇鼠吃掉的祸患，更何况翱翔于千仞高空而畅游四海呢？它们遇到的祸患必然是更大了！这正是李斯被折断翅膀，赵高沉没深渊的原因啊。我们只听说周朝文王、武王受天命称王，讨伐不义的殷商王朝来安抚诸侯、大夫，没有听说损害中原各诸侯国来征夷、狄的事。从前，秦始皇经常动员全国的人力去征讨匈奴和百越，竭尽全国的财力以供给战争的费用，然而最终无法完成；以上百万的军队供秦始皇驱使，这是天下人都听说的。况且屡次作战人民就会劳累，长久打仗士兵就会疲惫，这是老百姓感到痛苦、而固执迂腐的儒生所忧虑的事情。

卷二

非鞅第七

导读

非，非难。鞅，商鞅。商鞅辅佐秦孝公实行变法，使秦国富强。本篇是借对商鞅的评价来评论汉家的经济军事政策。文学对商鞅持否定态度，认为商鞅变法为秦朝的短命埋下了祸根；大夫则认为商鞅变法让秦国走向强盛，试图通过歌颂商鞅，来为汉家盐铁官营政策寻找历史依据。

大夫曰：昔商君相秦也①，内立法度，严刑罚，饬政教②，奸伪无所容。外设百倍之利，收山泽之税，国富民强，器械完饰，蓄积有余。是以征敌伐国，攘地斥境③，不赋百姓而师以赡④。故利用不竭而民不知，地尽西河而民不苦。盐铁之利，所以佐百姓之急，足军旅之费，务蓄积以备乏绝⑤，所给甚众，有益于国，无害于人。百姓何苦尔，而文学何忧也？

注释

①商君：商鞅。

②饬：整顿。政教：政令教化。

③攘：夺取。斥：开拓，扩大。

④赋：征税。赡：丰足。

⑤备乏绝：防备不足。

翻译

大夫说：从前商鞅担任秦国丞相的时候，在朝廷内建立法度，严明刑罚，整顿政令教化，使奸诈虚伪的人没有容身之地。在地方上采取了许多增加国家收入的措施，征收山林湖泽的赋税，国富民强，武器装备完备，物资储备充足有余。因此征伐敌国，开拓疆域，不必向百姓征收赋税而军队的给养就很充足。因为财利费用取之不竭，所以百姓并不知情；把国土扩大到黄河以西，百姓也感觉不到征战的痛苦。如今盐、铁官营的好处，正是用来帮助百姓解决急需，满足军费开支，努力积蓄物资财富来防备不足，盐、铁官营的好处很多，对国家有益，对百姓无害。老百姓对它有什么愁苦，你们文学又何必忧虑呢？

文学曰：昔文帝之时，无盐、铁之利而民富；今有之而百姓困乏，未见利之所利也，而见其害也。且利不从天来，不从地出，一取之民间①，谓之百倍，此计之失者也。无异于愚人反裘而负薪②，爱其毛，不知其皮尽也。夫李梅实多者，来年为之衰，

新谷熟而旧谷为之亏。自天地不能两盈[3]，而况于人事乎？故利于彼者必耗于此，犹阴阳之不并曜[4]，昼夜之有长短也。商鞅峭法长利[5]，秦人不聊生，相与哭孝公。吴起长兵攻取[6]，楚人搔动[7]，相与泣悼王。其后楚日以危，秦日以弱。故利蓄而怨积，地广而祸构，恶在利用不竭而民不知，地尽西河而民不苦也？今商鞅之册任于内[8]，吴起之兵用于外，行者勤于路，居者匮于室，老母号泣，怨女叹息；文学虽欲无忧，其可得也？

注释

①一：全部，都。

②反裘而负薪：将皮衣反过来穿，毛在里，皮在外。反穿皮衣背柴，虽然保护了毛，却容易把皮磨坏。

③自：即使。盈：充满。

④阴阳：指月亮和太阳。阴，月亮。阳，太阳。曜：照耀，照亮。

⑤峭法：严刑峻法。长利：崇尚财利。

⑥吴起：战国时卫人，曾为楚悼王相，楚悼王死后，吴起被贵族大臣射杀。长兵：兴兵。

⑦搔动：扰乱，不安定。搔，通“骚”。

⑧册：通“策”，计谋，策略。

翻译

文学说：从前文帝的时候，没有实行盐、铁官营而百姓富足；如今实行了盐、铁官营，百姓反而穷困了，没有见到盐、铁官营的好处，反而看到它的害处。况且财利既不是从天上掉下来的，也不是从地下长出来的，全部取之于民，你却说获利百倍，这种策略是错误。这无异于愚蠢的人反穿皮衣去背柴一样，爱惜皮裘的毛，不知道皮板被磨损了。李子树、杨梅树今年果实结得多，来年肯定结得少；新谷子成熟了，陈谷子也就要吃完了。即使天地也做不到两方盈满，何况是人事呢？所以，对彼有利，一定对此有损，就像日月不能同时照耀大地，白天和黑夜有长有短一样。商鞅严于刑法，崇尚财利，使得秦国民不聊生，都去向秦孝公哭诉。吴起兴兵攻战，使得楚人骚动不安，都去向楚悼王哭诉。后来楚国一天比一天危急，秦国一天比一天衰弱。所以，国家的财物虽然积蓄多了，而百姓的怨恨也随着加深了；地域虽然扩大了，而祸患也随着构成了。哪里有什么秦国财利取之不竭而百姓并不知情，疆域拓展到黄河以西而百姓感受不到征战痛苦呢？现在你们对内采取商鞅的策略，对外像吴起那样兴兵打仗，使服役的人常年在外奔波劳累，在家里的人缺吃少穿，老母亲痛心地哭泣，独处家中的女子悲伤地叹息。我们文学即使想无忧无虑，又怎么能够做得到呢？

大夫曰：秦任商君，国以富强，其后卒并六国而成帝业。及二世之时，邪臣擅断，公道不行，诸侯叛弛，宗庙隳亡[①]。《春秋》曰：“末言尔，祭仲亡也。”[②]夫善歌者使人续其声，善作者使人绍其功[③]。椎车之蝉攫[④]，负子之教也。周道之成，周公之力也。虽有裨谌之草创，无子产之润色[⑤]，有文、武之规矩，而无周、吕之凿枘[⑥]，则功业不成。今以赵高之亡秦而非商鞅，犹以崇虎乱殷而非伊尹也。

注释

①宗庙隳（huī）亡：这里指秦王朝的灭亡。隳，毁坏。

②末言尔，祭仲亡也：不说郑厉公夺权了，因为祭仲已经死了。祭仲，郑庄公时任宰相。庄公死后，嫡子忽（昭公）上台。后来祭仲在宋国的威胁下赶跑昭公而让公子突（厉公）上台。三年后他又迎回昭公，厉公逃跑了。祭仲死后，厉公又夺权，重新做郑国君。

③作：首创。绍：继承。

④椎车：独木轮车。蝉攫（jué）：车轮外面的车辋。

⑤裨谌（pí chén）、子产：均为春秋时郑国大夫，相传郑国的政令都是由裨谌起草，子产加工修饰。

⑥周、吕：周公姬旦，太公吕尚。凿枘：比喻相互配合。凿，榫眼。枘（ruì），榫头。

翻译

大夫说：秦国任用商鞅，国家因而富强，后来终于兼并六国而成就帝业。到了秦二世的时候，由于奸臣赵高独断专行，公平之道得不到伸张，导致诸侯纷纷起义叛离，使得秦朝灭亡。《春秋》说："不用说郑厉公夺权了，因为祭仲已经死了。"善于唱歌的人能使别人接续他的歌声，善于首创的人能使别人继承他的事业。独木轮车的车辋，是上古诸侯生病时发明的。西周王道的成功，是周公出力的结果。有裨谌为郑国起草政令，而没有子产来修改润色；有周文王、周武王制定的规章制度，而没有周公和吕尚的配合，周朝的功业都是不能成功的。现在你们用赵高使秦国灭亡这件事来攻击商鞅，就如同用崇侯虎扰乱殷政这件事来指斥伊尹一样。

文学曰：善凿者建周而不拔[①]，善基者致高而不蹶[②]。伊尹以尧、舜之道为殷国基，子孙绍位，百代不绝。商鞅以重刑峭法为秦国基，故二世而夺。刑既严峻矣，又作为相坐之法[③]，造诽谤，增肉刑[④]，百姓斋栗[⑤]，不知所措手足也。赋敛既烦数矣，又外禁山泽之原[⑥]，内设百倍之利，民无所开说容言。崇利而简义，高力而尚功，非不广壤进地也，然犹人之病水，益水而疾深。知其为秦开帝业，不知其为秦致亡道也。狐刺之凿[⑦]，虽公输子不能善其枘。畚土之基[⑧]，虽良匠不能成其高。譬若秋蓬被霜，遇风则零落，虽有十子产，如之何？故扁鹊不能肉白骨，微、箕不能存亡国也[⑨]。

注释

①建周而不拔：安上榫头，周严而不脱落。

②蹶：倒塌。

③相坐之法：即连坐法。一人犯罪，其他相关人连坐受刑。坐，定罪。

④肉刑：切断犯罪者肢体或割裂其肌肤的刑法。

⑤斋栗：害怕，胆战心惊。

⑥原：同“源”，资源。

⑦狐刺之凿：歪斜的榫眼。狐刺，通“弧刺”，违背常规。

⑧畚（běn）：用竹或草编制的盛土的器物。

⑨微：微子，殷纣王庶兄，名启。箕：箕子，殷纣王叔父，名胥余。商纣王无道，微子、箕子都对他进行劝谏，纣王不听，商最终被周武王所灭。

翻译

文学说：善于凿榫眼的人，凿出的榫眼周严而不脱落；善于打地基的人，砌出的高墙牢固而不倒塌。伊尹用尧、舜的治国之道作为商朝治国的基础，商汤的子孙继承王位，经历百代而不断绝。商鞅用严峻的法律作为秦朝统治的基础，所以到第二代就被夺权。刑罚已经很严峻了，商鞅又制定了连坐法，定了“诽谤”罪，增加了肉刑，使百姓胆战心惊，连手脚都不知道放哪儿。苛捐杂税已经很重了，又在地方禁止私自开发山林湖泊的资源，在朝廷设立牟取百倍利益的机构，民众没有说话讲理的地方。重视财利而轻视礼义，提倡武力而奖励军功，秦朝并不是不能拓展疆域，但就像一个人得了水肿病一样，喝水越多病就越重。你们只知道商鞅为秦朝开创了帝业，却不知道他将秦国引向灭亡的道路。歪歪斜斜的榫眼，就是巧匠鲁班也不能安上合乎规格的榫头。由一畚箕土打成的地基，就是高明的工匠也不能在上面建造很高的建筑物。好比秋天的蓬草遭到霜打之后，遇到风吹就会凋落，即使有十个像子产那样善于为政的人，又有什么办法呢？所以扁鹊不能使白骨生肉，微子和箕子也不能挽救商朝的灭亡。

大夫曰：言之非难，行之为难。故贤者处实而效功，亦非徒

陈空文而已。昔商君明于开塞之术①，假当世之权，为秦致利成业，是以战胜攻取，并近灭远，乘燕、赵②，陵齐、楚③，诸侯敛衽④，西面而向风⑤。其后，蒙恬征胡⑥，斥地千里⑦，逾之河北，若坏朽折腐。何者？商君之遗谋，备饬素修也⑧。故举而有利，动而有功。夫畜积筹策⑨，国家之所以强也。故弛废而归之民，未睹巨计而涉大道也。

注释

①开塞：开放有利的事业，堵塞不利的事情。开，即启，这是避汉景帝刘启讳改。

②乘：制服。

③陵：通“凌”，凌驾。

④敛衽（rèn）：参见尊者时整顿衣襟，表示敬服。

⑤西面：秦居关中，六国皆在崤山以东，臣服秦朝必须向西，故曰西面。向风：望风倾仰。

⑥蒙恬：秦始皇大将，曾率兵三十万抗击匈奴，收复黄河以南土地，修筑万里长城以备胡，后为赵高杀害。

⑦斥地：开拓疆域。

⑧备饬：防备整治。素修：平时做好准备。

⑨畜：通“蓄”。筹策：运筹策划。

翻译

大夫说：说起来不难，做起来才困难。所以，有才能的人是踏踏实实地建立功勋，而不是只说空话。从前商鞅懂得开发什么和堵塞什么的道理，凭借当时秦孝公给他的权力，为秦国增长财利成就帝业，因此才能战必胜，攻必取，吞并近邻，消灭远国，制服燕国、赵国，凌驾齐国、楚国之上，使各国诸侯不得不整顿衣襟，向西面望风归服。后来蒙恬征讨入侵的匈奴，开拓了千里疆域，把匈奴赶到黄河以北，势如摧枯拉朽。为什么呢？就是因为继承了商鞅遗留下来的谋略，平时加强整顿和准备。所以一举手就有利，一行动就有功。积蓄财富，运筹策划，这是国家强盛的原因。所以废除盐、铁官营而归之于民，那就是看不到治理国家的长远计划，不懂得大道理！

文学曰：商鞅之开塞，非不行也；蒙恬却胡千里，非无功也；威震天下，非不强也；诸侯随风西面，非不从也；然而皆秦之所以亡也。商鞅以权数亡秦国[①]，蒙恬以得千里亡秦社稷。此二子者，知利而不知害，知进而不知退，故果身死而众败。此所谓恋朐之智[②]，而愚人之计也，夫何大道之有？故曰："小人先合而后忤，初虽乘马，卒必泣血。"此之谓也。

注释

①权数：权谋术数。

②恋朐（qú）：又作"挛拘""拘挛"，原指手脚弯曲不能伸直，这里指智慧浅薄。

翻译

文学说：商鞅开发和堵塞的思想，不是不能实行；蒙恬把匈奴驱逐到千里之外，不是没有功劳；秦国威震天下，不是不强盛；诸侯望风西面归服，也不是不顺从；然而这些也正是秦国灭亡的原因。商鞅玩弄权术危害了秦国，蒙恬得到千里土地而使秦朝灭亡。这两个人，只知道利益而不知道祸患，只知道前进而不知道后退，因此最终自身惨死，而众人随之失败。这就是人们所说的浅薄人的智慧和愚蠢人的计谋，哪里谈得上什么治国的大道理呢？所以说：“小人先迎合而后背叛，当初虽然乘马得意，最终必定血泪涟涟。”说的就是商鞅、蒙恬这一类人呀！

大夫曰：淑好之人[1]，戚施之所妒也[2]；贤知之士，阘茸之所恶也[3]。是以上官大夫短屈原于顷襄[4]，公伯寮愬子路于季孙[5]。夫商君起布衣，自魏入秦，期年而相之[6]，革法明教，而秦人大治。故兵动而地割，兵休而国富。孝公大说[7]，封之於、商之地方五百里。功如丘山，名传后世。世人不能为，是以相与嫉其能而疵其功也[8]。

注释

①淑好：贤淑美丽。

②戚施：相貌丑陋驼背的人。

③阘茸（tà róng）：本指小门、小草，这里指卑贱无能的人。

④上官大夫：即靳尚。短：说坏话。顷襄：楚怀王之子顷襄王。

⑤公伯寮、子路：均为孔子弟子。季孙：季康子，鲁国大夫。愬：通“诉”，毁谤。子路为季氏家臣，公伯寮在季孙面前说子路的坏话。

⑥期年：一年。

⑦说：通“悦”，愉快、高兴。

⑧疵：批评，诽谤。

翻译

大夫说：贤淑美丽的女子，被丑陋驼背的人所嫉妒；贤能智慧的人，被卑贱无能的人所憎恶。因此上官大夫靳尚在顷襄王面前说屈原的坏话，公伯寮向季孙氏说子路的坏话。商鞅出身平民，从魏国到了秦国，一年后就被任命为丞相，改革法度，修明教令，把秦国治理得很好。所以秦国出兵打仗就能扩大领土，军队休整就能使国家富强。秦孝公非常高兴，把於、商一带方圆五百里的土地封给商鞅。商鞅功高如丘山，美名传后世。世俗之人不能做出商鞅的功业，所以他们就一起妒忌他的才能，对他的功绩吹毛求疵。

文学曰：君子进必以道，退不失义①，高而勿矜②，劳而不伐③，位尊而行恭，功大而理顺。故俗不疾其能，而世不妒其业。今商鞅弃道而用权，废德而任力，峭法盛刑，以虐戾为俗④，欺旧交以为功⑤，刑公族以立威⑥，无恩于百姓，无信于诸侯，人与之为怨，家与之为雠，虽以获功见封，犹食毒肉愉饱而罹其咎也⑦。苏秦合纵连横⑧，统理六国，业非不大也。桀、纣与尧、舜并称，至今不亡，名非不长也。然非者不足贵。故事不苟多⑨，名不苟传也。

注释

①进、退：古人以做官为进，以辞官退隐为退。

②矜：自大，骄傲。

③伐：夸耀。

④虐戾：残暴凶狠。

⑤欺旧交：商鞅在魏国时与魏公子卬为友，商鞅在秦国变法成功后东伐魏国，设计俘虏了魏将公子卬。

⑥刑公族：指商鞅变法时，将唆使太子犯法的公子虔和公孙贾分别处以劓刑（割掉鼻子）和黥刑（在脸上刺字）。

⑦罹其咎：遭到毒害。

⑧合纵：即六国联合抗拒秦国。连横：秦国联合一个或几个国家攻打他国。本文说的“合纵连横”，主要是指苏秦所主张的“合纵”。

⑨不苟多：不能随便赞美。

翻译

文学说：君子做官时一定要行正道，辞官后也不要失去礼义，处于高位却不骄傲，功劳多却不自夸，地位尊贵却举止谦逊，功劳大却通情达理，所以世人就不会嫉妒他的才能，不会嫉妒他的功业。现在商鞅抛弃仁义而玩弄权术，废除仁德而依靠暴力，严法重刑，以残暴凶狠为风俗，用欺骗老朋友的手段来建立功业，对宫室贵族施加刑罚来建立威势，对百姓不施恩德，对诸侯不讲信用，所以人人都与他结怨，家家都是他的仇敌，虽然因为军功而被封为商君，但这就像吃了有毒的肉一样，吃得越饱就越是遭殃。苏秦联合六国抗秦，功业不能说不大。桀、纣与尧、舜并称，名字至今不消亡，声名不能说不长。然而被历史否定的人不足为贵。所以，对事业不能随便赞美，对名声不能随便传颂。

大夫曰：缟素不能自分于缁墨[1]，贤圣不能自理于乱世。是以箕子执囚[2]，比干被刑[3]。伍员相阖闾以霸[4]，夫差不道，流而杀之。乐毅信功于燕昭[5]，而见疑于惠王。人臣尽节以徇名，遭世主之不用。大夫种辅翼越王[6]，为之深谋[7]，卒擒强吴，据有东夷[8]，终赐属镂而死[9]。骄主背恩德，听流说，不计其功故也，岂身之罪哉？

注释

①缟素：白色的丝织品。缁墨：黑色的染料。

②箕子执囚：箕子被囚禁为奴隶。执囚，逮捕，拘禁。

③比干：商纣王的叔父，被商纣王剖心而死。

④伍员：伍子胥，春秋时吴国大夫，曾辅佐吴王阖闾建立霸业，阖闾之子夫差赐伍子胥属镂之剑，令其自杀，又将其尸体装入皮袋之中，浮之江中。相：辅佐。

⑤乐毅：战国时燕国名将，曾率兵攻破齐国，后因受燕惠王猜忌，投奔赵国。信功：立功。信，通“伸”。燕昭：燕昭王。

⑥大夫种：即春秋时越国大夫文种，曾辅助越王勾践打败吴王夫差，后被勾践所杀。

⑦深谋：长远谋划。

⑧东夷：指吴国。

⑨属镂（zhǔ lòu）：宝剑名。

翻译

大夫说：白色丝织品在黑色染料中不能避免被污染，圣贤不能在乱世中保全自己。所以箕子被囚禁，比干被剖心。伍子胥曾辅助吴王阖闾称霸，夫差无道，杀死伍子胥，并把他的尸体装进皮口袋投入江中。乐毅在燕昭王时期建立大功，却被惠王怀疑。臣子为了保全节操尽忠而死，却得不到当时君主的信任与起用。大夫文种辅助越王勾践，为越王作长远的谋划，最终打败了强大的吴国，占领了吴国的土地，最后越王却赐剑令他自杀而死。这都是骄横的君主背弃恩德，听信谗言，不考虑他们功劳的缘故，难道是他们本身的罪过吗？

文学曰：比干剖心，子胥鸱夷[①]，非轻犯君以危身[②]，强谏以干名也。憯怛之忠诚[③]，心动于内，忘祸患之发于外，志在匡君救民[④]，故身死而不怨。君子能行是不能御非[⑤]，虽在刑戮之中，非其罪也。是以比干死而殷人怨，子胥死而吴人恨。今秦怨毒商鞅之法，甚于私仇，故孝公卒之日，举国而攻之，东西南北莫可奔走，仰天而叹曰："嗟夫，为政之弊，至于斯极也！"卒车裂族夷[⑥]，为天下笑。斯人自杀，非人杀之也。

注释

①鸱（chī）夷：古代一种用兽皮制的口袋，因外形像鸱，故名鸱夷。这里指伍子胥死后，吴王夫差把他的尸体装入皮口袋投入江中。鸱，猫头鹰。

②轻犯：轻率地触犯。

③憯怛（dá）：悲痛，忧伤。

④匡：纠正。

⑤行是：做正确的事情。御非：抵御别人的非难。

⑥车裂：古时酷刑，俗 五马分尸。族夷：即夷族。族，亲族。夷，灭。

翻译

文学说：比干被剖心，伍子胥尸体被装进皮袋浮于江中，并不是他们轻率地触犯君主而危及自身，也不是他们强行劝谏以追求好名声。而是忧伤、忠诚的心在胸膛跳动，以致忘掉了来自身外的祸患，他们志在纠正国君的错误，拯救百姓，所以死而无怨。君子能做正确的事情，但不能抵御别人的非难，即使遭到刑罚杀戮，也不是他们自己的罪过。因此比干的死引起了殷人对纣王的怨恨，伍子胥的死引起了吴人对夫差的痛恨。而秦国民众怨恨商鞅变法，超过了私仇的范畴，所以秦孝公去世当天，全秦国的人都围攻商鞅，使他东西南北无处逃奔，只好仰天叹息道：“唉，秦国朝政的弊病，竟使自己落到这样的地步！”最后商鞅被五马分尸，亲族被杀光，被天下人耻笑。这是他自己把自己杀了，并不是别人杀死他。

晁错第八

导读

晁错是西汉文景时期著名政治家，因主张削藩激化了中央与藩国的矛盾，以吴王刘濞为首的七国割据势力，打着杀晁错以“清君侧”的旗号发动叛乱，汉景帝迫于压力而诛晁错。本篇是大夫与文学围绕晁错忠奸问题而展开的论辩。大夫认为晁错“变法易常，不用制度”导致“七国之乱”，晁错之死是咎由自取；文学则认为晁错是为了汉家万世之安而与诸侯结仇，堪称汉家的“信士”。

大夫曰：《春秋》之法，“君亲无将[①]，将而必诛。”故臣罪莫重于弑君，子罪莫重于弑父。日者[②]，淮南、衡山修文学[③]，招四方游士，山东儒、墨咸聚于江、淮之间，讲议集论，著书数十篇。然卒于背义不臣，使谋叛逆，诛及宗族。晁错变法易常，不用制度，迫蹙宗室[④]，侵削诸侯，蕃臣不附[⑤]，骨肉不亲，吴、楚积怨，斩错东市，以慰三军之士而谢诸侯[⑥]。斯亦谁杀之乎？

注释

①将：伤害。《春秋公羊传》把意欲弑君弑亲的行为称为“将”。

②日者：从前。

③淮南、衡山：指汉武帝时淮南王刘安和衡山王刘赐，二人因叛乱被汉武帝镇压。

④迫蹙：逼迫。

⑤蕃：通“藩”。不附：不亲附，指吴、楚七国反叛。

⑥谢：谢罪、致歉。

翻译

大夫说：《春秋》大义：“对于国君和父母不能起杀害之心，如果有就要格杀勿论。”因此，臣子之罪没有比弑君再重的，儿子之罪没有比弑父还重的。从前，淮南王、衡山王集门客著书，招揽四方游说之士，山东的儒家、墨家人士，都聚集到长江、淮河一带，讲学议论，著书数十篇。但他们最终违背君臣大义，不守臣道，教唆淮南王刘安、衡山王刘赐谋反叛逆，自己被诛，殃及宗族。晁错鼓动汉帝改变祖宗常法，不遵守旧制度，逼迫刘氏诸侯宗亲，削减诸侯封地，诸侯离心，骨肉不亲，吴、楚七国积怨反叛，迫使皇上下令将晁错斩于东市，以此抚慰三军将士，向天下诸侯谢罪。这晁错究竟是被谁杀死的呢？

文学曰：孔子不饮盗泉之流[①]，曾子不入胜母之间[②]。名且恶之，而况为不臣不子乎？是以孔子沐浴而朝，告之哀公[③]。陈文子有马十乘，弃而违之[④]。《传》曰：“君子可贵可贱，可刑可杀，而不可使为乱。”若夫外饰其貌而内无其实，口诵其文而行不犹其道[⑤]，是盗，固与盗而不容于君子之域。《春秋》不以寡犯众，

诛绝之义有所止，不兼怨恶也。故舜之诛，诛鲧；其举，举禹。夫以玙璠之玼而弃其璞[6]，以一人之罪而兼其众，则天下无美宝信士也。晁生言诸侯之地大，富则骄奢，急则合从[7]。故因吴之过而削之会稽，因楚之罪而夺之东海，所以均轻重，分其权，而为万世虑也。弦高诞于秦而信于郑[8]，晁生忠于汉而雠于诸侯。人臣各死其主，为其国用。此解杨之所以厚于晋而薄于荆也[9]。

注释

①孔子不饮盗泉之流：传说孔子经过盗泉，虽然口渴，但由于厌恶“盗泉”之名，终不饮盗泉之水。流，指泉水。

②曾子不入胜母之间：曾参是著名孝子，由于厌恶“胜母”之名，故路过而不进入。曾子，名参，字子舆，孔丘弟子。间，里弄。

③孔子沐浴而朝，告之哀公：齐国陈成子杀了齐简公，孔丘马上去朝见鲁哀公，要鲁哀公出兵讨伐。沐浴，指洗澡斋戒。朝，朝见国君。

④陈文子有马十乘，弃而违之：齐国大夫崔杼杀死齐庄公后，陈文子有四十匹马，舍弃不要，离开齐国。乘，每车四匹马为一乘。违，离开。

⑤犹：通“由”，按照、奉行。

⑥以：因为。玙璠（yú fán）：两种美玉。玼：通“疵”，玉中的斑点。璞：没有雕过的玉石。

⑦合从：本是战国纵横家苏秦提出的山东六国诸侯联合抗秦的战略，此处指诸侯联合反叛中央。从，同“纵”。

⑧弦高诞于秦而信于郑：郑国商人弦高听到秦军袭郑的消息，便假称郑君之命，以十二头牛犒劳秦师。秦师知偷袭消息泄露，只好放弃偷袭打算。弦高此举对于秦国来说是撒谎，而对郑国来说则是诚信。诞：欺骗，说假话。

⑨解杨：一作“解扬”，春秋时晋人。楚师围宋，宋人向晋国求救，晋国派解杨为使者，去告诉宋国晋国的救兵马上就要到了，不要投降。结果解扬被楚师俘虏，楚王要解扬向宋人传递相反的消息，要求宋人立即向楚国投降，解扬假装答应，结果还是把晋国真正的消息传达给宋国了。荆：春秋时楚国的别称。

翻译

文学说：孔子不喝名叫“盗泉”的水，曾子不进入名叫“胜母”的里巷。对不合仁义的名字尚且感到厌恶，更何况是叛臣逆子呢？所以，当陈成子弑齐简公时，孔子沐浴上朝，将此事告诉鲁哀公，请求讨贼。崔杼弑齐庄公，陈文子有十乘马，抛弃不要也要离开齐国。《礼记》上说：“君子可以让他尊贵，可以让他贫贱，可以对他用刑，可以将他杀死，但不能叫他犯上作乱。”至于那些外表道貌岸然而内心一塌糊涂，满口仁义道德而行为背道而驰的人，其实是盗贼，他们本来就是与盗贼一伙，而不能见容于君子之邦里。《春秋》大义：不以少犯众，即使是施行诛绝之义也要有所限制，不能夹杂一些怨仇恶意。所以，虞舜杀了鲧，却又任用鲧的儿子禹。如果因为美玉有点瑕疵，就抛弃了含玉的璞石，因为一个人有罪而牵连众人，那么天下就没有美丽宝玉和诚信之士了。晁错说诸侯的封地太大，他们富贵就会骄奢，形势紧急就会联合起来背叛朝廷。因此晁错建议，借吴王刘濞过错而削除吴国的会稽郡，借楚王刘戊的罪过而削夺楚国的东海郡，以此来削弱诸侯势力，分割他们的权力，这是为了汉家万世安全的深谋远虑。商人弦高欺骗秦国而对郑国忠诚，晁错忠于汉室而成为吴、楚诸侯的仇敌。人臣各为其主而死，各为他们的国家效力，这就是解杨忠于晋国而欺骗楚国的缘故。

刺权第九

导读

刺权，即讥刺权贵。本篇中，文学对权贵进行指责，而大夫则加以辩护。

大夫曰：今夫越之具区，楚之云梦，宋之钜野，齐之孟诸，有国之富而霸王之资也。人君统而守之则强，不禁则亡。齐以其肠胃予人[1]，家强而不制，枝大而折干，以专巨海之富而擅鱼盐之利也。势足以使众，恩足以恤下[2]，是以齐国内倍而外附[3]。权移于臣，政坠于家，公室卑而田宗强[4]。转毂游海者[5]，盖三千乘，失之于本而末不可救。今山川海泽之原，非独云梦、孟诸也。鼓铸煮盐，其势必深居幽谷，而人民所罕至。奸猾交通山海之际，恐生大奸。乘利骄溢，散朴滋伪[6]，则人之贵本者寡。大农盐铁丞咸阳、孔仅等上请[7]："愿募民自给费，因县官器，煮盐予用，以杜浮伪之路。"由此观之，令意所禁微[8]，有司之虑亦远矣。

注释

①以其肠胃予人：齐国将物产大权交给权臣管理。肠胃，比喻储藏丰富物产的地方。

②恤下：笼络臣下。

③倍：通"背"，背叛。外附：归附权臣。

④公室：指国君。田宗：指田氏家族。

⑤转毂（gǔ）：指车辆。毂，车轮中心有孔可以插轴的圆木。游海：来往于海边运输鱼盐。

⑥散朴：破坏朴实风气。滋伪：滋长虚假作风。

⑦大农：即大农令，又叫大司农，汉武帝时掌管国家租税、盐铁、钱粮等财政收支的官吏。盐铁丞：大农属官，掌管有关盐铁官营的事宜。

⑧微：精深。

翻译

大夫说：现在越地的具区泽，楚地的云梦泽，宋地的钜野泽，齐地的孟诸泽，都是使国家富强而称霸的资源。君主统一控制这些资源财富就强盛，不禁止他人占有就灭亡。过去齐国就像一个人把自己的肠胃让给他人那样，随便让人们开发物产资源，导致卿大夫强盛而不可控制，树枝过大而折断了主干，让大臣大夫垄断了国家的大海资源，独占了鱼盐的利益。大夫田氏势力大到足可以役使民众，恩惠足以笼络臣下，因此齐国民众背叛君主而归附田氏。造成国家大权落到大臣手里，政权坠入大夫采邑，国君权势衰弱而田氏家族势力强盛。沿海运送鱼盐的车辆达几千辆，使国家既丢掉了农业，又不能控制工商业。如今山川海泽的资源很多，不单是云梦泽、孟诸泽这些地方了。炼铁、煮盐势必在偏远的山谷，人们很少到那里去。奸诈狡猾之徒来往于山海之间，恐怕要酿成大的祸害。他们凭借财力而骄傲自满，破坏了朴实风气，滋长了虚假作风，使重视农业的人少了。大农属官盐铁丞东郭咸阳、孔仅等向朝廷上书："希望招募老百姓自己出钱，用官府提供的器具煮盐，再由国家收购，以杜绝浮虚作假的门路。"由此看来，盐铁禁令意义深微，主管官员的考虑也非常深远啊。

文学曰：有司之虑远，而权家之利近，令意所禁微，而僭奢之道著[①]。自利害之设，三业之起[②]，贵人之家云行于涂[③]，毂击于道，攘公法，申私利，跨山泽，擅官市，非特巨海鱼盐也；执国家之柄，以行海内，非特田常之势，陪臣之权也[④]；威重于六卿，富累于陶、卫，舆服僭于王公，宫室溢于制度，并兼列宅，隔绝闾巷，阁道错连，足以游观，凿池曲道，足以骋骛，临渊钓鱼，放犬走兔，隆豺鼎力[⑤]，蹋鞠斗鸡，中山素女抚流徵于堂上[⑥]，鸣鼓巴俞作于堂下，妇女被罗纨，婢妾曳絺纻[⑦]，子孙连车列骑，田猎出入，毕弋捷健[⑧]。是以耕者释耒而不勤[⑨]，百姓冰释而懈怠。何者？己为之而彼取之，僭侈相效，上升而不息，此百姓所以滋伪而罕归本也。

注释

①僭奢：僭越奢侈。僭，僭越，超过。著：显著，明显。

②三业：指盐铁、酒榷、均输三种官营事业。

③涂：同“途”，道路。

④陪臣：古时诸侯的大夫对天子自称陪臣，大夫的家臣对大夫自称陪臣。

⑤隆豺：斗兽。

⑥中山：战国时期诸侯国名，后为赵武灵王所灭，汉景帝又置中山诸侯国。素女：善歌舞的美女。抚流徵（zhǐ）：指弹琴。抚，通“拊”，拍。流，婉转。徵，古代五音宫、商、角、徵、羽之一。

⑦絺（chī）：细葛布。纻（zhù）：纻麻布。

⑧毕弋：打鸟用的网和箭，这里指打鸟。毕，罗网。弋，带绳的箭。

⑨耒（lěi）：一种农具。

翻译

文学说：主管官员考虑深远，但是有权有势的人却很容易取得私利；盐铁禁令意义深微，而僭越奢侈的风气却更明显了。自从设置兴利的官吏，盐铁、酒榷、均输三大事业兴起，富贵人家，如同风起云涌般弥漫到道路之上，车轮轴在路上互相撞击，他们扰乱公法，谋取私利，广泛占有山泽，垄断国家市场，这就不仅仅是谋取大海的鱼盐之利了；他们还掌握国家大权，横行海内，他们的权势不是当年田成子和大夫所能比得了的；他们的威风高于过去晋国的六卿，他们的财富多于陶朱公、子贡，车马服饰超过了皇族，宫室建筑超过了朝廷的规定。兼并来的住宅连成一片，隔绝闾巷的公共通道，飞阁栈道纵横交错，足以游览观赏；在宅第之内开凿水池，修建曲折的通道，足可以驰骋追逐；在深池钓鱼，放狗捉兔，驯兽取乐，举鼎较力，踢球斗鸡。中山美女在堂上弹奏曼妙的歌曲，巴俞舞女在堂下伴随鼓点跳起舞蹈；妇女披着罗纨，婢妾拖着葛衣，子孙们车马成行，往来打猎，捕捉鸟兽，身姿敏捷矫健。因此，耕田的人放下农具而不愿意劳动，老百姓像冰消雪化一般意志涣散，消极怠慢。为什么呢？自己这样做了，别人也就跟着模仿，僭越奢侈，相互仿效，这种歪风邪气上升不止，这就是老百姓滋长虚伪的作风而很少从事农业劳动的原因。

大夫曰：官尊者禄厚，本美者枝茂。故文王德而子孙封，周公相而伯禽富①。水广者鱼大，父尊者子贵。《传》曰：“河海润千里②。”盛德及四海，况之妻子乎？故夫贵于朝，妻贵于室，富曰苟美，古之道也。《孟子》曰：“王者与人同，而如彼者，居使然也。”居编户之列而望卿相之子孙③，是以跛夫之欲及楼季也④，无钱而欲千金之宝，不亦虚望哉！

注释

①伯禽：周公的儿子，周公当上丞相后，伯禽受封于鲁国。

②河：黄河。海：大海。润：滋润。

③编户：指列于国家户口簿的平民。

④跛：腿、脚有毛病。楼季：战国时魏文侯的弟弟，善于行走攀登。

翻译

大夫说：官位高的人俸禄就丰厚，根深的树枝叶就茂盛。所以，周文王有德，他的子孙都领地封侯，周公为相，他的儿子伯禽就富有一国。水深广的地方鱼就长得很大；父亲位尊，儿子就高贵。《公羊传》说："黄河、大海滋润千里。"盛大的恩德遍布四海，更何况他们的妻子儿女呢？所以，丈夫在朝中做了官，妻子在家里也享受荣华富贵。富有是美好的事，这是自古以来的道理。孟子说："国王和普通人也是一样的人，而他那样阔气，是地位使他如此。"身处平民百姓的行列，却指望自己的子孙出将入相，这就像希望跛脚的人赶上善跑的楼季，无钱的人想得到千金财宝，这不是痴心妄想吗？

文学曰：禹、稷自布衣，思天下有不得其所者，若己推而纳之沟中，故起而佐尧，平治水土①，教民稼穑②。其自任天下如此其重也③，岂云食禄以养妻子而已乎？夫食万人之力者，蒙其忧，任其劳。一人失职，一官不治，皆公卿之累也。故君子之仕，行其义，非乐其势也。受禄以润贤④，非私某利。见贤不隐，食禄不专，此公叔之所以为文⑤，魏成子所以为贤也⑥。故文王德成而后封子孙，天下不以为党，周公功成而后受封，天下不以为贪。今则不然。亲戚相推，朋党相举，父尊于位，子溢于内，夫贵于朝，妻谒行于外⑦。无周公之德而有其富，无管仲之功而有其侈，

故编户跛夫而望疾步也。

注释

①平治水土：指大禹治水。

②教民稼穑：指后稷教民耕种。

③自任天下：以天下为己任。

④润贤：培养贤才。

⑤公叔之所以为文：公叔文子的家臣僎，由于公孙枝的推荐，做了卫国大夫，孔丘知道后说："公孙枝可以谥为'文'了。"

⑥魏成子：战国时魏国人，曾做魏文侯的丞相。据说他用十分之九的俸禄去招聘贤士。

⑦妻谒：妻子弄权接受请托。谒，拜见，请托。

翻译

文学说：大禹、后稷来自平民，他们想到天下有不得其所的人，就如同自己把他们推到水沟里一样难受，所以他们出来帮助唐尧平治水土，教老百姓耕种。他们以天下为己任，对此那样看重，怎么能说拿份俸禄仅仅是为了养活妻室儿女呢？食用万人劳动所得的俸禄的人，应该蒙受老百姓的忧患，分担百姓的劳苦。一个人失职，一个官员不称职，这都是公卿大臣的职责。所以君子做官，是为了推行仁义，而不是贪图享受当官的权势。接受俸禄可以用来养贤，而不是谋取私利。发现贤才而不隐瞒，所得俸禄不肯独享，这就是公叔枝谥号为"文"，而魏成子被称为贤人的原因。所以周文王施行仁德而后子孙封赏，天下不认为他偏袒亲属；

周公大功告成而后接受封赏，天下不认为他贪婪。现在却不一样。父母亲戚之间互相推荐，朋党之间互相推举，父亲地位高，儿子在家里就骄奢淫逸，丈夫在朝中做官，妻子在外就接受请托。没有周公那样的德行而享有周公那样的富贵荣华，没有管仲那样的功绩而过着管仲那样的奢侈生活，因而平民奢望得到卿相富贵，就像跛脚之人希望疾步如飞。

刺复第十

导读

刺复，反攻、回击。本篇讨论由什么人掌权的问题。大夫没有得到文学在舆论上的支持和兴利妙计，于是反过来批评文学装饰外表，冒充贤能，扰乱政治。对此，文学予以回击，讥刺当世在位的公卿非但不礼贤下士，反而嫉贤妒能、蔑视贤才，因而无法求得贤士为其所用。

大夫曰为色矜而心不怿[①]，曰：但居者不知负载之劳[②]，从旁议者与当局者异忧。方今为天下腹居郡[③]，诸侯并臻[④]，中外未然，心憧憧若涉大川，遭风而未薄[⑤]。是以夙夜思念国家之用，寝而忘寐，饥而忘食，计数不离于前，万事简阅于心[⑥]。丞史器小，不足与谋，独郁大道。思睹文学，若俟周、邵而望高子。御史案事郡国[⑦]，察廉举贤才，岁不乏也。今贤良、文学臻者六十

余人，怀六艺之术，骋意极论，宜若开光发蒙；信往而乖于今，道古而不合于世务，意者不足以知士也？将多饰文诬能以乱实邪？何贤士之难睹也！自千乘倪宽以治《尚书》位冠九卿，及所闻睹选举之士，擢升赞宪甚显⑧，然未见绝伦比，而为县官兴滞立功也⑨。

注释

①曰：通“爰”，于是。色矜：表情严肃。怿：愉快，高兴。

②但居者：赋闲在家的人。但，徒，空。

③腹居郡：指京师。腹居，中心的意思。

④并臻：汇集，聚集。

⑤薄：通“泊”，指靠岸停船。

⑥简阅：本指检查挑选，这里是筹划的意思。

⑦案事：考察事务。

⑧擢升：提拔、提升。赞宪：参与政事。甚显：十分显达。

⑨兴滞：兴利除弊的意思。

翻译

大夫于是神色严肃，内心很不高兴，说：赋闲在家的人不知道背负肩挑人的劳苦，站在旁边发议论的人和当事人有着不同的忧愁。当今京师地处天下的中心，诸侯的事都汇集到这里，内地和边境都没有安定，我们心里惶惶不安，就好像乘船渡越大河，遇到风浪还没有靠岸一样。因此朝夕思虑国家所需要的用度，废寝忘食，各种统计数字萦绕在心头，成千上万的事情在心中掂量。

丞相史又见识短浅，无法跟他们商议，独自郁闷找不到治国大道，所以我想见到你们，就好像期待周公、邵公和盼望高子一样。御史考察各地的情况，选拔孝廉，举荐贤才，每年都不少。现在你们贤良、文学六十多人到来，带着六艺的学术思想，尽情地发表议论，应该能够发表闪光的思想，启发我的蒙昧；谁知你们只相信古代，言论不符合当今需要，称说古代，不符合现在的社会情况。看来究竟是我们不能识别真才呢？还是你们装饰外表、冒充贤能以扰乱现实呢？为什么见到一个贤人这样难啊！自从千乘人倪宽靠钻研《尚书》而位在九卿之上，到现在我们所看到、所听到选拔举荐的文学、贤良，虽然有的也被提拔参与政事，地位很高，但没有看见出类拔萃的人，能够为朝廷兴利除弊建立一番功业。

文学曰：输子之制材木也，正其规矩而凿枘调[①]。师旷之谐五音也[②]，正其六律而宫商调。当世之工匠，不能调其凿枘，则改规矩，不能协声音，则变旧律，是以凿枘刺戾而不合[③]，声音泛越而不和[④]。夫举规矩而知宜，吹律而知变，上也；因循而不作，以俟其人，次也。是以曹丞相日饮醇酒[⑤]，倪大夫闭口不言。故治大者不可以烦，烦则乱；治小者不可以怠，怠则废。《春秋》曰："其政恢卓，恢卓可以为卿相。其政察察，察察可以为匹夫。"夫维纲不张，礼义不行，公卿之忧也。案上之文，期会之事，丞史之任也。《尚书》曰："俊乂在官，百僚师师，百工惟时，庶尹允谐。"言官得其人，人任其事，故官治而不乱，事起而不废，士守其职，大夫理其位，公卿总要执凡而已。故任能者责成而不劳，任己者事废而无功。桓公之于管仲，耳而目之。故

君子劳于求贤，逸于用之，岂云殆哉[6]？昔周公之相也，谦卑而不邻[7]，以劳天下之士，是以俊乂满朝，贤智充门。孔子无爵位，以布衣从才士七十有余人，皆诸侯卿相之人也，况处三公之尊以养天下之士哉？今以公卿之上位，爵禄之美，而不能致士，则未有进贤之道。尧之举舜也，宾而妻之。桓公举管仲也，宾而师之。以天子而妻匹夫，可谓亲贤矣。以诸侯而师匹夫，可谓敬宾矣。是以贤者从之若流，归之不疑。今当世在位者，既无燕昭之下士，《鹿鸣》之乐贤[8]，而行臧文、子椒之意，蔽贤嫉能，自高其智，訾人之才[9]，足己而不问，卑士而不友，以位尚贤，以禄骄士，而求士之用，亦难矣！

注释

①规：圆规。矩：曲尺。凿：榫眼。枘：榫头。调：准确配合。

②师旷：春秋时期著名乐师。

③刺戾：乖谬，互相违反，形容榫头榫眼歪斜不正。

④泛越：杂乱，不合拍。

⑤曹丞相日饮醇酒：曹丞相（即西汉时的曹参），他做丞相期间坚持萧何制订的法令，当有人向他建议改法时，他便请人饮醇酒，以此拒绝别人建议，也称“萧规曹随”。

⑥殆：通“怠”，怠惰。

⑦邻：通“吝”，即吝啬，这里指揽事过多。

⑧《鹿鸣》：《诗经·小雅》篇名，据《诗序》说，这首诗是为了宴请宾客而作的。

⑨訾（zī）：诋毁，诽谤。

翻译

文学说：鲁班制作木材时，端正圆规和曲尺，使榫眼和榫头准确配合。师旷调和五音，准确地弹奏出六个阳律而曲调和谐。现在的工匠，在榫头榫眼不能很好吻合时，就修改圆规和曲尺；乐师奏出的音调不协调时，就去改变旧的音律。因此加工出来的榫眼和榫头乖谬不能吻合，奏出来的乐曲杂乱无章而不协调。一拿起工具就知道怎么做，一吹起音笛就知道音乐节奏的变化，这是上等水平；因循守旧而不创新，等待合适的人，这是次一等水平。所以曹丞相每天喝酒（因为他知道该怎么做），倪大夫闭口不言（因为他明白该怎么做）。因此治理任务重大的人不可以繁杂，繁杂就会造成混乱；治理任务小的人不可以松懈，松懈就会荒废工作。《春秋》说："办理政事宽广、高远，可以当卿相。办理政事苛刻、琐碎，只能当个普通老百姓。"国家的纲纪法度得不到贯彻，仁德礼义不能施行，这是公卿应该担忧的事情。办理公文，召集会议，这是丞相史的责任。《尚书》说："贤才当官，同僚向他学习，百官按时完成任务，诸位官员都和谐。"说的是官府得到合适的人选，每个人都能做好自己的工作，因此官府得到治理而不紊乱，各种事情都能办理得好而不荒废，士人都能尽到自己的职责，大夫都能很好地管理分内的工作，公卿总理大事、掌握大略就可以了。所以任用有才能的人去完成任务，自己不会劳苦，只信任自己的人就会耽误公事而且没有成绩。齐桓公对管仲，只是耳听他说，眼看他做。所以君子在求贤时辛劳，到任用人才后就可以一劳永逸，怎么能说是懈怠呢？从前周公做宰相时，非常谦虚而又不揽事过多，从全国选拔和任用有才能的人，因此满朝都是有才德的人，门下充满了贤才聪明的人。孔子没有官位，他却以布衣身份，让七十多个才士跟随他，这些人都是可以做卿相、诸侯的人才啊！何况处于朝廷三公的尊位来培养天下贤士呢？如今凭着公卿的上等职位，美好的爵位和俸禄，却不能招引人才，那就说明缺少进贤的措施。从前尧提拔舜，以客礼相待，并将自己的女儿嫁给他。齐桓公任用管仲，也是把他当宾客和老师那样看待和尊重。身为天子却把自己的女儿嫁给一个平民，真可谓是亲近贤人了。身为诸侯却把一个平民看作是自己的老师，真可谓是尊敬宾客了。所以，各地有才能的人从之如流水，归附毫不迟疑。如今在位的公卿，既没有像燕昭王那样礼贤下士，也没有像《诗经·鹿鸣》所讲的那样敬礼贤人，相反还像臧文仲、子椒那样埋没、嫉妒有才能的人，自以为聪明，诋毁别人的才能，自满自得，而不肯向别人请教，轻视贤士，不愿与贤士做朋友，倚仗自己的地位，凌驾于贤者之上，以自己优厚的俸禄在贤士面前骄傲，而要求士人为己所用，实在困难啊！

大夫缪然不言①，盖贤良长叹息焉②。

注释

①缪（mù）然：“缪”同“穆”，沉思的样子。

②盖：句首发语词。

翻译

大夫沉思不语，贤良长久地叹息。

御史进曰：太公相文、武以王天下，管仲相桓公以霸诸侯。故贤者得位，犹龙得水，腾蛇游雾也。公孙丞相以《春秋》说先帝，遽及三公①，处周、召之列，据万里之势，为天下准绳②，衣不重彩，食不兼味，以先天下，而无益于治。博士褚泰、徐偃等，承明诏，建节驰传③，巡省郡国，举孝廉，劝元元，而流俗不改。招举贤良、方正、文学之士，超迁官爵，或至卿大夫，非燕昭之荐士，文王之广贤也？然而未睹功业所成。殆非龙蛇之才，而《鹿鸣》之所乐贤也。

注释

①遽及：立即，很快。

②准绳：本是木匠定平、取直的器具，引申为榜样，表率。

③建节：树起使者符节。节，古代使者出外巡行所持的凭证。

翻译

御史上前说：姜太公辅助周文王和周武王取得天下，管仲辅助齐桓公称霸诸侯。因此贤才得到官位，犹如蛟龙得水，腾蛇兴云驾雾。公孙弘因向已故的武帝讲述《春秋》，很快被提拔到三公地位，处于周公、召公一样的地位，掌握国家大权，成为天下人效法的榜样，他不穿两种以上颜色的衣服，不吃多种味道的饭菜，为天下人做出表率，但对治理国家没有什么帮助。博士褚泰、徐偃等，承奉皇帝英明的诏令，树起使者符节，乘坐驿站的车辆，巡察各郡国，举荐孝廉，勉励百姓，但社会的坏风气并未得到改变。选举来的贤良、方正、文学，破格提拔官爵，有的甚至升到卿大夫的地位，难道这不是像燕昭王那样选拔人才，像周文王那样广招贤士吗？然而并没有看到他们建立什么功业。恐怕这些贤才并不是龙蛇之才，也不是《鹿鸣》诗里所说的贤人吧！

文学曰：冰炭不同器，日月不并明。当公孙弘之时，人主方设谋垂意于四夷[①]，故权谲之谋进，荆、楚之士用。将帅或至封侯食邑，而剋获者咸蒙厚赏[②]。是以奋击之士由此兴。其后，干戈不休，军旅相望，甲士糜弊[③]，县官用不足，故设险兴利之臣起，磻溪熊罴之士隐[④]。泾、渭造渠以通漕运，东郭咸阳、孔仅建盐、铁，策诸利，富者买爵贩官，免刑除罪[⑤]，公用弥多而为者徇私，上下兼求，百姓不堪，抏弊而从法[⑥]，故憯急之臣进[⑦]，而见知、废格之法起[⑧]。杜周、咸宣之属，以峻文决理贵，而王温舒之徒以鹰隼击杀显。其欲据仁义以道事君者寡，偷合取容者众[⑨]。独以一公孙弘，如之何？

注释

①垂意：留意。四夷：指四境之外的少数民族。

②剋获：杀敌有功。

③糜弊：疲惫不堪。

④磻溪：溪名，相传姜太公在此垂钓，而遇周文王。熊罴（pí）之士：比喻勇武之士，这里指姜太公。

⑤买爵：用钱购买爵位。贩官：买官。汉文、景时期，朝廷采用晁错建议，实行有钱的人可以用钱粮买官爵，有罪的人可以用钱粮赎罪的措施。汉武帝继续沿用这些政策。

⑥抏（wán）弊：通“抏敝”，消耗凋敝。

⑦憯急：恶毒严酷。“憯”，同“惨”，恶毒。急，急躁。

⑧见知：对知道案情而不检举的人治罪。废格：对不执行国家法令或执行不严的人治罪。

⑨偷合取容：指阿谀奉承，讨上司的欢心。

翻译

文学说：冰和炭（火）不能放在同一个容器里，太阳和月亮不能同时照亮大地。公孙弘做丞相时，皇上（汉武帝）正谋划攻打四境之外的少数民族，因此权术诡诈的计谋得到采纳，荆、楚一带的勇士得到重用，有的将帅封侯封地，攻克敌城俘获敌军的人都得到优厚的奖赏，因此努力杀敌的人越来越多。后来，战争无休无止，军队相望于道路，披甲将士疲惫不堪，朝廷费用不足，所以设置险阻关卡、兴办财利之臣得到重用，像姜太公那样垂钓磻溪的韬略之士只好退隐。挖沟渠疏通泾水和渭水以通船运，任用东郭咸阳、孔仅建立盐、铁官营，策划许多收税牟利的办法，有钱人购买官爵，用钱赎罪免刑。国家开支费用越来越多，而管理人员从中营私舞弊，从上到下都谋求利益，老百姓痛苦不堪，消耗凋敝而又不得不服从法令，因此刻薄严酷官员得到进用，而关于知情不报、执法不力的法令出台。杜周、咸宣之流凭借严峻的法律条文办理案件而取得富贵，王温舒这一类人像鹰隼残杀而得以扬名。希望依据仁义、以正道侍奉君主的人很少，阿谀奉承，讨上司欢心的人众多。仅仅公孙弘一个人又有什么办法呢？

论儒第十一

导读

本篇围绕如何评价儒学展开论辩。御史认为，孔子言行不一，孔子和儒家对改变现实没有起到任何作用，反对纯儒的观点；文学则称颂孔子，支持纯儒的观点，认为孔子和儒家无法改变现实，是因为他们手中没有权柄。

御史曰：文学祖述仲尼[①]，称颂其德，以为自古及今，未之有也。然孔子修道鲁、卫之间，教化洙、泗之上[②]，弟子不为变，当世不为治，鲁国之削滋甚。齐宣王褒儒尊学，孟轲、淳于髡之徒[③]，受上大夫之禄，不任职而论国事，盖齐稷下先生千有余人。当此之时，非一公孙弘也。弱燕攻齐，长驱至临淄，湣王遁逃，死于莒而不能救；王建禽于秦[④]，与之俱虏而不能存。若此，儒者之安国尊君，未始有效也。

注释

①仲尼：即孔子。

②洙、泗：洙，洙水，泗水的支流。孔子讲学于鲁，故后人以洙、泗为儒家学派的代称。

③孟轲：即孟子。淳于髡（kūn）：战国时齐人，以滑稽善辩著称。

④禽：同“擒”。

翻译

御史说：文学宗奉、称述仲尼，称颂孔子之德，自以为从古到今，未曾有过孔子这样杰出的人物。然而，孔丘在鲁国、卫国一带宣讲儒道，在洙水、泗水一带实行教育感化，他的学生并未因此而变好，当时的天下并未因此而变为大治，鲁国反而衰弱得更厉害了。齐宣王褒奖儒学，孟轲、淳于髡之徒，接受上大夫的俸禄，不担任具体职务而议论国事，当时在齐国都城有这样的先生千余人。那时，并非只有一个公孙弘。弱小的燕国攻打齐国，竟能长驱直入，直至国都临淄，齐湣王仓皇出逃，最后死在莒地而儒生不能挽救；齐王田建被秦国擒住，儒生们与齐王一起被俘而不能保存齐国。照此看来，儒家安定国家尊奉君主，是不曾有过实际效果的。

文学曰：无鞭策，虽造父不能调驷马①。无势位，虽舜、禹不能治万民。孔子曰：“凤鸟不至，河不出图②，吾已矣夫！”故

轺车良马[3]，无以驰之；圣德仁义，无所施之。齐威、宣之时，显贤进士，国家富强，威行敌国。及湣王，奋二世之余烈，南举楚、淮，北并巨宋，苞十二国[4]，西摧三晋[5]，却强秦，五国宾从[6]，邹、鲁之君，泗上诸侯皆入臣。矜功不休，百姓不堪，诸儒谏不从，各分散，慎到、捷子亡去，田骈如薛[7]，而孙卿适楚，内无良臣，故诸侯合谋而伐之。王建听流说，信反间，用后胜之计[8]，不与诸侯从亲，以亡国，为秦所禽，不亦宜乎？

注释

①造父：周穆王时期善于驾车的人。

②凤鸟：传说中的凤凰，仅在太平盛世出现。河图：传说伏羲时黄河里出现龙马，身上有图，即河图。

③轺（yáo）车：古时用一匹马拉的小车。

④苞：通“包”，征服。

⑤三晋：赵、魏、韩。

⑥五国：燕、赵、韩、魏、楚。宾从：宾服听从。

⑦慎到、捷子、田骈：均为道家学派人物。

⑧后胜：齐王田建的相国，主张齐不救五国之难，不与秦国交战，后被秦国所俘。

翻译

文学说：没有马鞭，即使是造父也不能驾驭四马拉的车。没有权势地位，即使虞舜、夏禹也不能治理好天下的百姓。孔子说：“凤凰不飞来，河图不出现，我这一生要完了啊！”因此用一匹马拉的小车，无法奔驰；圣明的仁德礼义，也没办法实行。齐威王、齐宣王时，举荐贤能，进用才士，国家富强，威震各国。到齐湣王时，继承发扬齐威王、齐宣王的功业，南面占领了楚国的淮河北部，北面吞并了强大的宋国，征服十二个诸侯国，西面挫败韩、赵、魏三个国家，击退了势力强大的秦国，使其他五国都归顺齐国，邹、鲁的国君和泗水一带的诸侯都向齐湣王称臣。可是齐湣王无休无止地夸耀战功，老百姓忍受不了他的统治。许多儒生的进谏不被采纳，于是各自分散，慎子和捷子逃亡而去，田骈到了薛地，孙卿到了楚国。齐国国内没有良臣，于是诸侯合谋讨伐它。齐王田建听信谗言，误信秦国的反间计，采用国相后胜的计谋，不与山东诸侯合纵，导致亡国。齐王田建被秦国俘虏，难道不是应该的吗？

御史曰：伊尹以割烹事汤[①]，百里以饭牛要穆公[②]，始为苟合，信然与之霸王。如此，何言不从？何道不行？故商君以王道说孝公，不用；即以强国之道，卒以就功。邹子以儒术干世主，不用；即以变化始终之论，卒以显名。故马效千里，不必胡、代[③]；士贵成功，不必文辞。孟轲守旧术，不知世务，故困于梁、宋。孔子能方不能圆，故饥于黎丘。今晚世之儒勤德，时有乏匮，言以为非困此不行。自周室以来，千有余岁，独有文、武、成、康，如言必参一焉，取所不能及而称之，犹躄者能言远不能行也[④]。圣人异涂同归[⑤]，或行或止，其趣一也[⑥]。商君虽革法改教，志存于强国利民。邹子之作，变化之术，亦归于仁义。祭仲自贬损以行权[⑦]，时也。故小枉大直，君子为之。今硁硁然守一道[⑧]，引尾生

之意[9]，即晋文之谲诸侯以尊周室不足道，而管仲蒙耻辱以存亡不足称也。

注释

①伊尹以割烹事汤：据说伊尹为了接近汤，于是做汤的厨师，借烹饪谈国家大事，引起汤的注意。割烹，宰割烹饪之事。

②百里以饭牛要穆公：据说百里奚以喂牛取得秦穆公的信用。百里，百里奚。饭，饲养。要，结交。穆公，秦穆公。

③胡：指匈奴。代：代国。两地均以出产良马著称。

④躄（bì）者：双脚残废的人。

⑤涂：同“途”，道路。

⑥趣：通“趋”，趋向。

⑦祭仲自贬损以行权：祭仲是春秋时郑国宰相，郑庄公死后，祭仲立公子忽为国君（昭公），后来宋庄公逼迫他另立公子突（厉公），祭仲采取权变之策暂时答应了。但四年后又赶走公子突，迎立公子忽。

⑧硁硁（kēng）然：浅见固执的样子。

⑨尾生：古时讲信用的人。相传他和一女子相约在桥下相会，在桥下等候，女子逾期不来，正好山洪暴发，他还不肯走，抱桥柱死守，终被淹死。

翻译

御史说：伊尹以厨师的身份侍奉商汤王，百里奚以养牛结交秦穆公，开始都是偶然遇合，获得信任之后，才协助君主建立了霸王的事业。像这样，什么言论不听从？什么思想学说不能施行？所以，商鞅开始用王道劝说秦孝公，孝公不采纳，商鞅就讲富国强兵的道理，最终成就功业。邹衍开始用儒术游说当时诸侯，没有被采纳，他就以阴阳变化、五德始终的理论去游说，最终得以扬名。所以，马只要能行走千里，就不一定非要匈奴、代地所产；士人贵在做事成功，不一定非要华美的文辞。孟轲只知道坚守唐虞三代旧的道术，不知当世要务，所以在魏、宋受困。孔子能方不能圆，所以在黎丘挨饿。现在你们这些后世的儒生，不时陷入困窘，说不困窘就不行。自从周朝建立以来，已经一千多年了，你们所称颂的只有文王、武王、成王、康王，每发议论，讲起道理就一定参照他们中的某一个，拿人们所比不上的圣王而加以称颂，如同跛脚人能谈论远方却不能行走一样。圣人殊途同归，有时行走，有时停止，但最终的趋向是一致的。商鞅虽然变法改革教化，但目的在于强国利民。邹衍运用“五德始终”变化的学说，也是为了达到“仁义”的目的。郑国国相祭仲自我贬损以行使权变，这是特定时势的产物。所以受点小委曲，得到大伸张，是君子的做法。如今你们固执地坚守儒家一家之说，像尾生那样行事，如此看来，晋文公通过诡诈手段主盟诸侯来尊重周王室是不值得称道的，管仲蒙受耻辱来保存国家也是不值得称赞的。

文学曰：伊尹之干汤，知圣主也。百里之归秦，知明君也。二君之能知霸王，其册素形于已[①]，非暗而以冥冥决事也[②]。孔子曰：“名不正则言不顺，言不顺则事不成。”如何其苟合而以成霸

王也？君子执德秉义而行，故造次必于是[3]，颠沛必于是[4]。孟子曰："居今之朝，不易其俗而成千乘之势，不能一朝居也。"宁穷饥居于陋巷，安能变己而从俗化？阖闾杀僚，公子札去而之延陵，终身不入吴国。鲁公杀子赤，叔眄退而隐处，不食其禄。亏义得尊，枉道取容，效死不为也。闻正道不行，释事而退[5]，未闻枉道以求容也。

注释

①册：通"策"，计划，谋略。

②冥冥：在黑暗之中，糊里糊涂。

③造次：匆促，急忙。

④颠沛：动荡，变乱。

⑤释事：辞职。

翻译

文学说：伊尹求合商汤王，是因为知道他是圣主。百里奚归附秦穆公，是因为知道他是贤君。这两个人能够知道商汤王和秦穆公会成就王、霸功业，是因为他们的谋略平素就已经在心里想好了，而不是在昏暗之中糊里糊涂地作出决定。孔子说："名分不正就会语言不顺，语言不顺就导致事情办不成。"怎么能随便迎合以成就王霸大业呢？君子执持道德，遵守道义而行动，在仓促之间不忘道德仁义，在颠沛流离之间不忘道德仁义。孟子说："在当今之朝做官，不改变社会恶俗，即使拥有千辆兵车的权势，这官一天也不能做。"宁可挨饥受饿住在简陋的小巷里，怎么能改变自己的主张而去顺从恶习呢？阖庐派刺客杀死吴王僚，公子季札就离开吴国而到延陵隐居，一辈子不进入吴国都城。鲁宣公杀了公子赤，叔眄因此就隐退，不食鲁宣公俸禄。损害礼义而获得尊位，用不正当手段取得上司欢心，这样的事宁死也不能做。只听说过当正确道路走不通时就放弃职位隐退，没听说过用不正当手段去求得主子的欢心的。

御史曰：《论语》：“亲于其身为不善者，君子不入也。”有是言而行不足从也。季氏为无道①，逐其君，夺其政，而冉求、仲由臣焉②。《礼》：“男女不授受，不交爵。”孔子适卫，因嬖臣弥子瑕以见卫夫人③，子路不悦。子瑕，佞臣也，夫子因之，非正也。男女不交，孔子见南子，非礼也。礼义由孔氏，且贬道以求容④，恶在其释事而退也？

注释

①季氏：春秋时鲁国大夫季平子。他勾结孟孙氏、叔孙氏一起驱逐鲁昭公。鲁昭公奔齐，后死于乾侯，鲁国大权都归季氏掌握。

②冉求、仲由：孔丘弟子，都曾给季平子的孙子季康子当过家臣。

③因：通过。嬖臣：受君主宠幸的臣子。弥子瑕：春秋时卫灵公的宠臣。卫夫人：卫灵公的夫人南子。

④贬道：违背道义。

翻译

御史说：《论语》上说过："亲自做坏事的人那里，君子是不去的。"孔子有这样的话，但他的行为却跟不上。鲁国的季孙氏无道，驱逐了鲁昭公，夺取了鲁国的政权，可是孔子弟子冉求和仲由却做了季孙氏的家臣。《礼记》上规定："男女之间不直接交接东西，不互相碰杯喝酒。"可是孔子到了卫国，通过宠臣弥子瑕晋见卫夫人南子，子路为此而不高兴。弥子瑕是个奸邪之臣，孔子通过他去见卫夫人，这是不正当的。男女之间不打交道，孔子去见南子，这不符合礼的要求。礼义是由孔子那里宣传出来的，他尚且违背道义以求得诸侯欢心，哪里看到他放弃职位而隐退呢？

文学曰：天下不平，庶国不宁①，明主之忧也。上无天子，下无方伯，天下烦乱，贤圣之忧也。是以尧忧洪水，伊尹忧民，管仲束缚，孔子周流②，忧百姓之祸而欲安其危也。是以负鼎俎、囚拘、匍匐以求之。故追亡者趋③，拯溺者濡。今民陷沟壑，虽欲无濡④，岂得已哉？

御史默不对。

注释

①庶国：各国。

②周流：周游列国。

③趋：快跑。

④濡：衣服沾湿。

翻译

文学说：天下不太平，诸国不安宁，这是英明君王的忧虑。上面没有英明的天子，下面没有统管一方的诸侯领袖，天下混乱，这是贤人和圣人所忧虑的。所以尧为洪水泛滥忧虑，伊尹为百姓忧虑，管仲遭到囚禁，孔子周游列国，都是忧虑百姓遭受祸害，想免除他们的危难啊。因此伊尹背负鼎俎求见商汤，管仲被拘囚而忍辱负重，孔子周游列国志以拯救百姓。所以，追赶逃亡的人要快跑，拯救落水的人要湿衣。现在百姓掉进沟壑之中，即使想不湿衣，怎么能办得到呢？

御史默不出声，不作回答。

忧边第十二

导读

本篇就边防问题展开辩论。文学主张废除盐铁官营，以道德教化匈奴，认为“远人不服，则修文德以来之”；大夫反对废除盐铁官营，认为盐铁官营、酒类专卖、均输平准都是为了补助边境费用，认为文学的主张不切实际。

大夫曰：文学言："天下不平，庶国不宁，明王之忧也。"故王者之于天下，犹一室之中也，有一人不得其所，则谓之不乐[1]。故民流溺而弗救[2]，非惠君也。国家有难而不忧，非忠臣也。夫守节死难者，人臣之职也；衣食饥寒者，慈父之道也。今子弟远劳于外，人主为之夙夜不宁，群臣尽力毕议[3]，册滋国用[4]。故少府丞令请建酒榷，以赡边，给战士，拯民于难也。为人父兄者，岂可以已乎？内省衣食以恤在外者，犹未足，今又欲罢诸用[5]，减奉边之费，未可为慈父贤兄也。

注释

①谓：通"为"。

②流溺：受到水淹，比喻处于困境。

③毕议：都来讨论。毕，尽。

④册：通"策"，策划。滋：增加。

⑤罢诸用：指废除盐铁官营、酒类专卖、均输平准。

翻译

大夫说：文学说："天下不太平，各诸侯国不安宁，这是圣明的君主所忧虑的。"所以君主之于天下百姓，如同住在一室之中的家人，有一个人不得其所，君王便为此闷闷不乐。因此，老百姓处于困境之中而不去解救，就不是仁爱的君主。国家有灾难而不忧虑，就不是忠臣。坚守节操，为国殉难，这是做臣子的职责；给饥寒的儿女提供衣食，这是慈父应尽的道义。如今战士们在边塞征战劳苦，国君为此日夜不安，大臣们都出谋划策以增加国家的财政收入。所以，少府属官请求建立酒类专卖，以增加边防费用，供给守边战士，拯救灾难中的百姓。作为父兄，怎么能提议罢掉盐铁官营等政策呢？在家里节省衣食以救济在外的战士，尚且不够，如今你们又想废除各项政策，减少供给边防的费用，就不能算是慈父贤兄。

文学曰：周之季末，天子微弱，诸侯力政①，故国君不安，谋臣奔驰。何者？敌国众而社稷危也。今九州同域②，天下一统，陛下优游岩廊③，览群臣极言至论，内咏《雅》《颂》，外鸣和、銮，纯德粲然，并于唐、虞，功烈流于子孙④。夫蛮貊之人，不食之地，何足以烦虑，而有战国之忧哉？若陛下不弃，加之以德，施之以惠，北夷必内向，款塞自至⑤，然后以为胡制于外臣，即匈奴没齿不食其所用矣⑥。

注释

①力政：即力征，武力征伐。政，通“征”。

②九州：古分天下为九州，这里指中国。

③优游：悠闲自在。岩廊：高廊，指宫殿。

④功烈：功业。

⑤款塞：敲开边塞之门，表示愿意前来依附，服从统治。

⑥没齿：到老。食：反悔。用：为，即行为。

翻译

文学说：周朝末期，周天子力量微弱，诸侯以武力互相征讨，所以各国君主不安，谋臣四处奔走。为什么呢？敌国众多而社稷危险。如今九州同在一个中国，天下统一，陛下在宫殿内悠闲自在，阅看群臣奏章上的恳切言论，在宫内吟咏《雅》《颂》，外出乘车有车铃的声音在鸣响，纯美的德行光辉灿烂，可以与唐尧、虞舜齐名，功业流芳后世。那些蛮荒异族，不毛之地，又何必忧虑出现战国时期的局面呢？如果陛下不嫌弃他们，只要对他们施行仁德，给些恩惠，匈奴必然心向中国，自己敲开塞门，主动前来归服。然后把匈奴当作塞外之臣加以控制，这样他们到老也不会后悔自己归顺的行为了。

大夫曰：圣主思念中国之未宁，北边之未安，使故廷尉评等问人间所疾苦①，拯恤贫贱，周赡不足，群臣所宣明王之德，安宇内者②，未得其纪③，故问诸生。诸生议不干天则入渊④，乃欲以闾里之治，而况国家之大事⑤，亦不几矣。发于畎亩⑥，出于穷巷，不知冰水之寒，若醉而新寤，殊不足与言也。

注释

①故：此前任此官，现不在任者。廷尉：西汉时期掌管司法的官吏。评：通“平”。

②安宇内：安定天下。

③纪：要领，纲纪。

④不干天，则入渊：不上天就入地，比喻不切实际。干，接触。

⑤况：比况。

⑥畎（quǎn）亩：田间，田地，指农村。

翻译

大夫说：圣明君主思考中国尚未安宁，北部边疆不安定，所以派遣曾做过廷尉的王平等人到各地去了解民间的疾苦，安抚、周济贫困的百姓。大臣们宣扬英明君主的圣德，安抚天下的百姓，但尚未得到要领，因此询问诸位儒生。诸位儒生的议论不是上天就是入地，竟想用治理乡村的办法来比况国家大事，这岂不是有点妄想吗？你们来自乡村，生长在穷街陋巷里，如同夏蝉不知道冰水的寒冷，好像喝醉了酒刚刚醒过来一样，根本不值得与你们讨论。

文学曰：夫欲安国富民之道，在于反本，本立而道生①。顺天之理，因地之利，即不劳而功成。夫不修其源而事其流，无本以统之，虽竭精神，尽思虑，无益于治。欲安之适足以危之，欲救之适足以败之。夫治乱之端在于本末而已，不至劳其心而道可得也。孔子曰："不通于论者难于言治②，道不同者，不相与谋。"今公卿意有所倚③，故文学之言不可用也。

注释

①本：此处指修治文德。

②不通于论：不明道理。

③倚：借作“踦”，偏的意思。

翻译

文学说：希望安民富国的途径，在于返回根本，根本确立了，治国的方法就产生了。顺应天理，遵循地利，就是不用操劳也能成就功业。如果不整治根源，只注意支流，缺乏根本来统领，即使竭尽精神，耗尽思虑，对治理国家也是没有好处的。想要安定国家却恰恰给国家带来危险，想要解救国家却恰恰败坏了国家。治理国家的关键在于处理好根本和末枝的关系，不用劳其心就可以得到治国的办法。孔子说：“不通晓道理的人，难以和他们谈论治国的问题。志向不同的人，不能在一起谋划国家大事。”现在你们当官的人的看法有所偏向，所以我们文学的主张不被采纳。

大夫曰：吾闻为人臣者尽忠以顺职，为人子者致孝以承业。君有非，则臣覆盖之。父有非，则子匿逃之[①]。故君薨[②]，臣不变君之政，父没[③]，则子不改父之道也。《春秋》讥毁泉台，为其隳先祖之所为[④]，而扬君父之恶也。今盐、铁、均输，所从来久矣，而欲罢之，得无害先帝之功，而妨圣主之德乎？有司倚于忠孝之路，是道殊而不同于文学之谋也。

注释

①匿逃：隐匿。

②薨（hōng）：诸侯去世叫薨。

③没：同“殁”，死。

④隳（huī）：毁坏。

翻译

大夫说：我听说做臣子的应当对国君尽忠尽职，做儿子的应当孝顺父母，继承他们的事业。君主有错误，臣子应该予以掩盖，父亲有过失，儿子应该予以隐匿。所以君主去世，臣子不应当改变君主的政策，父亲去世，儿子也不要改变父亲的主张。《春秋》讽刺鲁文公拆毁泉台，因为鲁文公毁坏先祖所建泉台，是在宣扬君父的过恶。现在盐、铁、均输等官营政策，由来已久，你们想废除它，岂不是损害已故的武帝的功绩，而伤害当今圣明君主的圣德吗？主管官员偏向于忠孝之路，这就是因为道路不同，所以与文学的主张不同。

文学曰：明者因时而变，知者随世而制[①]。孔子曰：“麻冕[②]，礼也，今也纯[③]，俭，吾从众。”故圣人上贤不离古[④]，顺俗而不偏宜[⑤]。鲁定公序昭穆[⑥]，顺祖祢[⑦]，昭公废卿士，以省事节用，不可谓变祖之所为而改父之道也。二世充大阿房以崇绪[⑧]，赵高增累秦法以广威，而未可谓忠臣孝子也。

注释

①知：同“智”。

②麻冕：用缁布制的礼帽。

③纯：丝。

④上：同“尚”，崇尚。

⑤偏宜：偏向迎合时宜。

⑥鲁定公：春秋时鲁国国君，鲁昭公之弟，因鲁昭公死在外，鲁定公继其王位。序：排列次序。昭穆：古代的宗庙制度，祭祀时始祖庙居中，以下是父为昭，子为穆，昭居左，穆居右。

⑦顺祖祢（mí）：理顺祖庙的昭穆关系。祖，祖庙。祢，父庙。

⑧阿房：阿房宫。崇绪：继承功业。

翻译

文学说：聪明的人根据时势而变化，智慧的人随当世情况而制定措施。孔子说：“礼帽用麻料来织，这是合乎周礼的，如今大家都用丝料，这样省俭些，我同意大家做法。”所以圣人崇尚贤德不离开古礼，顺应时俗而不过于迎合时宜。鲁定公依照昭穆制度，理顺祖庙位置；鲁昭公废掉卿士来节省开支，这不能说是改变了祖先的行为，背离了父辈的成规。秦二世扩建阿房宫来继承秦始皇的业绩，赵高增加秦朝的法律来提高自己的威望，他们都不能算忠臣孝子。

卷三

园池第十三

导读

“园池”即园林池苑，它的规模大，而且遍布全国各地，且不纳入国家赋税之中，是天子诸侯的“小金库”。园池的收入，主要用来弥补国家财政的不足。本篇记载大夫与文学在天子诸侯园池存废问题上展开的论争。文学主张朝廷将园池还归于民，仅征收赋税，认为这样做可以避免出现国富民穷的现象；大夫则主张朝廷经营园池，认为罢园池会导致国家财政困乏，坚决主张政治、经济力量集中于中央政权。

大夫曰：诸侯以国为家①，其忧在内。天子以八极为境，其虑在外。故宇小者用菲，功巨者用大。是以县官开园池，总山海②，致利以助贡赋，修沟渠，立诸农③，广田牧，盛苑囿④。太仆、水衡、少府、大农、岁课诸入田牧之利⑤，池籞之假⑥，及北边置任田官⑦，以赡诸用，而犹未足。今欲罢之，绝其源，杜其流，上

下俱殚[⑧]，困乏之应也，虽好省事节用，如之何其可也？

注释

①国：封国。家：统治区域。

②总：统一管理。

③诸农：诸位农官，指大司农属官。

④苑囿：畜养禽兽的园子。苑有墙，囿无墙。

⑤岁课：按年交纳的赋税。

⑥池：水塘。籞（yù）：帝王的禁苑。假：出租，此处指园池出租所得的税收。

⑦田官：屯田官。

⑧殚：枯竭，尽。

翻译

大夫说：诸侯以封国为家，所忧在封国之内。天子以八方远地为界，所忧虑在国都之外。所以国家领土狭小的，所需的财用就少，事情繁多的，需要的财用就大。所以朝廷广开园林池苑，委派官员统一管理山林河海，获取财利来弥补赋税的不足，兴修水利，设立各种农官，拓展田园牧场，增设畜养禽兽的苑囿。太仆、水衡、少府、大农各位农官收上来的赋税，加上田园牧场的财利，陂池禁苑出租的租金，以及北边设置屯田官的收入，以此供给各方面的支出，这样尚且不充足。如今你们要废除这些制度，断绝收入的来源，堵塞税收的渠道，上下财路全部枯竭，造成国家贫困效应随之而来。即使努力减省事务，节约费用，这种做法又怎么能行呢？

文学曰：古者制地足以养民[①]，民足以承其上[②]。千乘之国，百里之地，公侯伯子男，各充其求，赡其欲。秦兼万国之地，有四海之富，而意不赡，非宇小而用菲，嗜欲多而下不堪其求也。语曰："厨有腐肉，国有饥民，厩有肥马，路有馁人[③]。"今狗马之养，虫兽之食，岂特腐肉肥马之费哉！无用之官，不急之作，服淫侈之变，无功而衣食县官者众，是以上不足而下困乏也。今不减除其本而欲赡其末，设机利，造田畜[④]，与百姓争荐草[⑤]，与商贾争市利，非所以明主德而相国家也。夫男耕女绩，天下之大业也。故古者分地而处之，制田亩而事之。是以业无不食之地，国无乏作之民，今县官之多张苑囿、公田、池泽，公家有鄣假之名[⑥]，而利归权家。三辅迫近于山、河[⑦]，地狭人众，四方并凑，粟米薪菜，不能相赡[⑧]。公田转假，桑榆菜果不殖，地力不尽。愚以为非。先帝之开苑囿池籞，可赋归之于民，县官租税而已。假税殊名，其实一也。夫如是，匹夫之力，尽于南亩，匹妇之力，尽力麻枲。田野辟，麻枲治，则上下俱衍[⑨]，何困乏之有矣？

大夫默然，视其丞相、御史。

注释

①制地：制定田地制度。

②承：供养。

③馁：同"馁"，饥饿。

④造：兴造，开辟。田：牧场。畜：饲养牲畜。

⑤荐草：茂盛的牧草。

⑥鄣假：这里指国家控制出租的山泽田园。鄣，同“障”，遮蔽。假，出租。

⑦三辅：西汉时以京兆尹、左冯翊、右扶风合称为三辅。山：指华山。河：指黄河。

⑧赡：充足。

⑨衍：富足，丰饶。

翻译

文学说：古时候朝廷制定田地制度足以养活百姓，百姓足以供奉天子。拥有千乘兵车的诸侯国，方圆百里的土地，公、侯、伯、子、男五等诸侯的要求和欲望，也都可以得到充分满足。秦朝兼并了各国的土地，有天下的财富，可是并不感到满足，这并不是因为国土狭小，费用不足，而是秦始皇贪得无厌，百姓不堪忍受他的欲求。谚语说：“宫廷厨中有腐肉，国内路边有饥民，宫廷马棚里有肥壮的马匹，路旁有挨饿的人。”现在国家饲养狗马奇虫猛兽，它们吃的东西，难道仅仅是腐烂的肉和养马的费用吗？无用的官吏，不急需的工程，荒淫奢侈之风变化多端，没有功劳而享受着朝廷俸禄的人很多，因此造成朝廷费用不足，百姓贫困。现在朝廷不减除造成财政不足的本源，却想从园池末节上求得富足，设置机构兴利，开辟牧场养畜，与百姓争夺饲养草料，与商人争夺利润，这不是发扬君主的仁德和辅助国家的办法。男子耕田，女人织布，这是天下的根本大业。所以古时候的土地用分封的办法来管理，按照井田制行事。因此，国家没有不产粮的土地，也没有无事做的百姓。现在朝廷开设了许多苑囿、公田、池泽，朝廷有郫塞、出租的名义，而利益却归于权贵私人家族。三辅地区靠着华山、黄河，地少人多，四面八方的人都汇集在这里，造成粮食、柴禾、蔬菜都供不应求。朝廷将公田转租，桑树、榆树、蔬菜、水果不能得到充分种植，土地得不到充分利用。我们认为这样做是不对的。我们主张把先朝皇帝所开辟的苑囿、池陂，分给百姓（指豪民），朝廷只是征税就行了。转租公田，与征收赋税，虽然名称不同，其实是一样的。如果这样做，男人可以尽力种田，妇女可以尽力纺织。荒田得到开辟，麻丝得到纺织，朝廷百姓部富足有余，哪里会有财用困乏的现象呢？

大夫默不作声，看着丞相、御史。

轻重第十四

导读

轻重，是中国古代关于价格轻重随物资供求关系而变化的理论，这里指国家权衡轻重所采取的政治、经济、财政、贸易的政策或措施。汉武帝时期为了充实国库，采用桑弘羊等人提的盐铁官营、酒类专卖、均输平准等经济政策。本篇就如何评价汉武帝时期经济政策展开辩论。

御史认可这些政策，认为这些政策不仅使朝廷和百姓都富足起来，农业和工商业都得到发展，而且抑制了豪强，缩小了贫富差距。文学则推崇仁义教化，强调农业根本，认为这些政策非但起不到平均财富的作用，反而使贫者愈贫、富者愈富，并导致中原民众为徭役所困苦，边境民众则苦于戍守防御。

御史进曰：昔太公封于营丘，辟草莱而居焉①。地薄人少，于是通利末之道②，极女工之巧。是以邻国交于齐，财畜货殖③，世为强国。管仲相桓公，袭先君之业，行轻重之变，南服强楚而霸诸侯。今大夫君修太公、桓、管之术，总一盐、铁④，通山川之利而万物殖。是以县官用饶足，民不困乏，本末并利，上下俱足。此筹计之所致，非独耕桑农业也。

注释

①辟草莱：开垦荒地。

②利末：这里指工商业。

③财畜货殖：财富物资不断增长。畜，通“蓄”，蓄积。

④总一：统管。

翻译

御史进言道：从前姜太公受封在营丘，开辟荒地，定居下来。齐国土地贫瘠，人口稀少，太公于是打通发展工商业的途径，充分发挥妇女精巧的手工技能。因此邻国都来和齐国进行贸易往来，齐国的物资财富不断增长，从那时起，齐国就跨入强国的行列了。管仲辅佐齐桓公的时候，继承齐国前代国君的事业，运用轻重理论指导经济改革，南边征服强楚，称霸诸侯。现在咱们的大夫君继续推行姜太公、齐桓公、管仲的办法，统筹盐、铁官营，开发山川资源，各种货物越来越丰富。因此，朝廷费用充足，民众生活不再困乏，农业和工商业都得到发展，上上下下都很富足，这是朝廷筹划所带来的，并不是光靠种田养蚕专搞农业所能取得的。

文学曰：礼义者，国之基也，而权利者，政之残也。孔子曰："能以礼让为国乎，何有？"伊尹、太公以百里兴其君，管仲专于桓公，以千乘之齐而不能至于王，其所务非也。故功名隳坏而道不济①。当此之时，诸侯莫能以德，而争于公利，故以权相倾。今天下合为一家，利末恶欲行？淫巧恶欲施？大夫君以心计策国用，构诸侯，参以酒榷，咸阳、孔仅增以盐、铁，江充、杨可之等②，各以锋锐③，言利末之事析秋毫④，可为无间矣⑤。非特管仲设九府⑥，徼山海也⑦。然而国家衰耗，城郭空虚。故非崇仁义无以化民，非力本农无以富邦也。

注释

①道不济：主张不能施行。

②江充：汉武帝时担任直指绣衣使者，发现贵族、皇帝的近臣过分奢侈越制，就没收其车马，本人充军，史称"江充禁服"。杨可：汉武帝时，杨可主持"告缗"（揭发隐瞒财产而偷漏财产税的商人）事务，打击了豪强富商，增加了政府的收入。

③锋锐：犀利的锋芒。

④析秋毫：把动物细小的秋天的毛分开，比喻很微小的利益也没放过。秋毫，动物秋天所换的细毛。

⑤为：通“谓”。无间：没有漏洞。

⑥九府：指管仲辅助齐桓公时设立的铸钱、存钱的机构。

⑦徼山海：搜刮山海财利。徼，设障，拦截。

翻译

文学说：礼义是治国的根基，而权势财利是为政的残贼。孔子说：“能用礼让来治理国家，那还有什么困难呢？”商朝的伊尹、周朝的姜太公借商、周百里封地使其君主兴盛，管仲十分为齐桓公所信任，却不能使齐国这样强大的千乘之国臻于王道，因为他所推行的治国方法是错误的。所以管仲的功名毁坏，他的主张也不能实行。当时，诸侯不能以德施政，一个个争权夺利，所以都利用权力互相倾轧。如今天下合为一家，怎么还追逐工商末利呢？怎么还追求工艺技巧呢？大夫君善于精打细算，筹划国用，还在诸侯身上打主意，加之酒类专卖，东郭咸阳、孔仅又搞起盐、铁官营，江充、杨可这些人各自以其犀利的锋芒，谈论工商末利之事，可谓明察秋毫，没有丝毫漏洞。这些措施，比起管仲设置九府，搜刮山海财利，有过之而无不及。然而国家衰弱损耗，城郭萧条。所以，不推崇仁义就不能教化百姓，不大力发展农业，就不能使国家富强。

御史曰：水有猵獭而池鱼劳[①]，国有强御而齐民消。故茂林之下无丰草，大块之间无美苗。夫理国之道，除秽锄豪[②]，然后

百姓均平，各安其宇。张廷尉论定律令[3]，明法以绳天下，诛奸猾，绝并兼之徒。而强不凌弱，众不暴寡。大夫君运筹策，建国用，笼天下盐铁诸利[4]，以排富商大贾，买官赎罪，损有余，补不足，以齐黎民。是以兵革东西征伐，赋敛不增而用足。夫损益之事[5]，贤者所睹，非众人之所知也。

注释

①猵獭（biān tǎ）：獭的一种，生活于水中，以食鱼为生。劳：劳苦，不安宁。

②除秽：除去污秽。秽，本指杂草，这里比喻奸邪的人。锄豪：除掉豪强。

③张廷尉：即张汤，汉武帝时历任廷尉、御史大夫，曾与赵禹共同修订法律，为朱买臣等所陷害，自杀而死。

④笼：统一管理。

⑤损：损害豪强。益：有益平民。

翻译

御史说：池塘里有猵獭，鱼类就不得安宁，国家有了豪强恶霸，百姓就吃尽苦头。所以，茂密的树林下没有丰茂的百草，大土块之间长不出好苗。治理国家的方法，在于肃清奸邪，铲除豪强，这样百姓才能财富平均，安居乐业。张汤修改法令，严明法律来绳正天下，诛灭奸诈狡猾之人，杜绝兼并之徒，使强者不再欺凌弱者，人多的不敢欺凌人少的。大夫君想方设法，设立增加国家财用的机构，统一管理天下盐铁等财利，以排挤富商大贾的势力，允许民众用钱买官赎罪，来削减有钱的人，补贴贫乏的人，从而使百姓贫富平均。所以军队东征西讨，没有增加税收而军费仍然充足。但是，损害豪强、有益平民的事，贤明的人可以看到，而不是众人所能理解的。

文学曰：扁鹊抚息脉而知疾所由生[①]，阳气盛，则损之而调阴，寒气盛，则损之而调阳，是以气脉调和，而邪气无所留矣。夫拙医不知脉理之腠[②]，血气之分，妄刺而无益于疾，伤肌肤而已矣。今欲损有余，补不足，富者愈富，贫者愈贫矣。严法任刑，欲以禁暴止奸，而奸犹不止，意者非扁鹊之用针石[③]，故众人未得其职也。

注释

①抚息脉：诊脉。抚，按。息脉，今又称脉息，脉搏。

②脉理之腠（còu）：指脉理的分布。腠，肌肉的纹理。

③意者：料想。针石：古时针灸用的石针，这里引申为治疗方法。

翻译

文学说：扁鹊按脉就知道疾病发生的原因，体内阳气盛，就使之减弱来调理阴气，体内寒气盛，就使之减弱来调理阳气，于是气脉调和而邪气在体内无所容留。笨拙的医生，不懂得脉络的结构和血气的阴阳轻重，胡乱刺针，对于疾病没有一点好处，只是伤害肌肤而已。如今朝廷想要减损有余的，补助不足的，但现实是富的更富，穷的更穷。严法酷刑，希望以此禁残暴和奸诈，可是作奸犯科的事情还是层出不穷。料想你们所用的不是扁鹊所用的石针，所以一般人没有得到合适的治疗。

御史曰：周之建国也，盖千八百诸侯[1]。其后，强吞弱，大兼小，并为六国。六国连兵结难数百年，内拒敌国，外攘四夷。由此观之，兵甲不休，战伐不乏，军旅外奉，仓库内实。今以天下之富，海内之财，百郡之贡，非特齐、鲁之畜，赵、魏之库也。计委量入[2]，虽急用之，宜无乏绝之时。顾大农等以术体躬稼[3]，则后稷之烈[4]，军四出而用不继，非天之财少也。用针石，调阴阳，均有无，补不足，亦非也。上大夫君与治粟都尉管领大农事，灸刺稽滞，开利百脉，是以万物流通，而县官富实。当此之时，四方征暴乱，车甲之费，克获之赏，以亿万计，皆赡大司农[5]。此皆扁鹊之力，而盐、铁之福也。

注释

①盖：大概。

②计委量入：根据收入，计划开支。委，支出。

③顾：特，表示强调。躬稼：亲自参加耕作。

④则：效法。

⑤赡：取足。

翻译

御史说：周朝建国时，大概有一千八百个诸侯。后来，强国吞灭弱国，大国兼并小国，合并成为六国。六国之间连年作战，构祸长达数百年，对内抗拒敌国，对外抵御四方少数民族的侵扰。从这些可以看到，虽然不断兴兵，战争频繁，但是军费及时供给，国内仓库仍然充实。如今凭借天下的富庶，海内的资源，各地郡县进贡的东西，汉家不再只是齐国、楚国当年的积蓄，或赵国、魏国的库存了。根据收入，计划支出，就是有紧急的费用，应该没有财源枯竭的时候。大司农等官员按照古代传统亲身体验耕稼，效法后稷的功业。四方出兵，军费不能继续供应，这难道不是因为自然资源缺少吗？用针石治疗，调和阴阳，平均有无，补助不足，难道也做错了吗？咱们上大夫君以治粟都尉的身份兼而管理大农事的时候，大大整顿一番，就像用针灸治疗滞积，使全身血脉流通一样，所以各地方万物畅通，国家府库充实。那时候，军队四出征伐暴乱，车马盔甲的开支、战功的赏赐，按照亿万来计算，全都由大司农供给。这是扁鹊的功力，是盐铁官营带来的福利啊。

文学曰：边郡山居谷处，阴阳不和，寒冻裂地，冲风飘卤[①]，沙石凝积[②]，地势无所宜。中国，天地之中，阴阳之际也，日月经其南，斗极出其北，含众和之气，产育庶物。今去而侵边，多斥不毛寒苦之地[③]，是犹弃江皋河滨[④]，而田于岭坂菹泽也[⑤]。转仓廪之委，飞府库之财，以给边民。中国困于繇赋，边民苦于戍御。力耕不便种籴[⑥]，无桑麻之利，仰中国丝絮而后衣之，皮裘蒙毛，曾不足盖形，夏不失复[⑦]，冬不离窟。父子夫妇内藏于专室土圜之中[⑧]。中外空虚，扁鹊何力？而盐、铁何福也？

注释

①冲风：大风。冲，猛烈。飘卤：把地上的盐碱都吹起来了。卤，碱土。

②凝积：凝结成堆。

③斥：开拓。不毛：寸草不长。

④江皋：江边的高地。河滨：河边。

⑤岭坂：高岭山坡。菹（zū）泽：长满水草的沼泽。

⑥力耕：努力耕作。不便：不平，抵不上。种籴（dí）：买种子。

⑦夏不失复：夏天脱不掉夹衣。失复，通“释複”。

⑧专室：特别小的房子。土圜：四面用土墙盖的房子。

翻译

文学说：边塞郡县处于山谷之中，阴阳不和谐，地冻天寒，大风卷起盐碱土，沙石凝积，没有一块适于人们生活的地方。中原地区，地处天地之中，是阴阳汇合之地，太阳月亮经过它的南方，北斗星、北极星出于北方，拥有万物和谐的气候，生产孕育万物。如今，离开中原而去侵夺边境地区，去开拓寸草不生、冰天雪地的地方，这就好比放弃河畔江边肥沃的土地，而去山坡、沼泽耕种一样。转运仓廪中储蓄的粮食，快速运输国库中的钱财，来供给边境民众。中原民众为徭役、赋税所困苦，边地军民忍受着守卫边疆的折磨。在边境即使是努力耕种也抵不上买种子的费用，没有种植桑麻的利益，全靠中原地区供给丝绸和棉絮才有衣穿，乱糟糟的皮袄，还不足以遮盖身体，夏天脱不掉夹衣，冬天不离窑洞，全家男女老少挤在一个小小的所谓屋子里。中原和边郡空虚，扁鹊又有什么功力？盐铁官营又带来了什么幸福呢？

未通第十五

导读

本篇题名“未通”，取自文中“未通于计”一句，这句是御史对文学“盐、铁何福”的说法的驳斥。本篇围绕与抗击匈奴侵扰的自卫战争密切相关的赋税和徭役问题，展开辩论。御史认为汉武帝外伐四夷，可以有效地利用四夷的资源，且当前的赋税比古代更轻、徭役比古代更宽松。文学则指出，外伐四夷给人们带来的是灾难而不是福利，豪强与恶吏的欺压，使百姓免不了饥寒，不得不四处流亡。

御史曰：内郡人众，水泉荐草不能相赡[①]，地势温湿，不宜牛马。民跖耒而耕[②]，负檐而行，劳罢而寡功。是以百姓贫苦而衣食不足，老弱负辂于路[③]，而列卿大夫或乘牛车。孝武皇帝平百越以为园圃，却羌、胡以为苑囿，是以珍怪异物，充于后宫，騊駼駃騠[④]，实于外厩，匹夫莫不乘坚良[⑤]，而民间厌橘柚[⑥]。由此观之，边郡之利亦饶矣，而曰“何福之有”？未通于计也[⑦]。

注释

①赡：满足。

②跖：踏，用脚踩。耒：古代耕地的农具。

③负辂（lù）：拉车。辂，古代车子。

④騊駼（táo tú）駃騠（jué tí）：都是良马。

⑤乘坚良：乘坚车，驾良马。坚良，好的车辆和马匹。

⑥厌：同“餍”，吃饱。

⑦未通于计：不懂得治国大计。

翻译

御史说：内地郡县人口众多，水源牧草不能满足需要，并且地理条件温暖潮湿，不适宜牧养牛马。百姓脚踩耒锄耕作，肩挑着担子走路，精疲力尽而收获甚少。所以百姓贫苦，衣食不足，年老体弱的人在路上拉车，而列位卿大夫有时乘坐牛车。孝武皇帝平定百越，把它当作园圃，驱逐西羌、匈奴，把它当作苑囿，所以珍奇物品，充实于后宫，各种名马，养满宫外马棚。老百姓无不乘上了好车，骑上了良马，民间都吃厌了橘子和柚子。由此看来，边远郡县带来的利益真可谓丰饶了，而你们却说“带来了什么幸福”？真是不懂得治国大计啊！

文学曰：禹平水土，定九州，四方各以土地所生贡献，足以充宫室，供人主之欲。膏壤万里，山川之利，足以富百姓，不待蛮、貊之地，远方之物而用足。闻往者未伐胡、越之时，繇赋省而民富足，温衣饱食，藏新食陈，布帛充用，牛马成群。农夫以马耕载，而民莫不骑乘；当此之时，却走马以粪[①]。其后，师旅数发，戎马不足，牸牝入阵[②]，故驹犊生于战地[③]。六畜不育于家，五谷不殖于野，民不足于糟糠，何橘柚之所厌？《传》曰："大军之后，累世不复。"方今郡国，田野有陇而不垦[④]，城郭有宇而不实[⑤]，边郡何饶之有乎？

注释

①却走马以粪：这是形容天下太平，马匹都用来积肥。以粪，用马粪肥田。

②牸（zì）：母牛。牝（pìn）：母马。

③驹：小马。犊：小牛。

④陇：通"垄"，田埂。

⑤宇：屋宇，房屋。

翻译

文学说：自从大禹治水，平定九州，四方各以土地所生物产贡献中央朝廷，足可以装满宫室，满足君主的欲望。万里肥沃的土壤，广大山川的资源，足可以使百姓富足，不必等待蛮荒之地和远方异物而财用充足。我听说从前没有和胡人、越人打仗的时候，徭役赋税很少，而百姓富足，吃得饱，穿得暖，藏新粮，吃旧谷，布匹丝绸也很充足，牛马成群。农夫用马耕地或拉车，老百姓没有不骑马乘车的；那时候，战马都用于耕地积肥。后来，军队屡次出动，战马不足，连母牛母马也上了阵，因此有小马驹、小牛犊出生在战场之上。家里没有饲养六畜，田里没有种植五谷，老百姓连糟糠都吃不饱，哪里还谈得上吃够了橘子、柚子呢？《传记》说：“大战之后，几代人都不能恢复元气。”如今各个郡国，有田但没有人耕，城市有房但没有人住，哪里有什么边境郡县丰饶呢？

御史曰：古者制田百步为亩，民井田而耕，什而籍一①。义先公而后己，民臣之职也。先帝哀怜百姓之愁苦，衣食不足，制田二百四十步而一亩，率三十而税一②，堕民不务田作③，饥寒及己，固其理也。其不耕而欲播，不种而欲获，盐、铁又何过乎？

注释

①什而籍一：交税十分之一。籍，税。

②率：大概。

③堕民：懒惰的人。堕，通“惰”，懒。

翻译

御史说：古时候，规定田地一百步为一亩，人们按照井田制进行耕作，交税十分之一。按照道义先种公田而后种私田，这是臣民的职责。已故的武帝怜悯百姓的愁苦，衣食不足，规定二百四十步为一亩，大概收税三十分之一。懒惰的人不从事耕作，挨饿受冻，那是理所当然的。他们不耕地却想播种，不播种却想收获，盐铁官营又有什么过错呢？

文学曰：什一而籍，民之力也。丰耗美恶[①]，与民共之。民勤[②]，己不独衍[③]；民衍，己不独勤。故曰："什一者，天下之中正也[④]。"田虽三十，而以顷亩出税，乐岁粒米狼戾而寡取之[⑤]，凶年饥馑而必求足。加之以口赋更繇之役，率一人之作，中分其功[⑥]。农夫悉其所得，或假贷而益之。是以百姓疾耕力作，而饥寒遂及己也。筑城者先厚其基而后求其高，畜民者先厚其业而后求其赡。《论语》曰："百姓足，君孰与不足乎？"

注释

①丰：丰收之年。耗：歉收之年。美恶：意同"丰耗"。

②勤：古通"堇"，少，缺乏。

③衍：多，富有。

④中正：公平合理。

⑤粒米狼戾：形容粮食乱七八糟，到处都是。狼戾，乱七八糟。

⑥中分其功：交纳一半的收成。

翻译

文学说：交纳十分之一的税，是根据民众的经济实力。无论是丰年还是歉年，国家都与民众同甘共苦。百姓穷困，君主不会独自富足；百姓富足，君主不会独自穷困。所以说："十分抽一的税，是天下最公正的。"现在虽然是三十而税一，但那是以田亩的多少为标准。丰年粮食到处都是却收税很少，凶年饥荒却一定要交足税赋。再加上人口税，服徭役，大约一个人的劳作收入，税收要占去一半。农民把全部粮食都交来还不够，有的人只好借贷来凑够数字。所以百姓拼命耕作，还是摆脱不了挨饿受冻的困境。筑城墙的人先要原地打好基础，然后再考虑高度；治理民众的人先使老百姓家业厚实，然后再考虑生活宽裕。《论语》上说："老百姓富足了，国君怎么会不富足呢？"

御史曰：古者，诸侯争强，战国并起，甲兵不休，民旷于田畴[1]，什一而籍，不违其职。今赖陛下神灵，甲兵不动久矣，然则民不齐出于南亩，以口率被垦田而不足[2]，空仓廪击赈贫乏，侵益日甚，是以愈惰而仰利县官也。为斯君者亦病矣，反以身劳民，民犹背恩弃义而远流亡，避匿上公之事[3]。民相仿效，田地日芜，租赋不入，抵扞县官[4]，君虽欲足，谁与之足乎？

注释

①旷：荒废。田畴：田亩。

②以口率被垦田：以人口总数与耕种的土地总数进行比较。口率，人口总数。被，覆盖，引申为比较。

③避匿：逃避。上公：犹今言公家。

④抵扞（hàn）：抵御，抗拒。

翻译

御史说：古时候，诸侯争强，战国七大诸侯并起，战争无休无止，民众荒废了田地耕种，但十分之一的税还是要照常缴纳。

如今依赖陛下神明，多年不动刀枪了，然而民众并没有完全下到田地去干活，按照现在人口总数和垦田总数进行比较，耕种田地的数量是不够的，国家把仓储的粮食拿出来赈济贫穷困乏的人，亏损日益严重，所以民众越来越懒惰，依赖朝廷救济。做这样百姓的君主也太辛苦了，还要亲自为民操劳；而民众却忘恩负义而远远地流浪逃亡，逃避公家的赋税徭役。老百姓互相仿效，田地一天天荒芜下去，租赋收不上来，与朝廷相抵触。君主即使想使国家富足，谁又与他一起富足呢？

文学曰：树木数徙则殘[①]，虫兽徙居则坏。故“代马依北风，飞鸟翔故巢”，莫不哀其生[②]。由此观之，民非利避上公之事而乐流亡也。往者，军阵数起，用度不足，以訾征赋[③]，常取给见民[④]，田家又被其劳，故不齐出于南亩也。大抵逋流[⑤]，皆在大家，吏正畏惮，不敢笃责，刻急细民，细民不堪，流亡远去；中家为之绝出，后亡者为先亡者服事；录民数创于恶吏[⑥]，故相仿效，去尤甚而就少愈者多。《传》曰：“政宽者民死之，政急者父子离。”是以田地日荒，城郭空虚。夫牧民之道，除其所疾，适其所安，安而不扰，使而不劳。是以百姓劝业而乐公赋[⑦]。若此，则君无赈于民，民无利于上，上下相让，而颂声作。故取而民不厌，役而民不苦。《灵台》之诗[⑧]，非或使之，民自为之，若斯，则君何不足之有乎？

注释

①徙：迁徙。殘：通“萎”，枯萎。

②哀其生：留恋出生之地。哀，留恋。

③以訾征赋：按照财产多少征收赋税。訾：通“赀”，财产。

④取给：征收。见民：现有民众。见，同“现”。

⑤逋流：逃税，拒不交纳赋税。

⑥录民：安分守己的平民。数创：屡遭伤害。

⑦劝业：鼓励老百姓努力耕种。

⑧《灵台》：《诗经·大雅》篇名。这首诗述说周文王建造灵台时，老百姓自发前来帮助修建，没有几天就完成了，从中可见民众对周文王的拥戴。

翻译

文学说：树木多次移植就会枯萎，禽兽多次迁居就会受害。所以，“代国的马依恋故乡，远飞的鸟思念故巢”，没有不留恋出生的地方的。这样看来，民众并不是从逃避公事之中获利，也不是以流亡为乐事。以前，战事频繁，军费不够，于是根据财产的多少来征收赋税，经常是从当地现有民众之中征税，农民还要去服劳役，所以没有都去耕地。大概逃税的都是豪强大户，征收官吏欺软怕硬，不敢向豪强深加责问；于是更加苛刻地催逼小百姓，小百姓实在受不了，于是逃亡到远方；中等人家承担了全部赋税，后逃亡的人要为先逃亡的人服役纳税；安分守己的百姓经常受到贪官污吏的压迫，因此互相仿效，逃亡的人越来越多，留在故乡的人越来越少。《传记》上说得好：“政令宽缓的，百姓就愿意替它出死力；政令苛刻的，父子也会东离西散。”因此田地一天天荒芜，城镇一天天空虚。治理百姓的方法，在于除去民众所痛恨的东西，顺应老百姓安心的东西，安抚民众而不要打扰，役使他们而不要使其过度疲劳。因此，百姓就会努力耕作而乐意交纳赋税。如果这样，君主就不必去救济百姓，民众也不必仰仗从上面获利，君臣上下互相礼让，从而就会出现颂扬的歌声。因此征收赋税而百姓不会厌恶，派遣徭役而百姓不会叫苦。《灵台》所描写的民众为周文王修筑灵台的场面，不是谁役使百姓去干的，而是百姓心甘情愿自己去干的。如果这样，那么君主有什么不富足的呢？

御史曰：古者，十五入大学，与小役，二十冠而成人，与戎①；五十以上，血脉溢刚②，曰艾壮③。《诗》曰："方叔元老，克壮其猷。"故商师若乌④，周师若荼⑤。今陛下哀怜百姓，宽力役之政，二十三始傅⑥，五十六而免，所以辅耆壮而息老艾也⑦。丁者治其田里，老者修其唐园⑧，俭力趣时⑨，无饥寒之患。不治其家而讼县官，亦悖矣。

注释

①与戎：参与战事，服兵役。

②溢刚：充溢阳刚。

③艾壮：年老体壮。艾，指五十岁的人。

④商师若乌：商朝军队头发乌黑。这说明商朝以年少为贵。

⑤周师若荼：周朝军队头发像白茅花。这说明周人以年老为贵。

⑥傅：人民达到服役年龄，官府将其名字注册，名叫"傅"，

表示开始服役。

⑦辅耆（qí）壮：帮助年纪大的人。耆，六十岁以上的老人。

⑧唐园：菜园。唐，通“场”。

⑨趣时：抓紧农时。趣，通“趋”。

翻译

御史说：古时候十五岁进大学，参与一些小的杂役；二十岁加冠成人，开始服兵役；五十岁以上血脉充溢阳刚，叫做年老体壮。《诗经》上说：“方叔是元老，体壮有谋略。”所以当时商朝的军队多是少壮派，周朝的军队多是元老派。当今陛下怜悯老百姓，大大放宽了从事劳役的规定，二十三岁开始服役，五十六岁解除，这是用来帮助年纪大而身体强壮的人，让老年人得到休息。青壮年耕田种地，老年人管理菜园，既可以节省劳力，又兼顾农时，使老百姓没有饥寒之忧。民众自己不治理好自己的家业，反过来责备朝廷，这也太不近情理了。

文学曰：十九年已下为殇①，未成人也；二十而冠；三十而娶，可以从戎事；五十已上曰艾老，杖于家，不从力役，所以扶不足而息高年也；乡饮酒之礼②，耆老异馔，所以优耆耄而明养老也③。故老者非肉不饱，非帛不暖，非杖不行。今五十已上至六十，与子孙服挽输④，并给繇役，非养老之意也。古有大丧者⑤，君三年不呼其门，通其孝道，遂其哀戚之心也。君子之所重而自尽者，其惟亲之丧乎！今或僵尸，弃衰绖而从戎事⑥，非所以子百姓，顺孝悌之心也。周公抱成王听天下，恩塞海内，泽被四

表，矧惟人面⑦，含仁保德，靡不得其所。《诗》云：“夙夜基命宥密⑧。”陛下富于春秋⑨，委任大臣，公卿辅政，政教未均，故庶人议也。

御史默不答也。

注释

①十九年已下为殇：十九岁以下青少年去世称为殇。年，岁。已，通“以”。

②乡饮酒之礼：先秦一种尊贤养老的礼仪。

③优耆耄（mào）：优待老年人。

④服：驾车。挽：拉车。输：运输。

⑤大丧：父母的丧事。

⑥衰绖（dié）：脱掉丧服。衰，同“縗”，古时的丧服。绖，古时用麻做的丧帽丧带。从戎事：参加战争。

⑦矧（shěn）惟人面：何况是长有人的形貌。矧，何况。人面，人的形貌。

⑧夜：日夜。基命：顺应天命。宥密：宽大宁静。

⑨富于春秋：很年轻。

翻译

文学说：十九岁以下青少年去世称为殇，因为他们尚未成人；二十岁举行冠礼；三十岁娶妻成家，可以服兵役；五十岁以上叫做“艾老”，在家里可以拄拐杖，不服劳役，这是为了照顾少年，休养老人；举行“乡饮酒礼”的时候，对于老年人，根据年纪大小，供奉不同的菜肴，这是为了优待老人而表明养老的宗旨。因而老年人没有肉就吃不饱，没有丝绸穿就不暖和，没有拐杖就行动不方便。如今五十以上至六十岁的人，还和儿子、孙子一起驾车、拉车、运输，承担徭役，这不符合传统养老的精神。古时候，家里有父母大丧，君主在三年里让他守孝，不去登门点名，这是为了提倡孝道，满足孝子丧亲的悲哀伤痛的心情。君子特别看重而尽心尽力的事情，大概只有父母的丧事吧！如今有的人家刚刚死了人，孝子就要脱孝服前去从军打仗，这不是爱民如子、顺应他们孝悌之心的方式啊。周公抱着年幼的成王处理天下政事，恩德布满天下，泽惠覆盖四方，何况所有人都含周公之仁、保有周公之德呢，没有人不得到合适的安置。《诗经》上说："周王日夜操劳，顺应天命，政治宽大宁静。"当今陛下非常年轻，将政事委任给大臣，公卿们辅佐国政，政令教化都没有得到很好安排，所以百姓议论纷纷。

御史默然不回答。

卷四

地广第十六

导读

本篇围绕要不要开拓边疆而展开辩论。大夫认为，内地与边境安危劳逸不均，边境为内地起到了屏障作用，因此将内地的财富调剂到边境是正当的，况且汉武帝时期征讨四夷并不是单纯开疆拓土，而是为了“除寇贼而安百姓”。文学则认为，边境不应该成为汉家政治的中心，应该改变“地广而不耕，多种而不耨，费力而无功”的现象。

大夫曰：王者包含并覆[①]，普爱无私，不为近重施，不为远遗恩。今俱是民也，俱是臣也，安危劳佚不齐[②]，独不当调耶？不念彼而独计此，斯亦好议矣？缘边之民[③]，处寒苦之地，距强胡之难[④]，烽燧一动，有没身之累[⑤]。故边民百战，而中国恬卧者[⑥]，以边郡为蔽扞也[⑦]。《诗》云：“莫非王事，而我独劳。”刺不均也。是以圣王怀四方独苦，兴师推却胡、越，远寇安灾[⑧]，

散中国肥饶之余，以调边境，边境强则中国安，中国安则晏然无事，何求而不默也？

注释

①包含并覆：兼包并蓄。

②佚：通“逸”，安逸。

③缘边：边境。

④距：通“拒”，抵抗。

⑤没身：丧命。

⑥恬卧：安静地睡觉。恬，安静。卧，睡觉。

⑦蔽扞：屏障。蔽，掩护。扞，同“捍”，保卫。

⑧远寇安灾：赶走敌寇，消除灾祸。

翻译

大夫说：君主兼包并蓄，博爱无私，不因为是亲近的人就多给恩惠，也不因为是疏远的人就遗漏恩惠。现在一样都是国家的百姓，都是国家的臣子，但是有安有危，有劳有逸，待遇不一样，难道不应当调整吗？不考虑边区的军民，只考虑内地的百姓，这也太好发表议论了吧？边疆一带的百姓居住在寒冷艰苦的地方，抵抗强大匈奴的侵扰，烽火一起，就有丧命的危险。因此，边境军民经历上百次战斗，而中原民众却能在安静地睡觉，这是由于有边郡作为抵抗匈奴的屏障啊！《诗经》上说：“哪件不是国家的事情，偏偏要我一人承担。”就是讽刺这种劳逸不均的现象。所以圣明君王惦记四周边境特别艰苦，出兵击退匈奴、百越的侵扰，赶走敌寇，平息战乱，分散中国内地肥饶多余的物资，调剂给边境郡县。边境防卫加强了，内地就会安全。内地安全了，整个国家就太平无事。你们还要求什么而不能沉静下来呢？

文学曰：古者，天子之立于天下之中，县内方不过千里，诸侯列国，不及不食之地，《禹贡》至于五千里[①]；民各供其君，诸侯各保其国，是以百姓均调，而徭役不劳也。今推胡、越数千里，道路回避[②]，士卒劳罢[③]。故边民有刎颈之祸，而中国有死亡之患，此百姓所以嚣嚣而不默也[④]。夫治国之道，由中及外，自近者始。近者亲附，然后来远；百姓内足，然后恤外。故君臣论或欲田轮台[⑤]，明主不许，以为先救近务及时本业也。故下诏曰："当今之务，在于禁苛暴，止擅赋，力本农。"公卿宜承意，请减除不任，以佐百姓之急。今中国弊落不忧，务在边境。意者地广而不耕，多种而不耨，费力而无功。《诗》云："无田甫田，维莠骄骄。"其斯之谓欤[⑥]。

注释

①《禹贡》：《尚书》中的一篇，文章记载禹划定九州、各州地理特点、物产以及贡赋情形。

②回避：迂回僻远。避，通"僻"。

③劳罢：即疲劳。罢，同"疲"。

④嚣嚣：同"嗷嗷"，愁怨之声。

⑤田轮台：指公元前89年，桑弘羊建议派兵在轮台一带屯田守边，汉武帝未采纳。田，屯田。轮台，地名。

⑥欤：语气词，同“吧”、“吗”。

翻译

文学说：古时候，天子居于天下的中央，辖地不过千里，诸侯列国也到不了那些不能耕种的地方，《禹贡》记载的中国统治区域达到了五千里；百姓各自供养他们的君主，诸侯各自保卫他们的国家，因此，百姓劳逸均衡，徭役也不繁重。现在将匈奴、百越击退到数千里之外，道路迂回僻远，士卒疲劳。因之，边境百姓有杀身之祸，而中原内地也有死亡的忧患，这就是老百姓愁苦悲伤而不能沉静的缘故呀。治理国家的办法，是由中国内地到边境，从近处开始。近处归顺了，然后再招徕远方之人；内地百姓丰衣足食，然后再体恤边疆。所以此前有大臣建议在轮台屯田，英明的君主没有同意，认为应该先解决迫切事务，及时加强农业生产。因而下诏书说：“当今首要的任务，在于禁止苛捐暴政，制止随意征收赋税，努力务农。”公卿们应该秉承皇上旨意，减除老百姓承受不了的负担，来帮助解决百姓的困难。现在朝廷放下中国内地衰败而不忧愁，却致力于边疆，我们认为那里地广而不宜耕种，或者广种而不能锄草，费力而没有功效。《诗经》上说：“不要耕种大田，那里只有高深的狗尾草。”大概说的就是这种情形吧。

大夫曰：汤、武之伐，非好用兵也；周宣王辟国千里，非贪侵也；所以除寇贼而安百姓也。故无功之师，君子不行，无用之地，圣王不贪。先帝举汤、武之师，定三垂之难①，一面而制敌②，

匈奴遁逃，因河、山以为防③，故去砂石咸卤不食之地，故割斗辟之县④，弃造阳之地以与胡，省曲塞，据河险，守要害，以宽徭役，保士民。由此观之：圣主用心，非务广地以劳众而已矣。

注释

①三垂：指东、南、西三方边境。垂，通“陲”，边陲。

②一面：指北面匈奴。

③河：黄河。山：阴山。防：防线，屏障。

④割：割让。斗：通“陡”，绝险。辟：通“僻”。

翻译

大夫说：商汤王、周武王的讨伐，不是喜欢用兵；周宣王开辟千里国土，不是贪图扩大领土，而是通过用兵来扫除贼寇而安定老百姓。所以，没有功绩的仗，圣明君主是不会发动的；无用的土地，圣明君王是不会贪得的。已故的武帝大兴汤、武之师，平定了东南西三边的动乱，北面制服敌人，匈奴都逃跑了。凭借黄河、阴山作为屏障，主动撤离砂石盐碱不能耕种的土地，让出绝险偏僻的地方，把造阳一带地方丢弃给匈奴，减少一些僻远的边塞，占据黄河天险，守着要害之地，以便减轻徭役，保卫军民。由此看来：圣主的用心，并不是追求扩大领土来劳役百姓。

文学曰：秦之用兵，可谓极矣①，蒙恬斥境，可谓远矣。今逾蒙恬之塞，立郡县寇虏之地，地弥远而民滋劳。朔方以西，长安以北，新郡之功，外城之费，不可胜计。非徒是也，司马、唐

蒙凿西南夷之涂[②]，巴、蜀弊于邛、筰[③]；横海征南夷，楼船戍东越[④]，荆、楚罢于瓯、骆[⑤]，左将伐朝鲜，开临屯，燕、齐困于秽貉[⑥]，张骞通殊远[⑦]，纳无用，府库之藏，流于外国；非特斗辟之费，造阳之役也。由此观之：非人主用心，好事之臣为县官计过也。

注释

①极：顶点。

②司马：司马相如。唐蒙：汉代番阳令。凿：开通。涂：同“途”，道路。

③巴、蜀弊于邛、筰：巴、蜀两郡因为开辟邛、筰交通而疲弊。

④横海征南夷，楼船戍东越：横海，横海将军韩说。楼船，楼船将军杨仆。汉武帝平定南夷和东越，韩说和杨仆是战争的主持者。

⑤荆、楚罢于瓯、骆：荆、楚地区为用兵瓯、骆而疲惫。瓯、骆，西汉时南方的两个部落。

⑥秽、貉：古时东夷国名。

⑦张骞：曾在汉武帝时出使西域。

翻译

文学说：秦朝用兵，可说是到顶点了，蒙恬开拓边境，可说是够远的了。如今越过蒙恬当年所筑的边塞，在匈奴地域建立郡县，距中原内地更远，百姓就更加劳苦。朔方郡以西，长安城以北，新建郡县的修建工程，塞外降城修筑的费用，简直无法计算。不仅如此，司马相如、唐蒙开辟了通往西南少数民族地区的道路，巴、蜀两郡因为开辟邛、筰交通而疲弊不堪；横海将军韩说征伐南夷，楼船将军杨仆戍守东越，荆、楚地区为用兵瓯、骆而疲于奔命；左将军荀彘征伐朝鲜，设立临屯郡，燕、齐人民因平定秽貉而劳困；张骞出使特别遥远的西域，弄来一些无用的东西，国库收藏的钱财，流向外国；这些开支岂止是割让险僻之地，放弃造阳的费用啊。由此可见：不是君主用心谋划，而是好事的大臣为朝廷出谋划策而造成的过错。

大夫曰：挟管仲之智者，非为厮役之使也。怀陶硃之虑者[①]，不居贫困之处。文学能言而不能行，居下而讪上[②]，处贫而非富，大言而不从，高厉而行卑[③]，诽誉訾议[④]，以要名采善于当世。夫禄不过秉握者[⑤]，不足以言治，家不满檐石者[⑥]，不足以计事。儒皆贫羸[⑦]，衣冠不完，安知国家之政，县官之事乎？何斗辟造阳也！

注释

①陶硃：陶朱公范蠡。硃，同“朱”。

②讪上：诽谤上司。讪，讥笑。

③高厉而行卑：外表清高却行为卑鄙。

④诽誉訾议：诽谤他人声誉，妄发议论。

⑤禄不过秉握：形容俸禄微薄。秉，一束禾。握，一把米。

⑥家不满檐石（dàn）者：家里粮食还不到一石的人。石，

容量单位，一石合十斗。

⑦贫羸：贫苦。

翻译

大夫说：具有管仲那样智慧的人，不会担任奴仆的职务。怀藏陶朱公那样谋算的人，不会居住在贫困的处所。文学能说而不会做，居下位而诽谤上司，身处贫困而非难富人，满口大话而实际做不到，表面清高却行为卑鄙，诽谤他人声誉，妄发议论，以此向当世求取好名声。俸禄不过一束禾一把米的人，不足以谈论治国之道，家里粮食还不到一石的人，没有资格筹划天下大事。你们这些儒生都是些贫穷的人，衣冠尚且不完备，哪里懂得国家政策、朝廷之事呢？还侈谈什么绝险僻远、舍弃造阳的事啊！

文学曰：夫贱不害智，贫不妨行。颜渊屡空[①]，不为不贤。孔子不容，不为不圣。必将以貌举人，以才进士，则太公终身鼓刀[②]，宁戚不离饭牛矣[③]。古之君子，守道以立名，修身以俟时[④]，不为穷变节，不为贱易志，惟仁之处，惟义之行。临财苟得，见利反义，不义而富，无名而贵，仁者不为也，故曾参、闵子不以其仁易晋、楚之富[⑤]。伯夷不以其行易诸侯之位[⑥]，是以齐景公有马千驷，而不能与之争名。孔子曰：“贤哉回也！一箪食，一瓢饮，在于陋巷，人不堪其忧，回也不改其乐。”故惟仁者能处约、乐，小人富斯暴，贫斯滥矣。杨子[⑦]曰：“为仁不富，为富不仁。”苟先利而后义，取夺不厌。公卿积亿万，大夫积千金，士积百金，利已并财以聚；百姓寒苦，流离于路，儒独何以完其衣冠也？

注释

①颜渊：即颜回，孔子弟子之一。屡空，经常匮乏。

②鼓刀：指屠宰牲口。相传姜太公在遇到周文王前，曾在朝歌当屠夫。

③饭牛：喂牛。宁戚：春秋时卫国人，宁戚曾为商贾，宿于齐国东门之外。齐桓公夜出，宁戚正边喂牛边唱歌，抒发怀才不遇之感。齐桓公听到宁戚的歌声，知道他是贤才，于是将他提拔到卿位。

④俟时：等待时机。

⑤曾参、闵子：都是孔子的弟子。

⑥伯夷：殷末孤竹国君之子，与其弟叔齐互让君位，一起逃离孤竹国，投奔周文王。因不满武王伐纣，义不食周粟而死。

⑦杨子：即阳虎。杨，通“阳”。

翻译

文学说：卑贱不会妨害智慧，贫穷不会妨害德行。颜渊屡次困乏，不能说他不是贤人。孔子不能见容于世，不能说他不是圣人。如果一定要凭外貌举荐贤人，按财产多少录用士人，那么姜太公就得一辈子当屠夫，宁戚也只能永远喂牛。古代的君子遵守大道来树立名望，修身养性来等待时机。不因为贫穷而改变自己的节操，不因为卑贱而动摇自己的志向，只居仁爱之处，只行道义之事。见财就起贪心，见利就忘大义，不合道义而富有，没有名声而尊贵，这是仁人君子所不愿意做的。所以曾参、闵子不用他们的仁义去换取晋、楚的富贵，伯夷不用他的德行去换取诸侯的爵位，所以齐景公虽然有千辆兵车的财富，却不能与他们争名。孔子说："贤德啊颜回！一竹篮冷饭，一瓢冷水，住在陋巷，其他人忍受不了贫穷的忧愁，而颜回却不改他的快乐。"因此只有仁义的人才能过贫穷的生活，也只有仁义的人才能真正快乐，小人发财了就凶恶残暴，贫穷了就无所不为。阳虎说："坚持仁义就不能发财致富，要发财致富就不能坚持仁义。"如果遇事都先考虑利益而后才想到道义，就会贪得无厌，掠夺不止。公卿积累亿万财富，大夫积累千金财富，士积累百金财富，为了利己便吞并聚敛财富；百姓贫寒困苦，流离失所，我们儒生又怎么能独有完整的衣帽呢？

贫富第十七

导读

本篇就贫富问题进行辩论。大夫强调人们获得财富的机会是均等的，关键是看你有没有看到财富的智慧和获得财富的能力，而拥有财富才能获得社会的尊重。文学则尖锐地指出问题的实质是官员通过权力谋求财利，反对接受"不义"的富贵。

大夫曰：余结发束脩[①]，年十三，幸得宿卫[②]，给事辇毂之下[③]，以至卿大夫之位，获禄受赐，六十有余年矣。车马衣服之用，妻子仆养之费，量入为出，俭节以居之，奉禄赏赐，一二筹策之④，积浸以致富成业。故分土若一⑤，贤者能守之；分财若一，智者能筹之。夫白圭之废著⑥，子贡之三至千金，岂必赖之民哉？运之六寸⑦，转之息耗⑧，取之贵贱之间耳！

注释

①结发：即束发，指少年时期。束脩：送给老师的报酬。脩，干肉。

②宿卫：皇宫中值宿禁卫。

③给事辇毂（niǎn gǔ）之下：意谓在皇帝身边供职。给事，供职。辇毂，皇帝乘坐的车子。

④一二筹策之：一一计划安排。

⑤分土：分得的土地。若一：一个样。

⑥白圭：战国时魏国著名商人，提出贸易致富的理论，主张采用“人弃我取，人取我与”的办法经商，掌握时机，运用智谋。废著：即贱买贵卖。废，卖出。著，通“贮”。

⑦运之六寸：运用算法。六寸，指六寸长的算筹。

⑧转之息耗：在生息亏耗中运转。息，生息，盈利。耗，亏损。

翻译

大夫说：我少年时上学，十三岁时，幸运地得到皇宫值宿警卫的差事，在皇帝身边供职，后来一直做到公卿大夫的官位，得到俸禄和赏赐，如今有六十多年了。我自己车马衣服的费用，一家老小和奴婢的开支，都是量入为出，节俭地过日子，所得到的俸禄赏赐，都一点一点地筹划安排，逐渐积蓄起来发家致富，成就一份家业。所以，分得的土地一样，只有贤能的人才能保守得住；分得的财富一样，只有智慧的人才能筹划生财。白圭贱买贵卖，子贡三次成为千金富翁，难道一定都是从老百姓那里搜刮来的吗？不过靠精打细算，在生息亏耗中运转，利用物价涨落来牟取大利而已。

文学曰：古者，事业不二，利禄不兼①，然诸业不相远，而贫富不相悬也。夫乘爵禄以谦让者②，名不可胜举也；因权势以求利者，入不可胜数也。食湖池，管山海，刍荛者不能与之争泽③，商贾不能与之争利。子贡以布衣致之，而孔子非之④，况以势位求之者乎？故古者大夫思其仁义以充其位，不为权利以充其私也。

注释

①利禄不兼：经商之利与做官之禄不兼得。

②乘爵禄以谦让：处于高官厚禄地位而能谦让。乘，因，凭借。

③刍荛（chú ráo）：指割草打柴的人。泽：恩泽，好处。

④非：批评。

翻译

文学说：古时候，人们不从事两种职业，经商之利与做官之禄不兼得，这样，各行各业收入差别就不大，贫富就不会悬殊。

处于高官厚禄地位而能谦让的人，他的美名多得不可胜举；利用权势去谋利的人，他的收入多得不可胜数。独占湖池的利益，垄断山林河海的财富，连拾柴割草的人也不能得到一点好处，行商坐贾的人也不能和他们争钱财。子贡以布衣平民的身份经商致富，孔子还批评他，何况利用权势地位去追求财利呢？所以，古代大夫思考以仁义来充实官位，不是为了权力来满足他的欲望。

大夫曰：山丘有饶①，然后百姓赡焉；河海有润②，然后民取足焉。夫寻常之污③，不能溉陂泽，丘阜之木，不能成宫室。小不能苞大④，少不能赡多。未有不能自足而能足人者也。未有不能自治而能治人者也。故善为人者，能自为者也，善治人者，能自治者也。文学不能治内，安能理外乎？

注释

①饶：富饶的资源。

②润：滋润，引申为物产。

③寻常：古代长度单位，八尺为寻，倍寻为常，这里形容面积小。污：小池塘。

④苞：通“包”，包括，包容。

翻译

大夫说：山岳有富饶的资源，然后老百姓才能得到供给；河海有丰富的物产，然后民众才能获取足够的财利。小池塘的水，不能灌溉大塘大泽；小土坡上的树木，不能用来建筑宫室。小不能包容大，少不能满足多。没有自给不足而还能供给别人的。没有不能自我管理而还能管理别人的。因此善于替他人办事的人，一定是能够替自己办事的人，善于治理他人的人，一定是能够治理好自己的人。你们文学连自己都管理不好，又怎么能谈得上治理国家呢？

文学曰：行远道者假于车[①]，济江海者因于舟[②]。故贤士之立功成名，因于资而假物者也[③]。公输子能因人主之材木，以构宫室台榭，而不能自为专屋狭庐，材不足也。欧冶能因国君之铜铁，以为金炉大钟，而不能自为壶鼎盘杅，无其用也。君子能因人主之正朝[④]，以和百姓，润众庶，而不能自饶其家，势不便也。故舜耕历山，恩不及州里，太公屠牛于朝歌，利不及妻子，及其见用，恩流八荒，德溢四海。故舜假之尧，太公因之周，君子能修身以假道者，不能枉道而假财也。

注释

①假：借助。

②济：渡。因：依靠。

③资、物：指外物、条件。

④正朝：朝政。正，通“政”。

翻译

文学说：走远路的人要依靠车子，渡江海的人要利用船只。因而贤士立功成名，要借助外界资源和事物。鲁班能够利用君主的木材来建筑宫殿台阁，但不能给自己盖一间狭小的房屋，这是因为自己的木材不足。欧冶子能够利用国君的铜来铸造铜炉大钟，但不能给自己造一些壶鼎盘盆，这是因为没有可供使用的材料。君子能够借助君主的朝政，来协和老百姓，滋润众位平民，但不能使自己发财致富，这是由于情势不许可。所以，舜在历山耕田的时候，恩惠达不到本乡本土，姜太公在朝歌宰牛为生的时候，利益达不到妻子儿女，等到他们得到重用，恩惠流布全国，德泽洋溢天下。所以，舜借助尧，姜太公依靠周文王和周武王。君子能够借助道义来修身，他是不能违背先王之道而求助于钱财的。

大夫曰：道悬于天，物布于地，智者以衍①，愚者以困。子贡以著积显于诸侯，陶朱公以货殖尊于当世②。富者交焉，贫者赡焉。故上自人君，下及布衣之士，莫不戴其德，称其仁。原宪、孔伋③，当世被饥寒之患④，颜回屡空于穷巷，当此之时，迫于窟穴，拘于缊袍⑤，虽欲假财信奸佞⑥，亦不能也。

注释

①衍：富裕。

②货殖：财货增值。

③原宪：也称原思，孔子弟子。孔伋：孔子的孙子。

④被：遭受。

⑤拘：拘束，局促。缊（yùn）袍：以乱麻为絮的袍子。缊，乱麻。

⑥假财：借助钱财。假，借助。信奸佞：施展奸诈谄媚伎

俩。信，通“伸”，施展。

翻译

大夫说：道理悬挂在天上，物资遍布大地，智慧的人因此富裕，愚蠢的人因此贫困。子贡通过囤积财物而驰名于诸侯，陶朱公范蠡因经商而在当世获得尊荣。富人和他们交朋友，穷人得到他们的帮助。所以，上到国君，下到布衣平民，没有人不感戴他们的恩德，称颂他们的仁义。原宪和孔伋当年遭受饥寒交迫之苦，颜回在简陋的巷道里屡次穷困，在那个时候，他们住的是窑洞，穿的是破缊袍，即使想凭借钱财来施展奸诈谄媚的伎俩，也是不可能的。

文学曰：孔子云：“富而可求[①]，虽执鞭之事[②]，吾亦为之；如不可求，从吾所好。”君子求义，非苟富也。故刺子贡不受命而货殖焉。君子遭时则富且贵[③]，不遇，退而乐道。不以利累己，故不违义而妄取。隐居修节，不欲妨行，故不毁名而趋势。虽付之以韩、魏之家，非其志，则不居也。富贵不能荣，谤毁不能伤也。故原宪之缊袍，贤于季孙之狐貉，赵宣孟之鱼飧[④]，甘于智伯之刍豢[⑤]，子思之银佩，美于虞公之垂棘[⑥]，魏文侯轼段干木之间[⑦]，非以其有势也；晋文公见韩庆，下车而趋，非以其多财，以其富于仁，充于德也。故贵何必财，亦仁义而已矣！

注释

①富而可求：指正义的富贵。

②执鞭之事：指替人驾车。

③遭时：碰上时运。

④赵宣孟：即赵盾，春秋时晋卿，谥宣子。孟，尊称。

⑤刍豢：这里指丰富的肉食。用草饲养的牛羊叫“刍”，用粮食喂养的猪狗叫“豢”。

⑥虞公之垂棘：晋献公送垂棘之璧给虞君，向虞国借道灭虢，在灭虢返回途中消灭虞国。垂棘，春秋时晋国地名，以产美玉出名，这里指代美玉。虞，春秋时期诸侯国。

⑦魏文侯轼段干木之间：魏文侯每过段干木的家门，就扶轼表示对他的敬重。轼，古代车厢前面用作扶手的横木，这里作动词用，即伏在横木上，表示对别人的敬重。

翻译

文学说：孔子说过：“富贵如果值得追求，就是赶车子的事，我也去干；如果不值得追求，那还是做我所爱好的事。”君子追求仁义，而不随便去追求财利。所以孔子批评子贡不安本分而去做生意。君子碰到时运就富贵，如果碰不到时运，就退隐而安贫乐道。不因为谋取财利而损害自己的品德，所以不做违背仁义而取得财利的事。隐居起来，修行节操，不希望妨害自己的品行，所以不会毁坏自己的名誉而去趋炎附势。即使给他韩、魏两家那样的财富，如果不符合自己的志向，也不愿意接受。富贵不能使他感到荣耀，诽谤不能使他受到伤害。所以，原宪的破缊袍比季孙氏的狐貉袍子更有价值，赵宣孟俭朴的鱼饭比智伯的肉食更好吃，子思的银佩比虞公的垂棘之玉更美好。魏文侯乘车经过段干木的家门，伏在车横木上表示敬重，不是因为段干木有权势；晋文公遇见韩庆，下车小步快走表示敬意，不是因为韩庆钱多，而是因为段干木、韩庆富于仁义，具备美德。所以，尊贵何必要有财富，只要行仁义就行了！

毁学第十八

导读

本篇之中，双方围绕李斯展开辩论。李斯入秦拜相，贵极人臣，但却身被五刑而死。大夫高度赞扬了李斯的功绩，而文学则认为李斯贪图厚禄，羡慕虚荣，导致自我毁灭，实在不值得取法。

大夫曰：夫怀枉而言正①，自托于无欲而实不从，此非士之情也？昔李斯与包丘子俱事荀卿，既而李斯入秦，遂取三公，据万乘之权以制海内②，功侔伊、望③，名巨泰山；而包丘子不免于瓮牖蒿庐④，如潦岁之蛙⑤，口非不众也⑥，卒死于沟壑而已。今内无以养，外无以称，贫贱而好义，虽言仁义，亦不足贵者也。

注释

①怀枉：心术不正。

②据万乘之权：凭借万辆兵车大国的权威。制：统治。

③切侔（móu）：相当。伊、望：伊尹和吕望（姜太公）。

④瓮牖：以破瓮做窗户，形容房屋简陋。蒿庐：简陋的草房。

⑤潦岁：多雨水的灾年。

⑥口非不众：指青蛙众口发声。

翻译

大夫说：心怀鬼胎而满嘴仁义道德，自称清心寡欲而实际上却不是这样，这难道不是你们儒生的真实情况吗？从前李斯与浮丘伯一起拜荀卿为师，后来李斯到了秦国，获取三公尊位，他掌握国家大权，凭借万辆兵车大国的权威来统治天下，地位可与伊尹、姜太公相比，名声比泰山还高；而浮丘伯却住在以破瓮做窗户的简陋草房里，像灾年的青蛙一样，叫喊得不是不厉害，终于死在水沟里。现在你们在家不能养活父母妻子，在外没有什么功德值得称道，身处贫贱却喜欢谈论礼义，即使满口仁义道德，也没有什么可贵的。

文学曰：方李斯之相秦也，始皇任之，人臣无二，然而荀卿谓之不食，睹其罹不测之祸也[①]。包丘子饭麻蓬藜[②]，修道白屋之下[③]，乐其志，安之于广厦刍豢[④]，无赫赫之势，亦无戚戚之忧。夫晋献垂棘，非不美也，宫之奇见之而叹[⑤]，知荀息之图之也。智伯富有三晋，非不盛也，然不知襄子之谋之也。季孙之狐貉，非不丽也，而不知鲁君之患之也。故晋献以宝马钓虞、虢，襄子以城坏诱智伯[⑥]。故智伯身禽于赵[⑦]，而虞、虢卒于并晋，以其

务得不顾其后，贪土地而利宝马也。孔子曰："人无远虑，必有近忧。"今之在位者，见利不虞害，贪得不顾耻，以利易身，以财易死。无仁义之德而有富贵之禄，若蹈坎阱，食于悬门之下⑧，此李斯之所以伏五刑也。南方有鸟名鹓雏，非竹实不食，非醴泉不饮，飞过泰山，泰山之鸱俯啄腐鼠，仰见鹓雏而吓。今公卿以其富贵笑儒者，为之常行，得无若泰山鸱吓鹓雏乎？

注释

①罹：遭受。

②饭麻：以粥为食。麻，当作"糜"，粥。蓬藜：两种野草。

③白屋：用白茅所盖的草房。

④于：通"如"。广厦：高楼大厦。

⑤官之奇：春秋时期虞国大夫。晋献公向虞国借路去攻打虢国。宫之奇说，虞、虢两国唇齿相依，唇亡则齿寒。虞君不听，宫之奇带领全族出逃，结果虞国被晋人所灭。

⑥襄子以城坏诱智伯：智伯强迫韩、赵魏割城给他，韩、魏献了城，赵襄子却不肯，智伯怒，遂率韩、魏合攻赵。赵襄子奔到晋阳，智伯引汾水灌晋阳。后来赵与韩、魏密谋联合，里应外合消灭了智伯，共分其地，建立了韩、赵、魏三个国家。

⑦禽：同"擒"。

⑧悬门：吊在空中的一种沉重的能上下开闭的闸门。

翻译

文学说：当李斯做秦国的丞相时，秦始皇重用他，大臣中没有一个能比得上他的，然而李斯的老师荀卿为此担心得吃不下饭，因为荀子看到他的弟子将会遭到不可预测的灾祸。浮丘伯以粥为食，以茅屋为家，在草屋之中修道，为自己的志向而欢乐，如同那些住在高大的房子里吃着丰盛的肉食的人一样安然自处。虽然没有显赫的权势，但也不用忧心忡忡。晋献公的垂棘之璧，不是不美，但宫之奇见了却为之叹息，因为他知道荀息包藏的祸心。智伯拥有大半个晋国的财富，不是不强盛，然而却不知道赵襄子将要算计他。季孙氏的狐貉皮袄，不是不华丽，然而他不知道鲁君将他视为心腹之患。因此晋献公用宝马作为诱饵来引诱虞、虢，赵襄子以城墙浸坏来诱骗智伯。所以智伯被赵所擒，而虞国、虢国最后被晋国吞并，这是因为智伯、虞公一心获利而不考虑后果，贪得土地、玉璧和宝马。孔子说："一个人如果没有长远的考虑，他的忧患一定会近在眼前。"现在为政的，只看到眼前利益而不考虑后患，贪得利益而不顾廉耻，用利益换取自身生命，用财富换取死亡。没有仁义道德而享有富贵俸禄的人，就好像踩在陷阱上、站在悬吊空中的闸门下吃饭一样危险，这就是李斯身遭五种酷刑惨死的原因。南方有种鸟叫鹓雏，不是竹子籽实它不吃，不是甘泉它不喝，当它飞过泰山时，泰山有一只猫头鹰低头啄食腐烂的老鼠，仰头看见鹓雏，便大叫一声："吓！"。如今大夫倚仗自己的富贵来耻笑儒生，以此习以为常，岂不是像泰山的猫头鹰吓唬鹓雏一样吗？

大夫曰：学者所以防固辞①，礼者所以文鄙行也②。故学以辅德，礼以文质。言思可道，行思可乐③。恶言不出于口，邪行不及于己。动作应礼，从容中道。故礼以行之，孙以出之④。是以终日言，无口过；终身行，无冤尤⑤。今人主张官立朝以治民，疏爵分禄以褒贤，而曰"悬门腐鼠"，何辞之鄙背而悖于所闻也⑥。

注释

①固辞：鄙陋的语言。

②文鄙行：修饰粗鄙的行为。文，装饰。

③思可道：思考符合道理。思可乐：考虑使人高兴。

④孙以出之：即以孙出之，用谦逊的态度去表达。孙，通"逊"，谦逊。

⑤冤尤，意同"怨恶"。冤，通"怨"。

⑥鄙背：粗野。背，通"倍"。

翻译

大夫说：学习是为了防止语言不文明，讲礼是为了掩饰粗鄙的行为。所以学习用来辅助行德，礼仪用来文饰内在品质。讲话要考虑符合道理，做事要考虑使人高兴。恶毒的语言不说出口，邪恶的行为不涉及自己。行为合乎礼节，不慌不忙，合乎正当的事理。所以，以礼来规范自己的行动，用谦逊的态度对人说话。这样，终日说话也不会失言，终生做事也无冤仇。如今君主设置官职，建立朝政，来治理百姓，区分官爵，划分俸禄，来褒奖贤能，而你们却把这些说成是“悬门腐鼠”，话怎么说得这么粗野，跟我们所听到的道理完全相反呢？

文学曰：圣主设官以授任，能者处之；分禄以任贤，能者受之。义贵无高[①]，义取无多。故舜受尧之天下，太公不避周之三公[②]；苟非其人，箪食豆羹犹为赖民也[③]。故德薄而位高，力小而任重，鲜不及矣。夫泰山鸱啄腐鼠于穷泽幽谷之中，非有害于人也。今之有司，盗主财而食之于刑法之旁，不知机之是发[④]，又以吓人，其患恶得若泰山之鸱乎？

注释

①义贵无高：由义而得贵，不嫌其高。

②避：逃避，推辞。

③赖：通“厉”，有害于的意思。

④机：机关。发：启动。

翻译

文学说：皇上设官位授职于人，有才能的人可以担任；划分爵禄任用贤才，有才能的人才可以享受。由义而得贵，不嫌官位高，取之以义，不嫌俸禄多。所以舜接受了尧的天下，姜太公接受了周朝三公那样的高位，如果不是舜、姜太公那样的人，再微薄的俸禄也会成为对民众有害的人。所以道德浅薄却做上了大官，能力不大却担任了要职，这种人很少不遇到祸难的。泰山猫头鹰啄食腐烂的老鼠，只是在深泽幽谷之中，对人并没有什么害处。

当今的主管官员，盗窃国君的财产，逍遥于刑法之外，殊不知悬门的机关正在启动，还去恐吓别人，其后祸患怎么能与泰山的猫头鹰相比呢？

大夫曰：司马子言[①]："天下穰穰，皆为利往。"赵女不择丑好，郑姬不择远近，商人不愧耻辱，戎士不爱死力，士不在亲，事君不避其难，皆为利禄也。儒、墨内贪外矜[②]，往来游说，栖栖然亦未为得也[③]。故尊荣者士之愿也，富贵者士之期也。方李斯在荀卿之门，阘茸与之齐轸[④]，及其奋翼高举，龙升骥骛[⑤]，过九轶二[⑥]，翱翔万仞，鸿鹄华骝且同侣，况跛牂燕雀之属乎[⑦]！席天下之权，御宇内之众，后车百乘，食禄万钟，而拘儒布褐不完，糟糠不饱，非甘菽藿而卑广厦[⑧]，亦不能得已。虽欲吓人，其何已哉[⑨]！

注释

①司马子：即司马迁，著有《史记》。

②外矜：外表庄重。矜（jīn），庄重。

③栖栖然：忙碌不安的样子。未为得：没有得到重用。

④阘茸（tà róng）：这里指地位卑下的人。齐轸：并驾齐驱。轸，车子后面的横木，此处指车子。

⑤骥骛（wù）：骏马奔腾。骥，骏马。骛，奔驰。

⑥过九轶二：飞上九重天，超过龙和马。九，九重天。轶，超过。二，指龙和马。

⑦跛牂（zāng）：瘸足母羊。

⑧甘：以动词，喜欢。菽藿：豆叶。

⑨何已：用什么。“已”，通“以”，用。

翻译

大夫说：司马迁说：“天下人忙忙碌碌，都是为利益奔走。”赵国的女子选择丈夫不管相貌美丑，郑国的少女选择丈夫不论路途的远近，商人不怕耻辱，士兵不惜拼命，读书人不关心自己的亲人，事奉君主不逃避祸难，都是为了追求财利和俸禄。你们这些儒、墨之徒内心贪婪而外表庄重，到处游说，奔波忙碌，也是因为尚未得到重用。所以，尊贵荣耀是士人的愿望，富有尊贵是士人的期待。当李斯在荀卿门下做学生时，地位卑微的人都和他并驾齐驱，等到他展翅高飞，如蛟龙腾空、骏马飞驰一样直上九重天，超过龙和马，翱翔在万里高空，鸿鹄和骏马尚且不能与他成为伴侣，更何况是瘸脚的母羊、燕子、麻雀之类呢！他掌握全国的大权，统治天下的民众，身后随车有百辆之多，享用俸禄达万钟之多，而你们这些固执的儒生，麻布衣都穿不齐全，糟糠都吃不饱，并不是你们喜欢吃豆叶，不是你们看不上高楼大厦，只是得不到罢了。即使你们想吓唬人，你们拿什么去吓唬呢！

文学曰：君子怀德，小人怀土，贤士徇名①，贪夫死利。李斯贪其所欲，致其所恶。孙叔敖早见于未萌②，三去相而不悔，非乐卑贱而恶重禄也，虑患远而避害谨也。夫郊祭之牛，养食朞年③，衣之文绣，以入庙堂，太宰执其鸾刀④，以启其毛；方此之时，愿任重而上峻阪⑤，不可得也。商鞅困于彭池，吴起之伏王尸，

愿被布褐而处穷鄙之蒿庐，不可得也。李斯相秦，席天下之势，志小万乘；及其囚于囹圄[6]，车裂于云阳之市，亦愿负薪入东门，行上蔡曲街径，不可得也。苏秦、吴起以权势自杀，商鞅、李斯以尊重自灭，皆贪禄慕荣以没其身，从车百乘，曾不足以载其祸也！

注释

①徇：通“殉”。

②孙叔敖：春秋时楚国令尹（相当于丞相）。未萌：事件尚未出现苗头。三去相：孙叔敖三次为令尹而三次被罢免，但他不为此而懊悔。

③朞（jī）年：即一周年。朞，同“期”。

④太宰：古时掌管王室膳食的官。鸾刀：即刀环带铃的刀。

⑤峻阪：陡坡。

⑥囹圄：监狱。

翻译

文学说：君子心怀道德，小人心怀土地。贤能之士为名声而死，贪财的人为利而死。李斯贪恋富贵尊荣，导致恶果。孙叔敖在事件未发生之前有先见之明，三次被免掉丞相的职务而不懊悔，他并不是喜欢卑贱而厌恶高官厚禄，而是他从长远考虑，为避免恶果而谨慎从事。用作郊外祭天的牛，喂养了一年以后，给它穿上绣有花纹的衣服，送入庙堂，太宰手执有鸾铃的大刀，拔下脖子上的毛；到这个时候，即使它愿意拉重的东西去爬越高大的山坡，也已经不行了。商鞅被困在彭池，吴起中箭伏在楚悼王尸体上的时候，他们即使想穿着麻布衣住在穷困简陋的茅棚里，也不行了。李斯辅佐秦始皇时，掌管天下的权势，连拥有万辆兵车的诸侯都不放在眼里；等到他被关在牢狱中，被车裂于云阳之市时，即使愿意背着柴禾进入上蔡东门，走在弯曲的小街上，也是不可得的。苏秦、吴起为了权势而自取灭亡，商鞅、李斯为了功名利位而自我毁灭，他们都是因为贪图厚禄、羡慕荣华而害了自身，虽然随从的车子有百辆之多，但不足以装载他们的灾祸啊！

褒贤第十九

导读

本篇就什么样的人是贤人展开论辩。大夫认为像苏秦、张仪这些“智足以强国，勇足以威敌”的人可以称为贤人，并对孔甲乃至当代儒家学派代表人物赵绾、王臧、主父偃、东方朔等人进行了批判。文学则与之相反，认为苏秦、张仪以不义得官，最终以不义而亡，绝不是什么贤人，而对孔甲等全力为之辩护。

大夫曰：伯夷以廉饥，尾生以信死。由小器而亏大体[①]，匹夫匹妇之为谅也[②]，经于沟渎而莫之知也[③]。何功名之有？苏秦、张仪[④]，智足以强国，勇足以威敌，一怒而诸侯惧，安居而天下息。万乘之主，莫不屈体卑辞，重币请交[⑤]，此所谓天下名士也。

夫智不足与谋，而权不能举当世⑥，民斯为下也，今举亡而为有⑦，虚而为盈，布衣穿履，深念徐行，若有遗亡，非立功成名之士，而亦未免于世俗也。

注释

①小器：狭小的器量。大体：大节。

②谅：这里指小节、小信。

③经：缢，用绳子勒死。

④苏秦、张仪：战国纵横家的两个代表人物，苏秦主张合纵，张仪主张连横。

⑤重币请交：备上厚重的聘礼，请求交往。

⑥权：权谋，权术。举当世：左右当世。

⑦举亡而为有：以无为有。亡，通“无”。

翻译

大夫说：伯夷因为讲廉洁而饿死，尾生因为讲守信而丧命。因为器量狭小而亏损大节，普通平民拘泥于小节小信，在山沟里吊死而没有人知道。哪里有什么功名呢？苏秦、张仪，智谋足以使国家强盛，勇气足以威震敌国，一发怒就使诸侯恐惧，安居下来就可以使天下平息。拥有万辆兵车的诸侯，没有人不向他们弯腰行礼，用谦卑的言辞向他们致敬，献上厚礼请求交往，这才是人们所说的天下名士啊。如果智谋不足以商量大事，而才能不能左右当世时局，这样的人就是下等的了。现在你们本来没有却诈称为有，本来空虚却诈称为充实，穿着布衣破鞋，深沉思考，慢慢走动，好像丢失了什么似的，这显然不是什么建立功名的贤士，不过是世俗庸人罢了。

文学曰：苏秦以从显于赵[1]，张仪以横任于秦，方此之时，非不尊贵也，然智士随而忧之，知夫不以道进者必不以道退，不以义得者必不以义亡。季、孟之权，三桓之富[2]，不可及也，孔子为之曰“微”[3]。为人臣，权均于君，富侔于国者，亡。故其位弥高而罪弥重，禄滋厚而罪滋多。夫行者先全己而后求名，仕者先辟害而后求禄。故香饵非不美也，龟龙闻而深藏，鸾凤见而高逝者，知其害身也。夫为乌鹊鱼鳖，食香饵而后狂飞奔走，逊头屈遰[4]，无益于死。今有司盗秉国法，进不顾罪，卒然有急[5]，然后车驰人趋，无益于死。所盗不足偿于臧获[6]，妻子奔亡无处所，身在深牢，莫知恤视。方此之时，何暇得以笑乎？

注释

①从：同“纵”。苏秦揣摩出合纵战略之后，先游说赵国，获得成功，然后再游说其他诸侯国。

②三桓：春秋鲁国孟孙氏、叔孙氏、季孙氏，他们都是鲁桓公的后人，故史称“三桓”。

③为，通“谓”。微：衰微。

④逊头屈遰（dì）：缩头躲避。逊头，缩头。

⑤卒然：忽然。卒，通“猝”。

⑥臧获：奴婢。

翻译

文学说：苏秦用合纵的策略在赵国出了名，张仪使用连横的办法被秦国重用，在当时不可谓不尊贵，然而智慧人士随后替他们忧虑，知道他们那种不以道义取得的尊贵，必然以不合于道义的方式失去。鲁国季孙氏、孟孙氏的权势，三桓的财富，那是谁也比不上的，但是孔子说他们“衰败了”。身为人臣，权势和君主均等，财富与国君相等，这样的人必然灭亡。所以，这种人职位越高而罪过也越重，俸禄愈厚而罪孽也愈多。出外追逐名利的人，先要保全自己，然后再去追求名声，做官的人，先要躲避祸害，然后再去追求俸禄。香饵的滋味并非不美好，但龟和龙闻到就深藏起来，鸾鸟和凤凰看见就展翅高飞，因为它们知道香饵是对自身有害的东西。那些乌鸦、喜鹊、鱼鳖，吃了香饵就狂飞奔走，缩头屈体以求逃避，结果难免一死。如今主管官员盗窃国法，只求进身，不顾犯罪，突然有急难，然后驾车狂奔，快步逃走，也不免一死。所盗窃的全部东西也不足以赎免妻儿做奴婢，妻子儿女逃亡在外无安身之处，自己身在监牢之中，没有人怜悯探视。这个时候，哪里有时间去嘲笑别人呢？

大夫曰：文学高行，矫然若不可卷[①]；盛节絜言[②]，皦然若不可涅[③]。然戍卒陈胜释挽辂[④]，首为叛逆，自立张楚[⑤]，素非有回、由处士之行[⑥]，宰相列臣之位也。奋于大泽，不过旬月，而齐、鲁儒墨缙绅之徒[⑦]，肆其长衣，——长衣，容衣也。——负孔氏之礼器《诗》《书》，委质为臣[⑧]。孔甲为涉博士[⑨]，卒俱死陈，为

天下大笑，深藏高逝者固若是也。

注释

①矫然：正直的样子。卷：卷曲。

②絜言：洁净的言辞。絜，通“潔”（洁），洁净。

③皦（jiǎo）然：洁白的样子。涅：染黑。

④陈胜：秦末农民起义领袖。释：放下。挽辂：拉车横木，此处指大车。

⑤张楚：陈胜的国号。

⑥回、由：孔子弟子颜回、仲由（子路）。处士：古时称有才德而隐居没做官的人。

⑦缙绅：古代称有官职的或做过官的人。这里泛指官吏。

⑧委质：古代初次做官，依法，须先把自己的姓名写在竹简上，然后曲身跪拜，表示忠诚，这就叫作委质。委，弯曲。质，身体。

⑨孔甲：孔丘的第八世孙，名鲋，字甲。陈胜为王，拜孔甲为博士（古代学官名）。

翻译

大夫说：文学品行高尚，“正直”得好像不可卷曲；美好的操行，洁净的语言，洁白得好像不可染黑。但是戍守边疆的士卒陈胜丢下所拉的车子，首先举起叛逆大旗，自己建立大楚之国，平时他没有颜回、子路和隐士的品行，也没有宰相大臣的职位。陈胜奋起于大泽乡，只不过一个月，而齐鲁儒家、墨家、士大夫这些人，一个个脱掉长衣——长衣就是儒生行礼的礼服——背着孔子的礼器和《诗经》《尚书》，跑到陈胜那里委身为臣。孔鲋当上了陈胜的博士官，后来都死在陈地，被天下人大为嘲笑。深入潜藏、远走高飞的人，原来就是这样的吗？

文学曰：周室衰，礼义坏，不能统理，天下诸侯交争相灭亡，并为六国，兵革不休，民不得宁息。秦以虎狼之心，蚕食诸侯，并吞战国以为郡县，伐能矜功①，自以为过尧、舜而羞与之同。弃仁义而尚刑罚，以为今时不师于文而决于武。赵高治狱于内，蒙恬用兵于外，百姓愁苦，同心而患秦。陈王赫然奋爪牙为天下首事②，道虽凶而儒墨或干之者，以为无王久矣，道拥遏不得行③，自孔子以至于兹，而秦复重禁之，故发愤于陈王也④。孔子曰："如有用我者，吾其为东周乎！"庶几成汤、文、武之功，为百姓除残去贼，岂贪禄乐位哉？

注释

①伐能：夸耀能力。矜功：炫耀功业。

②赫然：发怒的样子。爪牙：党羽，这里指和陈胜同行的戍卒。首事：首倡其事，带头起义。

③拥遏：拥挤堵塞。

④发愤：发泄愤懑。

翻译

文学说：周王朝衰落，礼乐崩坏，不能治理，于是天下诸侯互相战争，相继灭亡，兼并为六国，战争不停，百姓也不得安宁生息。秦国怀着虎狼一样的心肠，蚕食诸侯，吞并六国作为秦朝郡县。秦始皇夸耀能力，炫耀功业，自以为超过尧、舜，而不屑和他们相提并论。抛弃仁义而崇尚刑罚，认为今不必效法文治而取决于武力。赵高在国内用刑罚治理，蒙恬对外兴师征伐，百姓忧愁穷苦，同心痛恨秦朝。陈胜愤怒地发动和他同行的戍卒，首先讨伐秦朝，前路虽然凶险，但儒家墨家子弟所以参加他们的队伍，是认为没有王道的时间已经很长了，大道拥挤堵塞走不通，从孔子起直到陈胜起义时都是这样，而秦朝更进一步禁止王道，所以，投奔到陈胜旗下发泄愤懑。孔子曾说过：“如果有人能用我的话，我大概能在东方复兴周朝王道吧！”儒生墨者是希望能成就商汤、周文王、周武王那样的功业，为百姓除贼去害，哪里是贪图俸禄官位呢？

大夫曰：文学言行虽有伯夷之廉，不及柳下惠之贞，不过高瞻下视[①]，絜言污行[②]，觞酒豆肉[③]，迁延相让，辞小取大，鸡廉狼吞[④]。赵绾、王臧之等，以儒术擢为上卿[⑤]，而有奸利残忍之心。主父偃以口舌取大官，窃权重，欺绐宗室[⑥]，受诸侯之赇，卒皆诛死。东方朔自称辩略[⑦]，消坚释石，当世无双；然省其私行，狂夫不忍为！况无东方朔之口，其余无可观者也？

注释

①高瞻：指眼睛向上看，巴结上边的人。下视：指眼向下看，欺压下边的人。

②絜：通“潔”，洁净。

③觞酒：一杯酒。豆肉：一盘肉。豆，古代盛肉或其他食品的器皿。

④鸡廉狼吞：比喻小廉大贪。鸡廉，鸡寻找食物，有所选择，不是见东西就吃，故称小廉如鸡。狼吞，狼吃东西时，都是大口大口地吞咽，比喻贪婪。

⑤擢（zhuó）：提拔。

⑥欺绐：欺负，哄骗。

⑦辩略：能言善辩。

翻译

大夫说：文学的言论行为即使有伯夷那样的廉洁，还未达到柳下惠那样的贞节，不过是对上逢迎，对下鄙视，说洁净的话，做污秽的事，遇到一杯酒一碗肉，文学会退却相让，其实是辞小利取大利，小廉如鸡，大贪如狼。赵绾、王臧等人凭借儒学被提拔为上卿，但他们却包藏有奸诈残忍的祸心。主父偃靠耍嘴皮骗得高官，窃取重权，欺骗汉家宗室，接受诸侯的贿赂，他们最后都被杀死。东方朔自称能言善辩，能消融坚物，分解石头，号称当世无双；然而察看他私下行为，连疯子也不忍心去做！何况你们没有东方朔那样的口才，其他还有什么可瞧的呢？

文学曰：志善者忘恶，谨小者致大[①]。俎豆之间足以观礼[②]，闺门之内足以论行。夫服古之服，诵古之道，舍此而为非者，鲜矣。故君子时然后言，义然后取，不以道得之不居也[③]。满而不

溢，泰而不骄。故袁盎亲于景帝，秣马不过一驷[4]；公孙弘即三公之位，家不过十乘；东方先生说听言行于武帝，而不骄溢；主父见困厄之日久矣，疾在位者不好道而富且贵，莫知恤士也，于是取饶衍之余以周穷士之急[5]，非为私家之业也。当世嚣嚣，非患儒之鸡廉，患在位者之虎饱鸮咽[6]，于求览无所孑遗耳[7]。

注释

①谨小：小心谨慎。致大：自致远大。

②俎豆：两种祭祀宴饮用的礼器。

③居：占有。

④秣马：养马。一驷：四匹马。

⑤饶衍之余：富余的财物。

⑥虎饱鸮咽：像老虎和猫头鹰那样吞服食物，比喻官员疯狂侵吞财富。

⑦求览：向自己腰包里塞，此处指官员搜刮财富。求，需索。览，通“揽”，把持。孑遗：遗留，余剩。

翻译

文学说：立志行善的人忘掉邪恶，谨小慎微的人自致远大。一俎一豆之间足可以观察人们是否合乎礼义，家门之内足以看出人们品德的高低。儒生穿古代的服装，诵读古人的道理，却背弃礼义去胡作非为，是少见的。所以，君子是该说话的时候才说，符合道义然后获取，不用道义得到的东西是不要的。学问很高而不流露出来，功劳很大而不骄傲。因而袁盎与汉景帝亲近，但他家里所饲养的马不超过四匹；公孙弘居于三公的地位，家里也不超过十辆马车；东方朔先生给汉武帝讲学，但不骄傲自满；主父偃受困厄的日子太久了，他憎恨当官的人不好仁义而追求荣华富贵，不知道体恤士人，于是索取富余的财物来接济贫穷士人的危急，并不是为了私人的家业。现在议论纷纷，并不是担心儒生小鸡般的廉洁，而是担忧当官的像老虎和猫头鹰那样那样吞服食物，搜刮时一点东西都不剩下啊。

卷五

相刺第二十

导读

本篇记载的是大夫与文学之间的互相讽刺。大夫指责儒生“往来浮游，不耕而食，不蚕而衣”，“授之以政则不达”，“此亦当世之所患也”。文学则认为儒生之所以在现实政治生活中未能发挥重大作用，是因为有些君主不听劝谏，排斥圣贤，且“今之执政亦未能称盛德”。

大夫曰：古者经井田，制廛里①，丈夫治其田畴，女子治其麻枲，无旷地，无游人②。故非商工不得食于利末，非良农不得食于收获，非执政不得食于官爵。今儒者释耒耜而学不验之语③，旷日弥久，而无益于治，往来浮游，不耕而食，不蚕而衣，巧伪良民，以夺农妨政④，此亦当世之所患也。

注释

①廛（chán）里：住宅。

②游人：游手好闲的人。

③释：放下。耒耜（sì）：泛指农具。不验之语：不切实际的空话。

④夺农：耽误农时。

翻译

大夫说：古时候，经营井田，规定住宅，男人耕田种地，妇女纺麻织布，没有荒废的土地，没有游手好闲的人。因此，不是手工业者或做买卖的人，就不能靠经营工商业为生。不是种田好手，就不能靠从事农业吃饭。不是执掌政权的人，就不能享受国家的俸禄。如今儒生放下农具，去学那些不切实际的空话，荒废了很多时间，而对于治理国家却毫无益处，往来游逛，不耕种却吃饭，不养蚕却白穿衣，欺骗百姓，耽误农时，妨害朝政，这也是当代所忧患的啊

文学曰：禹感洪水，身亲其劳，泽行路宿，过门不入。当此之时，簪堕不掇[①]，冠挂不顾[②]，而暇耕乎。孔子曰："诗人疾之不能默，丘疾之不能伏。"是以东西南北七十说而不用[③]，然后退而修王道，作《春秋》，垂之万载之后，天下折中焉[④]。岂与匹夫匹妇耕织同哉！传曰："君子当时不动，而民无观也。"故非君子莫治小人，非小人无以养君子。不当耕织为匹夫匹妇也。君子耕

而不学，则乱之道也。

注释

①掇：拾起。

②冠挂：帽子被树枝挂掉。

③七十说：游说了七十个诸侯。七十，非实际数字，是一种夸大的说法，表示多次游说。

④折中：这里指以《春秋》作为判断事物的标准。

翻译

文学说：禹忧虑洪水，亲身参加治水劳动，在水里行走，路旁过夜，经过自己的家门都不进去。那时，他绾发的簪子掉了都顾不上拾，帽子被树枝挂掉了也顾不上去拿，哪里有空余时间耕田呢？孔子说："诗人痛恨现实而不能保持沉默，我孔丘痛恨现实而不能隐伏不问。"所以他东西南北奔走各国，游说了七十个诸侯，但都不被重用，然后返回鲁国，研究王道，编写《春秋》，让它流传到万年之后，作为天下人判断事物的标准。他怎么能与一般老百姓一样去耕田织布呢？古书上说："君子当时不从事政治学术活动，民众就无从观瞻考察。"所以，没有君子就没有人治理老百姓，没有老百姓就没有人供养君子，君子不应当像普通老百姓那样去从事耕织。如果君子也去耕田而不学先王之道，那就是导致天下混乱的途径。

大夫曰：文学言治尚于唐、虞，言义高于秋天，有华言矣，未见其实也。昔鲁穆公之时，公仪为相[1]，子思、子柳为之卿，然北削于齐，以泗为境，南畏楚人，西宾秦国[2]。孟轲居梁[3]，兵折于齐[4]，上将军死而太子虏[5]，西败于秦，地夺壤削，亡河内、河外。夫仲尼之门，七十子之徒，去父母，捐家室，负荷而随孔子，不耕而学，乱乃愈滋。故玉屑满箧[7]，不为有宝；诗书负笈，不为有道。要在安国家，利人民，不苟繁文众辞而已[8]。

注释

①公仪：即公仪休，鲁穆公时为博士，奉法循理，百官自正，使食禄者不得与下民争利。

②宾：宾服，服从。

③孟轲：孟子。梁：即魏国。

④兵折于齐：马陵之战中，魏军中了齐国孙膑的计谋，大败。魏将庞涓被擒，太子申被俘。

⑤上将军：即魏将庞涓。太子：即太子申。

⑥玉屑：玉石的碎末。箧（qiè）：箱子。

⑦繁文众辞：繁缛言辞。

翻译

大夫说：文学谈论国家治理，似乎要超过唐尧、虞舜，谈及礼义来比秋天的天空还要高，空有华丽的言辞，却见不到实际的效果。过去鲁穆公当政时，公仪休为相，子思、子柳为卿，然而鲁国北边领土被齐国侵占，以泗水为界，南边惧怕楚国，西边屈从秦国。孟轲在魏国时，魏国军队被齐国打败，上将军庞涓被杀，太子申被俘，西边又被秦国打败，土地被侵夺，疆域被削割，丧失了河内、河外的土地。孔丘有七十多个门徒，他们离别了父母，抛弃了妻子儿女，肩挑书籍跟随孔丘，不去耕田而去学儒术，于是天下乱得越来越厉害了。所以，满箱珠玉，不能算有珍宝；背着满箱诗书，也不能算拥有道义。关键在于能使国家安定，对人民有利，不只是口头的繁文缛辞而已。

文学曰：虞不用百里奚之谋而灭，秦穆用之以至霸焉。夫不用贤则亡，而不削何可得乎？孟子适梁，惠王问利，答以仁义。趣舍不合[1]，是以不用而去，怀宝而无语。故有粟不食，无益于饥；睹贤不用，无益于削。纣之时，内有微、箕二子[2]，外有胶鬲、棘子，故其不能存。夫言而不用，谏而不听，虽贤，恶得有益于治也[3]？

注释

①趣舍：即“取舍”，这里指政治主张。

②微：微子，殷纣王庶兄。箕：箕子，殷纣王亲戚。

③恶得：怎么能够。

翻译

文学说：虞国不采纳百里奚的计谋而灭亡，秦穆公采用百里奚的计谋而达成霸业。不任用贤人，国家就会危亡，不削弱又怎么可能呢？孟子到魏国去，魏惠王问孟子带来什么利益，孟子以仁义来回答魏惠王。两人取舍不合，所以孟子没被任用而离去，他虽有满腹经纶，但是只能沉默不语。所以，有粮食不吃，免不了要挨饿；看到贤人而不用，国家就要被削弱。商纣王时，内有微子、箕子治理，外有胶鬲、棘子辅助，但商朝还是灭亡了。如果贤臣建言不被采用，贤臣劝谏而不听，即使有贤人，又怎么能有助于治理国家呢？

大夫曰：橘柚生于江南，而民皆甘之于口，味同也；好音生于郑、卫，而人皆乐之于耳，声同也。越人子臧、戎人由余[1]，待译而后通，而并显齐、秦，人之心于善恶同也。故曾子倚山而吟[2]，山鸟下翔[3]；师旷鼓琴[4]，百兽率舞。未有善而不合，诚而不应者也。意未诚与？何故言而不见从，行而不合也？

注释

①由余：春秋时戎（我国古代西北地区的少数民族）人，后来降秦，秦穆公用他的计谋征服了西戎。

②曾子：即曾参，孔丘的学生。他虽极尽孝道但仍受其父的怀疑，于是走到山里去，靠着山坡高声吟唱诗歌，表示其悲伤叹息。

③山鸟下翔：指山里的鸟闻声感动，因而飞下来听。

④师旷：晋国著名乐师，相传他善鼓琴，鼓琴时，有玄鹤十六只从南方来，引颈而鸣，舒翼而舞。

翻译

大夫说：橘子和柚子生于长江以南，人们都觉得甘甜可口，这是因为人们的味觉相同；好听的音乐产生在郑国和卫国，人们听了都感到悦耳，这是因为人们的听觉相同。越人子臧和戎人由余，他们的话要通过翻译才能懂，但他们在齐国和秦国都居于显赫的地位，因为人们分辨善恶的标准是相同的。因此曾参靠着山石吟诵诗歌，山里的鸟儿都飞下来倾听；师旷弹琴，各种野兽都随着琴声跳起舞来。因此，好的东西没有不被人接受的，真诚的建议没有不被采纳的。恐怕是心意不够诚恳吧？不然，为什么你们的建议不被采纳，所作所为与人不合呢？

文学曰：扁鹊不能治不受针药之疾，贤圣不能正不食谏诤之君[①]。故桀有关龙逢而夏亡[②]，纣有三仁而商灭[③]，故不患无由余、子臧之论，患无桓、穆之听耳[④]。是以孔子东西无所遇，屈原放逐于楚国也。故曰："直道而事人，焉往而不三黜[⑤]？枉道而事人，何必去父母之邦。"此所以言而不见从，行而不得合者也。

注释

①不食：不接受，不听取。谏诤：直言劝谏。

②关龙逢：夏朝大臣，因力谏夏桀而被杀害。逢，一作"逄"。

③纣有三仁：指比干、箕子、微子。

④桓：齐桓公。穆：秦穆公。

⑤黜：罢免。

翻译

文学说：扁鹊不能医治不接受针刺和药物的疾病，圣贤不能规正那些听不进直言劝谏的君主。因此，夏桀虽有关龙逢这样的忠臣，夏朝还是灭亡了，殷纣虽有微子、箕子、比干三个仁人，但商朝还是灭亡了。可见不怕没有由余、子臧的见解，就怕没有像齐桓公、秦穆公那样善于听取意见的君主。因此，孔子东奔西走而得不到任用，屈原被楚国放逐。所以说："用正道事奉国君，到哪里不是多次被罢官呢？如果是用邪曲之道去事奉国君，又何必要离开自己的国家。"这就是儒生说话无人听从，所作所为与人不合的原因啊。

大夫曰：歌者不期于利声，而贵在中节；论者不期于丽辞，而务在事实。善声而不知转①，未可为能歌也②；善言而不知变，未可谓能说也。持规而非矩，执准而非绳，通一孔③，晓一理，而不知权衡，以所不睹不信人，若蝉之不知雪，坚据古文以应当世，犹辰参之错④，胶柱而调瑟⑤，固而难合矣。孔子所以不用于世，而孟轲见贱于诸侯也。

注释

①转：这里指变换曲调。

②为：通"谓"。

③通一孔：指一孔之见。孔，小洞。

④辰参（shēn）：二十八宿中的两个星辰，两者不能同时出现，故曰“辰参之错”。

⑤胶柱而调瑟：即胶柱鼓瑟，比喻拘泥而不知变通。

翻译

大夫说：唱歌的人不追求声音的尖利，而贵在合乎节拍；谈论问题的人不追求华丽的言辞，而务在合乎实际。声音好听而不知道曲调的转换，不能算唱得好；善于言辞但不知道变通，不能算会说话。手持画圆的圆规而否定画方的曲尺，拿着水平仪而否定取直的绳墨，这是一孔之见，只懂得一个道理，而不知道全面比较衡量。因为自己没有看见，就不相信别人，这就好像夏蝉不知道有冬雪一样。顽固地根据古代文献来应对当世情况，就如同辰星和参星相错而行永远不能相遇，又像粘住瑟柱而去调瑟弦，声音当然很难合拍了。这就是孔子不被当时诸侯任用，而孟轲被当时诸侯轻视的原因啊。

文学曰：日月之光，而盲者不能见，雷电之声，而聋人不能闻。夫为不知音者言，若语于喑聋[①]，可特蝉之不知重雪耶？夫以伊尹之智、太公之贤，而不能开辞于桀、纣[②]，非说者非，听者过也。是以荆和抱璞而泣血，曰：“安得良工而剖之？”屈原行吟泽畔，曰：“安得皋陶而察之[③]？”夫人君莫不欲求贤以自辅，任能以治国，然牵于流说，惑于道谀，是以贤圣蔽掩[④]，则谗佞用事，以此亡国破家，而贤士饥于岩穴也[⑤]。昔赵高无过人

之志，而居万人之位，是以倾覆秦国而祸殃其宗。尽失其瑟，何胶柱之调也？

注释

①喑：哑巴。

②开辟：陈说，这里指规劝。

③皋陶：上古人名，传说是舜的法官。

④蔽掩：遮盖。这里指被人排挤，得不到任用。

⑤岩穴：岩洞。这里指穷乡僻壤。

翻译

文学说：日月的光华，盲人是看不见的，打雷的声音，聋子是听不到的。对不是知音的人说话，就如同对聋哑人说话一样，岂止是夏蝉不知冬天的厚雪？即使以伊尹的智慧，姜太公的贤能，也不能劝谏夏桀、商纣王，这就不是规劝者的过失了，而是听者的过错。因此楚人卞和抱着璞玉哭得眼睛流出了血，他说：“哪里有优秀的玉匠剖开这块玉璞呢？”屈原在湖边边走边吟诗，他说：“哪里能有皋陶这样的法官来体察我的冤情呢？”君主没有不想得到贤人来辅助自己、任用有才能的人来治理国家的，然而由于受到流言蜚语的牵制，被阿谀奉承所迷惑。所以，贤能的人被排斥，而惯于巧言谄媚的人却当了权，造成国亡家破，而贤人只能在穷乡僻壤的地方忍饥挨饿。从前赵高并没有过人的见识，却居于一人之下万人之上的地位，因此使秦国覆没，而他的家族也遭到灾祸。连琴瑟都丢掉了，哪里有什么胶柱可以调理呢？

大夫曰：所谓文学高第者，智略能明先王之术，而姿质足以履行其道[①]。故居则为人师[②]，用则为世法[③]。今文学言治则称尧、舜，道行则言孔、墨，授之政则不达，怀古道而不能行，言直而行枉，道是而情非，衣冠有以殊于乡曲[④]，而实无以异于凡人。诸生所谓中直者，遭时蒙幸[⑤]，备数适然耳[⑥]。殆非明举所谓[⑦]，固未可与论治也。

注释

①姿质：通“资质”，天资，禀赋，这里指才能、品德。

②居：家居，平常，指不当官的时候。

③用：指在朝当官的时候。法：典范。

④乡曲：这里指住在偏僻乡村里的老百姓。

⑤蒙幸：蒙受幸运。

⑥备数：凑数，充数。适然：出于偶然。

⑦明举：指汉昭帝诏举贤良文学。

翻译

大夫说：所谓文学高才，他的智谋应该能够明了先王治国的思想方法，才能也足以实行先王的治国之道。所以，他在家赋闲时能成为人们的师表，做官就被世人所效法。现在你们这些文学，谈论起治国的道理，就称颂尧、舜，谈实行的办法只会说孔丘、墨翟那一套，将实际政务交给你们，你们又不知道如何去做，怀念古代治国之道而不能在现实中施行，言论正直而行为不正，讲得头头是道，实际情况却另是一样。穿戴和一般老百姓不同，而实际上和平凡人没有两样。你们这些所谓合乎标准而中选的人，不过是偶然遇到好时机，幸运地受到推举，滥竽充数罢了。恐怕你们不符合皇上诏令提出推举的标准和要求，本来就不能跟你们谈论治国的道理。

文学曰：天设三光以照记[①]，天子立公卿以明治。故曰：公卿者，四海之表仪[②]，神化之丹青也[③]。上有辅明主之任，下有遂圣化之事。和阴阳，调四时，安众庶，育群生，使百姓辑睦[④]，无怨思之色，四夷顺德，无叛逆之忧。此公卿之职，而贤者之所务也。若伊尹、周、召三公之才，太颠、闳夭九卿之人。文学不中圣主之时举，今之执政，亦未能称盛德也。

大夫不说，作色，不应也。

注释

①三光：指日、月、星。

②表仪：即仪表，犹言法则，楷模，榜样。

③丹青：绘画所用的红色和青色颜料，泛指绘画。这里引申为榜样、表率。

④辑睦：和睦。

翻译

文学说：上天有日、月、星三光以照耀人间，皇帝设立公卿以申明治国之道。所以说，公卿是四海的表率，是神妙感化民众的榜样。对上有辅佐贤明君主的责任，对下有实现圣贤教化百姓的义务，调和阴阳，调节春夏秋冬四季，安抚教育百姓，使他们和睦亲近，没有怨恨忧思的神色，四夷顺从朝廷的道德感化，没有叛逆的忧患，这就是公卿应尽的职责，也是贤人所应当做的事情。像伊尹、周公、召公那样的三公和太颠、闳夭那样的九卿就都是这样的。如果说我们文学不符合圣主的选拔标准，那么现在你们这些执政的人也未必称得上道德高尚吧。

大夫不高兴，脸色变了，不作回答。

文学曰：朝无忠臣者政闇①，大夫无直士者位危。任座正言君之过②，文侯改言行，称为贤君。袁盎面刺绛侯之骄矜③，卒得其庆④。故触死亡以干主之过者，忠臣也，犯严颜以匡公卿之失者，直士也，鄙人不能巷言面违⑤。方今人谷之教令，张而不施⑥，食禄多非其人，以妨农商工，市井之利，未归于民，民望不塞也⑦。且夫帝王之道，多堕坏而不修，《诗》云："济济多士。"意者诚任用其计，苟非陈虚言而已。

注释

①政闇：政治黑暗。闇，同"暗"。

②任座：战国时魏文侯的大夫。魏文侯举行宴会，征求大家对他的看法。任座说他是"不肖之君"，文侯不悦，任座便退出。文侯又问翟璜，翟璜说："仁君。"文侯说："怎么知道？"翟说："君仁，大臣敢直言，任座刚才知道君仁，故敢直言。"文侯很高兴，让翟召任座，把他迎为上宾。

③袁盎面刺绛侯之骄矜：汉文帝时期，周勃上朝见皇帝时表现得很得意。文帝认为周勃是社稷臣，袁盎以为只能说是功臣。周勃知道后怨恨袁盎。后来周勃被罢相，以谋反罪入狱，朝臣不敢为他说情，唯独袁盎为周勃争辩，文帝才释放了周勃。周勃乃与袁盎结交。袁盎，西汉朝臣。面刺，当面批评。绛侯，周勃，汉家开国功臣，文帝时为右丞相。

④庆：吉庆，这里指袁盎说服汉文帝释放周勃。

⑤鄙人：自称的谦词。巷言面违：当面奉承，背后诽谤的意思。巷言，在街巷中窃窃私议。违，通“韪”。

⑥施：通“弛”，放松。

⑦塞：满足。

翻译

文学说：朝廷没有忠臣就会政治黑暗，大夫身边没有正直之士，地位就会危险。任座正直地指出魏文侯的过错，使魏文侯改正了言行，被称为贤君。袁盎当面批评绛侯周勃骄傲自大，周勃最终得到袁盎保释的吉庆。因此敢于冒着生命危险去批评国君过错的人是忠臣，敢于触犯公卿的尊严去纠正他们错误的人是正直之士。我们不能当面奉承而背后诽谤。现在朝廷执行入谷拜爵的政策，严格执行，毫不放松。拿俸禄的官吏，多数是不称职的，因此妨碍了农业、商业、手工业，各种官营事业的收益，也没有归还给百姓，百姓的愿望得不到满足。而且先王之道大多被毁坏而不完备。《诗经》上说：“人才济济。”诗句大意是说要真心采用贤士的计谋，而不是随便说几句空话就行的。

殊路第二十一

导读

“殊路”就是不同道路的意思。本篇就孔子弟子在关键时刻的不同道路选择展开了辩论，表达了两种截然不同的人性观。大夫认为，这是因为人的天性无法改变；文学则坚持荀子化性起伪的观点，强调后天学习的重要性，认为他们的选择虽然不同，但在道义上都无可厚非，也不存在任何矛盾之处。

大夫曰：七十子躬受圣人之术，有名列于孔子之门，皆诸侯卿相之才，可南面者数人云[①]。政事者冉有、季路，言语宰我、子贡。宰我秉事[②]，有宠于齐，田常作难，道不行，身死庭中，简公杀于檀台。子路仕卫，孔悝作乱[③]，不能救君出亡[④]，身菹于卫[⑤]；子贡、子皋遁逃，不能死其难。食人之禄不能更[⑥]，处人尊官不能存，何其厚于己而薄于君哉？同门共业，自以为知古今之义，明君臣之礼。或死或亡，二三子殊路[⑦]，何道之悖也？

注释

①南面：古代国君听政，面向南面，故称国君为南面。这里是执政的意思。

②秉事：主持政事。

③孔悝作乱：卫国大夫孔悝与流亡太子蒯聩合谋，攻击卫出公，蒯聩即位，是为卫庄公。

④不能救君出亡：在蒯聩作乱时，子路不能挽救卫出公辄逃亡。

⑤菹：剁成肉酱。

⑥更：偿还，报答。

⑦二三子：这里指孔门诸位弟子。

翻译

大夫说：七十弟子亲身接受孔丘的教育，孔子门下列有他们的名字，他们都是诸侯卿相之才，据说可以执政的也有好几个。擅长政事的有冉有、季路，能说会道的有宰我、子贡。宰我在齐国主持政事，曾受到齐简公的宠幸，田常作乱，孔丘的治国之道行不通了，宰我死在庭院之中，齐简公也被杀死在檀台。子路在卫国做官，孔悝作乱，子路不能拯救国君出走，自己在卫国被剁成肉酱；子贡、子羔在危难发生之际抽身脱逃，不能为君主战死。接受别人的厚禄却不能报答，做了人家的大官却不能维护君主的生存，为何厚待自己而薄待君主呢？他们同样在孔子门下受业，自以为通晓古今治国之道，懂得君臣的礼节。结果却有的人战死、有的人脱逃，孔门诸弟子走的是不同道路，为什么他们南辕北辙呢？

文学曰：宋殇公知孔父之贤而不早任，故身死。鲁庄知季有

之贤，授之政晚而国乱。卫君近佞远贤，子路居蒲，孔悝为政。简公不听宰我而漏其谋。是以二君身被放杀，而祸及忠臣。二子者有事而不与其谋①，故可以死，可以生，去止其义一也②。晏婴不死崔、庆之难③，不可谓不义。微子去殷之乱，可谓不仁乎？

注释

①二子：这里指子贡、子羔。

②去止其义一也：子贡、子羔或者离去，或者留下，都是符合道义的。

③晏婴不死崔、庆之难：公元前548年，齐庄公因与崔杼妻私通而被弑，晏婴认为齐庄公不是为国家而死，不必为他殉节。

翻译

文学说：宋殇公知道孔父嘉的贤能而没有及早任用他，所以被杀死了。鲁庄公知道季有的贤能，但因授政太晚而引起国家的内乱。卫出公接近奸佞远离贤人，使子路任蒲邑大夫，让孔悝当权。齐简公不听宰我的规劝，泄漏计谋。所以卫出公被迫出奔，齐简公被杀死，也连累了子路、宰我两位忠臣。子贡、子羔二人事先不参与计谋，所以他们可以选择为国君而死去，也可以选择逃生，或者离去，或者留下，都是符合道义的。晏婴没有死于崔杼、庆封之难，不能说他不义。微子因纣王的淫乱而离开殷，能说他不仁吗？

大夫曰：至美素璞[①]，物莫能饰也。至贤保真，伪文莫能增也。故金玉不琢，美珠不画。今仲由、冉求无檀柘之材[②]，隋、和之璞[③]，而强文之，譬若雕朽木而砺铅刀[④]，饰嫫母[⑤]，画土人也。被以五色，斐然成章，及遭行潦流波，则沮矣[⑥]。夫重怀古道，枕藉《诗》《书》，危不能安，乱不能治，邮里逐鸡，鸡亦无党也。

注释

①素璞：未经雕刻的玉石。

②檀柘之材：比喻栋梁之材。檀、柘是两种木质好的乔木。

③隋、和之璞：传说中春秋时隋侯的夜明珠和楚人卞和的玉石和氏璧，这里比喻纯洁的道德。

④铅刀：钝刀。

⑤嫫母：传说中的丑妇。

⑥沮：败坏，冲坏。

翻译

大夫说：最美好的未经雕刻的玉石，用不着以虚伪的东西去装饰它。最贤的本真，虚伪的文饰不能增加其光彩。所以贵重的玉不需要雕刻，美好的珠不需要描画。现在仲由、冉求不是栋梁之材，又没有隋侯之珠、和氏璧般的美德，而硬要加以文饰，如同刻朽木、磨钝刀、装饰丑妇、刻画土人一样（白费力气）。即使给泥人涂上五颜六色，看上去文采斐然，条理分明，但一被流水冲刷，就被冲坏成一摊泥土了。你们称颂古代的治国之道，沉浸于《诗》《书》之中，既不能转危为安，也不能变乱为治，就如同邻里追逐鸡群，鸡群还能各识其家而入呢！

文学曰：非学无以治身，非礼无以辅德。和氏之璞，天下之美宝也，待礛诸之工而后明①。毛嫱，天下之姣人也，待香泽脂粉而后容②。周公，天下之至圣人也，待贤师学问而后通。今齐世庸士之人③，不好学问，专以己之愚而荷负臣任，若无楫舳，济江海而遭大风，漂没于百仞之渊，东流无崖之川④，安得沮而止乎？

注释

①礛诸：治玉的砂石。

②容：用做动词，展现美容。

③庸士：用士之人。庸，通"用"。

④无崖：无边无际。崖，同"涯"。

翻译

文学说：不学习就无法修身，无礼义就无法辅佐美德。和氏之璧，是天下的珍贵宝物，要有治玉的工匠才能辨明其真实价值。毛嫱，是天下的美女，要等到香泽脂粉而后才能展示美容。周公，是天下最大的圣人，要等到贤明老师教导而后成为通才。如今治世用士的要人，不好好学习，武断地用自己的愚见去承担大臣之责，这就如同没有船桨和船舵，在渡江海时遭遇大风，或沉没在百丈深渊中，或向东流入无边无际的大海，哪里能只是毁坏而止呢？

大夫曰：性有刚柔，形有好恶。圣人能因而不能改。孔子外变二三子之服①，而不能革其心。故子路解长剑，去危冠②，屈节于夫子之门，然摄齐师友③，行行尔④，鄙心犹存。宰予昼寝，欲损三年之丧。孔子曰："粪土之墙，不可杇也"，"若由不得其死然。"故内无其质而外学其文，虽有贤师良友，若画脂镂冰，费日损功。故良师不能饰戚施⑤，香泽不能化嫫母也。

注释

①外变二三子之服：指孔子让弟子穿上儒服。二三子，孔门诸位弟子。

②危冠：高耸的帽子。

③摄齐（zī）：提起衣服的下摆，表示恭敬。齐，古代衣服的下摆。

④行行尔：刚强的样子。

⑤戚施：驼背的人。

翻译

大夫说：性格有阳刚阴柔之分，容貌有美好丑恶之别，圣人也只能因势利导而不能改变它。孔丘只能从外表改变他几个门徒的服装，而不能改变他们的心性。所以子路解下身上的长剑，摘掉高耸的帽子，在孔子门下折腰屈节，但他在提起衣服下摆向师友施礼时，仍然流露出性格刚强的样子，粗鄙之心仍然存在。宰我白天睡大觉，又想减少父母死后守孝三年的礼节，孔丘就说：“像粪土一样的墙壁粉刷不得”，“和仲由一样将不得好死”。所以，没有好的本质，而只学些外表的东西，即使有贤师良友，也如同在油脂上绘画和冰上雕刻一样，浪费时间，徒劳无功。因而良师不能修饰驼背，香泽脂粉也不能美化嫫母那样的丑女。

文学曰：西子蒙以不洁，鄙夫掩鼻；恶人盛饰，可以宗祀上帝。使二人不涉圣人之门[①]，不免为穷夫，安得卿大夫之名？故砥所以致于刃[②]，学所以尽其才也。孔子曰：“觚不觚[③]，觚哉，觚哉！”故人事加则为宗庙器，否则斯养之爨材[④]。干、越之铤不厉[⑤]，匹夫贱之；工人施巧，人主服而朝也。夫丑者自以为姣，故饰；愚者自以为知，故不学。观笑在己而不自知，不好用人，自是之过也。

注释

①二人：此处指子路、宰我。

②砥：磨刀石，此处用做动词，磨刀。

③觚（gū）：盛酒的器具。

④爨（cuàn）材：烧火的柴禾。

⑤干、越：即吴、越。铤（dìng）：未加工的铜铁，这里指初铸成尚未加工的剑。

翻译

文学说：西施蒙受污秽，连粗鄙的人都会捂住鼻子；丑恶的人盛装打扮，可以祭祀上帝。子路、宰我若不到孔丘门下学习，难免成为穷夫，哪能得到卿大夫的称号呢？因此磨刀是用来使刀刃锋利的，学习是用来发掘才能的。孔子说："觚不像觚的样子，这也算觚吗？这也算觚吗？"所以，好木材只有经过人的加工才能成为宗庙里的祭器，否则就只能做奴仆烧饭的柴火。吴、越的剑胚不经过磨砺，一般人都看不上眼；经过巧匠加工（成宝剑），连国君都愿意佩戴着它上朝。丑人自以为美，所以盛装打扮；愚昧的人自以为知道得多，因此不愿学习。旁观者嘲笑，原因在自己却不自知，不喜欢任用别人，这是自以为是的过失啊。

讼贤第二十二

导读

本篇题为"讼贤"，"讼"通"颂"，颂贤，即讨论贤人。这篇是大夫和文学接着前篇"二三子殊路"问题，讨论了贤人的遭遇，以及什么样的人是贤人。

大夫曰：刚者折，柔者卷。故季由以强梁死[1]，宰我以柔弱杀。使二子不学，未必不得其死。何者？矜己而伐能[2]，小知而巨牧[3]，欲人之从己，不能以己从人，莫视而自见，莫贾而自贵，此其所以身杀死而终菹醢也[4]。未见其为宗庙器[5]，睹其为世戮也。当此之时，东流亦安之乎？

注释

①强梁：强横不讲理。

②伐能：夸耀自己的才能。

③巨牧：大官，这里指重用。

④菹醢（zū hǎi）：剁成肉酱。

⑤宗庙器：宗庙里祭祀用的器具，古时视为十分珍贵的东西。这里比喻有用的人才。

翻译

大夫说：刚硬的东西容易折断，柔软的东西容易卷曲。所以子路由于强横不讲理而死亡，宰我因为软弱无能而被杀。假使子路、宰我二人不从孔子受学，也未必那样不得好死。为什么呢？自视甚高，夸耀才能，小智慧却承担大责任，希望别人服从自己，不能使自己去服从别人，无人注视却要自我表现，无人购买却要自抬身价，这就是他们被人杀死、剁成肉酱的原因。没有看到他们成为国家的栋梁，只看到他们被世人杀掉。在那个时候，即使随江水东流，也只好如此了吧？

文学曰：骐骥之挽盐车，垂头于太行之阪，屠者持刀而睨之[①]。太公之穷困，负贩于朝歌也[②]，蓬头相聚而笑之。当此之时，非无远筋骏才也[③]，非文王、伯乐莫知之贾也。子路、宰我生不逢伯乐之举，而遇狂屠，故君子伤之。"若由不得其死然"，"天其祝予[④]"矣。孔父累华督之难[⑤]，不可谓不义。仇牧涉宋万之祸[⑥]，

不可谓不贤也。

注释

①睨：斜着眼睛看。

②负贩：背着货物叫卖。

③远筋骏才：指好马和有才能的人。远筋，可行远路的筋骨。

④祝：断绝。

⑤孔父累华督之难：华督（宋殇公的太宰）要杀宋殇公，认为孔父嘉在不好下手，于是先攻打孔父的家，宋殇公知道后，赶去救孔父，结果两人都被华督杀死。

⑥仇牧涉宋万之祸：宋万杀了宋闵公捷，仇牧（宋闵公的大夫）闻讯去救，也被宋万杀死。

翻译

文学说：千里马拉着载盐的车，垂头丧气地走在太行山的山坡上，屠夫也会拿着刀斜着眼睛看它（准备杀掉它）。姜太公穷困时，背着货物在朝歌叫卖，那些蓬头垢面的人聚在一起嘲笑他。那时，并不是没有好马和有才能的人，只是除了周文王、伯乐以外，没有人认识他们的价值。子路、宰我没有遇到伯乐那样的人来推荐他们，反而遇到了疯狂的屠夫，所以君子为他们感到悲伤。孔子因此悲伤地说："像子路那样的惨死"，"老天爷要断绝我啊"！孔父嘉死于太宰华督之难，不能说他不仁义。仇牧卷入宋万之祸，也不能说他不是贤人。

大夫曰：今之学者，无太公之能，骐骥之才，有以蜂虿介毒而自害也[①]。东海成颙、河东胡建是也[②]。二子者以术蒙举，起卒伍，为县令。独非自是[③]，无与合同。引之不来，推之不往，狂狷不逊，忮害不恭，刻轹公主[④]，侵陵大臣。知其不可而强行之，欲以干名。所由不轨，果没其身。未睹功业所至而见东观之殃[⑤]，身得重罪，不得以寿终。狡而以为知，讦而以为直[⑥]，不逊以为勇，其遭难，故亦宜也[⑦]。

注释

①虿（chài）：蝎子一类的毒虫。

②胡建：汉昭帝时任渭城县令。曾不畏权势追捕刺客，包围和搜查汉昭帝的姐姐盖长公主的宫室。盖长公主上书告发，因而被捕自杀。胡建含冤而死，但桑弘羊在这里将其列为反面典型。

③独非自是：以一已之意为是非。

④刻轹（lì）：刻薄欺压。公主：此处指盖长公主。

⑤东观之殃：孔子杀少正卯于东观之下，此处以东观之殃比喻杀身之祸。

⑥讦（jié）：揭发别人的隐私或过失。

⑦故：通“固”，本来。

翻译

大夫说：现在的儒生，既没有姜太公那样的才能，又没有千里马那般的本领，却有蜂蝎的狠毒，最终害了自己。东海的成颙、河东的胡建就是这种人。他们二人以权术得到推举，出身行伍，做到县令，以一己之意为是非，没有人与他们合得来。邀他不来，推他不走，狂妄急躁而不谦让，嫉妒而没有礼貌，刻薄欺压盖长公主，侵犯朝廷大臣，明知不行还要蛮干，想以此来求得名声。所作所为不合法规，结果丧失了生命。没有看到他们建立什么业绩，只见他们遭到杀身之祸，身犯大罪，不能寿终正寝。他们狡诈而自以为智慧，尖刻而自以为正直，言行不逊而自以为勇敢，他们遭到灾难，本来也是应该的。

文学曰：二公怀精白之心，行忠正之道，直己以事上，竭力以徇公，奉法推理，不避强御，不阿所亲，不贵妻子之养，不顾私家之业。然卒不能免于嫉妒之人，为众枉所排也。其所以累不测之刑而功不遂也。夫公族不正则法令不行，股肱不正则奸邪兴起。赵奢行之平原①，范雎行之穰侯②，二国治而两家全③。故君过而臣正，上非而下讥④，大臣正，县令何有？不反诸己而行非于人⑤，执政之大失也。夫屈原之沉渊，遭子椒之谮也⑥；管子得行其道⑦，鲍叔之力也。今不睹鲍叔之力，而见汨罗之祸⑧，虽欲以寿终，无其能得乎？

注释

①赵奢行之平原：平原君家不肯交纳租税，赵奢依法杀掉平原君家管事的九个人。平原君以为贤，言于赵惠文王，王使治国赋，国赋太平。

②范雎行之穰侯：范雎入秦时，秦昭王年幼，其母宣太后用

事，太后弟穰侯魏冉为相，华阳君、泾阳君、高陵君佐之。范雎对秦昭王力陈失去权柄的危险。昭王废掉太后，驱逐穰侯魏冉、高陵君、华阳君、泾阳君于关外，任用范雎为宰相。

③二国：指赵国、秦国。两家：指平原君、穰侯。

④讥：讽谏，批评。

⑤行非于人：指责别人的不是。

⑥子椒之谮（zèn）：子椒与子兰一起说屈原坏话。

⑦管子得行其道，鲍叔之力也：鲍叔牙推荐管仲为齐桓公的丞相，辅佐桓公成就霸业。

⑧汨罗之祸：指屈原自沉汨罗江的悲剧。

翻译

文学说：成颙、胡建二人有着精诚洁白的胸怀，施行忠贞正直之道，正直地事奉皇上，尽力为国家效劳，按照法令审理案件，不畏强暴，不偏袒亲信，不顾妻子儿女的生计和私人的产业。但最终免不了受人嫉妒，受到很多不正直的人的排挤。这才是他们遭到预料不到的惨刑，而功名不成的原因。皇亲国戚不正派，法令就很难实行，辅政的大臣不正派，坏事就要发生。当年赵奢对平原君秉公执法，范雎劝秦昭王驱逐穰侯魏冉，结果赵、秦二国得到治理，而且平原君、穰候两家都得到了保全。因此，君主有过失，臣子就要出来纠正，上面有错误，下面就要批评，大臣正派了，地方官吏还能不正派吗？自己不做自我检查，反而去指责别人的不是，这是当政者的大错误。屈原投河自杀，是因为遭受子椒的谗害；管仲能够施行他的治国方略，是靠鲍叔牙的推荐。现在看不到鲍叔举荐贤才的事，反而见到屈原自沉汨罗那样的惨祸，即使想寿终正寝，又怎么能办得到呢？

遵道第二十三

导读

道就是《孟子》所说的“遵先王之法”的意思。本篇讨论治国要不要遵守先王之道问题。大夫和丞相史认为，治国应该随时世变化而变化，不能一味地遵循古道；文学则认为，制度形式虽然随时代而变，但治道是不变的，治国必须遵守“先王之法”，“圣人之道”，“举而贯之，贯而行之”。

大夫曰：御史！御史未应。

谓丞相史曰：文学结发学语，服膺不舍①，辞若循环，转苦陶钧②。文繁如春华，无效如抱风③。饰虚言以乱实，道古以害今。从之，则县官用废，虚言不可实而行之；不从，文学以为非也，众口嚣嚣，不可胜听。诸卿都大府日久矣④，通先古，明当世，今将何从而可矣？

注释

①服膺：牢牢记在心里。

②陶钧：制陶器用的转轮。

③抱风：捕风，这里比喻没有实效。

④都大府：居于丞相府。都，居。大府，丞相府。

翻译

大夫说：御史！御史没有答应。

对丞相史说：文学从小接受儒家的教育，把孔孟之道牢牢记在心里，他们说话循环往复，圆转自如，如同陶钧一样说起话来反反复复。用的言辞如同春天的花朵那样华丽，但却像用手捕风一样毫无实效。他们说空话以乱现实，论古以害当世。依从他们的话，朝廷的财用就废滞，这些空话是不可付诸实行的；如果不听从他们，文学认为不对，七嘴八舌地乱嚷嚷，听都听不过来。诸位在丞相府已经多年了，通晓古代历史，明察当今国事，现在何去何从才可行呢？

丞相史进曰：晋文公谲而不正[①]，齐桓公正而不谲，所由不同[②]，俱归于霸。而必随古不革，袭故不改，是文质不变，而椎车尚在也[③]。故或作之，或述之，然后法令调于民，而器械便于用也。孔对三君殊意[④]，晏子相三君异道[⑤]，非苟相反，所务之时异也。公卿既定大业之路，建不竭之本，愿无顾细故之语[⑥]，牵儒、墨论也。

注释

①谲：诡诈。

②所由：所走的道路，这里指所采取的策略。

③椎车：上古时期的椎轮车。

④孔对三君殊意：指孔丘应对鲁定公、鲁哀公、齐景公关于治理国家的办法有三种不同的说法。

⑤晏子相三君异道：晏子曾针对齐灵公、齐庄公、齐景公的不同特点，采用不同的辅佐方式。

⑥细故之语：不顾大体的琐碎言论。

翻译

丞相史上前说：晋文公诡诈而不正派，齐桓公正派而不诡诈，他们所采取的策略不同，但都成就了霸业。如果一定要追随古道而不变革，沿袭过去不改变，那么事物的形式和内容都不会变化，就好比还在使用古老时代的椎轮车一样。所以，有的需要创新，有的需要继承，然后法令才适合民众，器械才便于实用。孔丘在应对三个君主的问话时主旨不一样；晏婴用不同方法辅助三个君主，这并不是随意变化，而是因为他们所处的时代不一样。公卿既然确定了治理大事的路线，建立了使国家资财永不枯竭的基础，希望您不要顾及他们不识大体的琐碎言论，不要被儒家、墨家的议论所牵制。

文学曰：师旷之调五音①，不失宫商。圣王之治世，不离仁义。故有改制之名，无变道之实②。上自黄帝，下及三王，莫不明德教，谨庠序，崇仁义，立教化。此百世不易之道也。殷、周因循而昌，秦王变法而亡。《诗》云：“虽无老成人，尚有典刑。”

言法教也，故没而存之[3]，举而贯之，贯而行之，何更为哉？

注释

①师旷：春秋时期晋国乐师。五音：宫、商、角、徵、羽。

②无变道之实：改制只是改变制度形式，王道宗旨始终不变。

③没而存之：旧臣虽死，但旧法得以保存下来。

翻译

文学说：师旷调和五音，离不开宫、商这些基本音调。圣明的君主治理国家，离不开仁义。因此虽然历代有改变制度之名，但却没有改变王道之实。上至黄帝，下及夏禹、商汤、文武三王，没有一个不是宣扬德政，重视教育，推崇仁义，进行教化的。这是永远不能改变的原则。殷、周因为遵循了仁义而昌盛，秦始皇因为实行变法而亡国。《诗经》上说："虽然没有旧臣，但还有旧法在。"说的是旧法遗教。因此，旧臣虽死，但有旧法保存下来，并进一步贯彻执行，为什么要改变呢？

丞相史曰：说西施之美无益于容[1]，道尧、舜之德无益于治。今文学不言所为治，而言以治之无功，犹不言耕田之方，美富人之囷仓也[2]。夫欲粟者务时，欲治者因世。故商君昭然独见存亡不可与世俗同者，为其沮功而多近也[3]。庸人安其故，而愚者果所闻。故舟车之治，使民三年而后安之。商君之法立，然后民信

之。孔子曰："可与共学，未可与权。"文学可令扶绳循刻④，非所与论道术之外也。

注释

①说：同"悦"。

②囷（qūn）：古代一种圆形的粮仓。仓：粮仓。

③沮功：毁坏功业。多近：以眼前利益为重。

④扶绳循刻：沿着绳墨去雕刻，即墨守成规的意思。

翻译

丞相史说：喜爱西施之美，无益于自己的容貌；讲述尧、舜的德行，无益于现实中的治理国家。现在文学不谈治理国家的方法，只是谈论现实治国没有功绩，如同不讲耕田种地的方法，却赞美富人有充实的粮仓。要想得到粮食的人就一定要遵守农时，想治理好国家的人，必须顺应时世。商鞅所以对国家存亡的问题了如指掌，有独特的见解，而不与当时一般人的见解相同，这是因为世俗毁坏事功，且多目光短浅。平常的人，满足于旧有的东西，愚昧的人，坚信所听到的。所以舟、车开始使用以后，百姓三年之后才习惯它。商鞅变法成功了，百姓才信服新法。孔子说："可以与某些人共同学习，但未必能与他们一道通权达变。"文学这些人，只能让他们沿着绳墨雕刻，不能和他们讨论先王之道以外的现实问题。

文学曰：君子多闻阙疑①，述而不作，圣达而谋大，睿智而事寡。是以功成而不隳②，名立而不顿。小人智浅而谋大，羸弱而任重③，故中道而废，苏秦、商鞅是也。无先王之法，非圣人之道，而因于己，故亡。《易》曰："小人处盛位，虽高必崩。不盈其道④，不恒其德，而能以善终身，未之有也。是以初登于天，后入于地。"禹之治水也，民知其利，莫不劝其功。商鞅之立法，民知其害，莫不畏其刑。故夏后功立而王，商鞅法行而亡。商鞅有独智之虑，世乏独见之证⑤，文学不足与权当世，亦无负累蒙殃也。

注释

①多闻阙疑：多听，对有怀疑的地方加以保留。

②隳（huī）：毁坏。

③羸（léi）弱：瘦弱。

④不盈其道：犹言不持续学习修身治国的道理。盈，充满。

⑤世乏独见之证：世间缺乏商鞅见解独到的证据。

翻译

文学说：君子多听，对有怀疑的地方加以保留，遵循古道而不去创新，圣明通达而且智谋远大，聪明有智慧而以少御繁，所以能够做到大功告成而不毁坏，树立名望而不遭受挫折。小人智慧浅薄而野心大，身体瘦弱却担负重任，所以只能半途而废，苏秦、商鞅就是这样的人。他们不用先王之法而诋毁圣人之道，只是依着自己的意见行事，所以灭亡。《易经》上说："小人当了大官，位置虽然很高，但必定要垮台。不持续学习修身治国的道理，不坚持道德修养，反而能有好结果的人，是从来没有的。因此，这种人开始可能爬到天上，但最终必定掉在地上。"大禹治水，老百姓知道治水的好处，没有人不帮助他成功。商鞅变法，老百姓知道变法的害处，没有人不畏惧商鞅的刑法。因此夏禹治水大功建立而称王，商鞅刑法施行而亡身。你们说商鞅有独特的见解，但世间却缺乏他具有独到见解的证据。文学虽然不足以参与当世的权变之计，但也没有遭受世人指责的祸殃。

论诽第二十四

导读

本篇就颜异、狄山反对汉武帝政策而展开辩论。丞相史认为武帝杀颜异、狄山无可厚非。而文学认为，君主治国的关键是得到舜、禹那样的贤臣辅佐，颜异、狄山只是与皇帝政见不合，根本谈不上诽谤皇帝，他们的死令人惋惜。

丞相史曰：晏子有言："儒者华于言而寡于实，繁于乐而舒于民[①]，久丧以害生，厚葬以伤业，礼烦而难行，道迂而难遵，称往古而訾当世，贱所见而贵所闻。"此人本枉，以己为式。此颜异所以诛黜[②]，而狄山死于匈奴也[③]。处其位而非其朝，生乎世

而讪其上④，终以被戮而丧其躯，此独谁为负其累而蒙其殃乎？

注释

①繁于乐：礼乐繁缛。舒于民：缓于治民。

②颜异所以诛黜：颜异因廉直而官至九卿，后因反对汉武帝制造“白鹿皮币”而被杀。诛黜，诛杀。

③狄山死于匈奴：汉武帝武帝坚决主张抗击匈奴，见狄山主张和亲，便派他去边界守卫一个城堡，最终被匈奴所杀。

④讪其上：诽谤上司。讪，诽谤。

翻译

丞相史说：晏婴曾说过：“儒生说得像一朵花，却结不了果，繁于礼乐，缓于治民，守丧时间很长，害苦了活人，用很多东西殉葬，破坏了家业，礼节烦琐，难以施行，道理迂腐，难以遵循，称颂往古，毁谤当今，轻视所见的现实，重视传闻的上古。”这种人本身不正，却标榜自己是模范。这就是颜异被杀头，狄山死于匈奴的原因。居于朝廷官位，却要诽谤朝廷，生在当世却诽谤他们的上司，终于被杀而丧失生命，这难道是为谁承担罪过、蒙受祸殃吗？

文学曰：礼所以防淫，乐所以移风，礼兴乐正则刑罚中。故堤防成而民无水灾，礼义立而民无乱患。故礼义坏，堤防决，所以治者，未之有也。孔子曰：“礼与其奢也宁俭，丧与其易也宁戚。”故礼之所为作，非以害生伤业也；威仪节文①，非以乱化伤

俗也。治国谨其礼，危国谨其法。昔秦以武力吞天下，而斯、高以妖孽累其祸，废古术，隳旧礼，专任刑法，而儒、墨既丧焉。塞士之涂[2]，壅人之口，道谀日进而上不闻其过，以秦所以失天下而殒社稷也。故圣人为政，必先诛之，伪巧言以辅非而倾覆国家也。今子安取亡国之语而来乎？夫公卿处其位，不正其道，而以意阿邑顺风[3]，疾小人浅浅面从[4]，以成人之过也。故知言之死，不忍从苟合之徒，是以不免于缧绁[5]。悲夫。

注释

①威仪：礼仪。节文：有节制的文饰。

②涂：同“途”，晋升道路。

③阿邑：曲从君主之意。顺风：看风使舵，也是曲从的意思。

④浅浅：通“諓諓”，花言巧语。

⑤缧绁（léi xiè）：捆绑犯人的绳索，这里指坐牢受刑。

翻译

文学说：礼能够防止出格，乐能够改变风俗，崇尚礼义，音乐符合（周礼）标准，刑罚就能恰当。因而堤防修成之后民众就没有水灾，建立礼义之后百姓就不会犯上作乱。如果礼义败坏，就如同堤防溃决，不用礼义就可以治理好国家，那是从来没有的。孔子说：“礼，与其奢侈，宁愿俭朴；丧礼，与其礼文周到，宁可过度悲哀。”所以推行礼的目的，不是为了妨害活人、损伤家业；礼仪只是有节制的文饰，并不是伤风败俗。治理的国家重视礼，危险的国家重视法。从前秦国用武力吞并天下，而李斯、赵高的邪恶之道使国家遭到灾祸，他们废除了古代治国的方法，毁坏了旧的礼义，专门依靠刑法，而儒、墨之道已经丧失殆尽了。堵塞了贤人升官的前途，封住了人们的嘴巴，阿谀奉承的人步步高升，皇上听不到自己的过失，这就是秦王朝失去天下、毁灭社稷的原因啊。所以圣人治理朝政，必须先杀掉李斯、赵高这种人，因为他们用花言巧语来助长君主的错误，导致国家灭亡。现在你们怎么用使国家灭亡的话来进行辩论呢？公卿处于掌握政权的位置上，不能端正道路航向，而是刻意曲从，见风使舵，可恨小人巧言顺从，以致酿成别人过失。所以，明知说了必死，也不能容忍顺从苟合之徒，因此免不了坐牢受刑。真是悲痛啊！

丞相史曰：檀柘而有乡①，萑苇而有藂②，言物类之相从也。孔子曰："德不孤，必有邻。"故汤兴而伊尹至，不仁者远矣。未有明君在上而乱臣在下也。今先帝躬行仁圣之道以临海内，招举俊才贤良之士，唯仁是用，诛逐乱臣，不避所亲，务以求贤而简退不肖③，犹尧之举舜、禹之族，殛鲧放驩兜也④，而曰"苟合之徒"，是则主非而臣阿，是也？

注释

①檀柘：两种贵重木材。有乡：有相同的生长土壤。

②萑（huán）苇：芦苇。

③简退：黜退。简，挑选。

④殛：杀死。鲧：夏禹的父亲，因奉舜命治水却九年未治好，而被舜处死。驩（huān）兜：传说是尧的大臣，因凶

恶奸邪而被舜流放于崇山。

翻译

丞相史说：檀树、柘树有相同的生长土壤，萑苇、芦苇彼此聚生一处，这说明物以类聚。孔丘说：“有道德的人不会孤独，一定会有人与他为邻。”所以，当商汤起兴时，伊尹就来到了，不仁义的人就走远了。没有上面的君主是贤明的而下面的臣子是奸邪的情形。如今已故的武帝亲身施行仁圣之道，统治天下，选举才智超群和贤良的人，用人唯贤，诛杀流放乱臣，不避皇亲国戚，务必求得贤才，黜退不肖之人，就像尧任用舜、禹，杀掉鲧、流放驩兜一样。而你们却说皇上下面的大臣都是“苟合之徒”，那就是说皇上是有错的而臣子也是阿谀奉承的，对吗？

文学曰：皋陶对舜：“在知人，惟帝其难之。”洪水之灾，尧独愁悴而不能治[①]，得舜、禹而九州宁。故虽有尧明之君，而无舜、禹之佐，则纯德不流。《春秋》刺有君而无臣。先帝之时，良臣未备，故邪臣得间[②]。尧得舜、禹而鲸殛驩兜诛，赵简子得叔向而盛青肩诎[③]。语曰：“未见君子，不知伪臣[④]。”《诗》云：“未见君子，忧心忡忡，既见君子，我心则降。”此之谓也。

注释

①愁悴：忧愁憔悴。

②得间：得以钻空子。

③诎：同“黜”，罢免，贬黜。

④伪臣：奸臣。

翻译

文学说：皋陶对舜说：“在识别人才方面，即使是帝舜也难以做到。”从前洪水成灾，尧独自忧虑而不能治理，在得到舜和禹以后才使九州安宁。所以即使有了尧这样的圣明君主，如果没有舜、禹的辅佐，那么帝尧的纯正美德就不能流芳千古。《春秋》上曾经讽刺过只有好的君主而没有好的臣子的事情。已故的武帝时期，贤良大臣不够齐备，所以奸臣钻了空子。尧得到舜、禹而杀掉鲧，处罚驩兜，赵简子得到贤臣叔向而盛青肩被废黜。俗话说：“没有看到君子，就不知道何为奸臣。”《诗经》上说：“不见君子，我忧虑不安，见到君子，我心里就平静了。”说的就是这个意思。

丞相史曰：尧任鲧、驩兜，得舜、禹而放殛之以其罪，而天下咸服，诛不仁也。人君用之齐民。而颜异，济南亭长也[①]，先帝举而加之高位，官至上卿。狄山起布衣，为汉议臣，处舜、禹之位，执天下之中，不能以治，而反坐讪上[②]。故驩兜之诛加而刑戮至焉。贤者受赏而不肖者被刑，固其然也。文学何怪焉？

注释

①亭长：乡官。亭，汉代十里一亭。

②而反：连词，相当于“反而”。坐：因……犯罪。

翻译

丞相史说：尧先任用鲧和驩兜，得到了舜、禹后，便根据他们的罪行诛杀鲧，流放驩兜，天下的人都信服，因为杀的是坏人。君主用举贤除奸的方法治理民众。颜异起初只是济南的亭长，已故的武帝重用他，给他加官授爵，官职达到上卿。狄山起身于一介布衣，当了朝廷的议事之臣。他们都处于当年舜、禹的位置，执掌天下议论的正确标准，可是他们不能辅佐皇上治民，反而犯了诽谤皇上的大罪。因而他们才受到类似于驩兜那样的处罚，遭到杀头。贤人受赏，坏人受刑，本来是理所当然的，你们文学又有什么可责怪的呢？

文学曰：论者相扶以义[①]，相喻以道，从善不求胜，服义不耻穷。若相迷以伪，相乱以辞，相矜于后息[②]，期于苟胜，非其贵者也。夫苏秦、张仪，荧惑诸侯，倾覆万乘，使人失其所持；非不辩，然乱之道也。君子疾鄙夫之不可与事君，患其听从而无所不至也[③]。今子不听正义以辅卿相，又从而顺之，好须臾之说，不计其后。若子之为人吏，宜受上戮[④]，子姑默矣！

注释

①相扶以义：以大义相会，即以义会友。

②矜：夸耀。后息：辩论双方以最后停止发言者为胜，指在辩论中最后取胜。

③听从而无所不至：表面上对君主言听计从，背后无所不为。

④上戮：最重的刑罚。

翻译

文学说：一起讨论的人应该以大义相会，以大道相晓喻，唯善是从，不求个人胜利，服从仁义，不以理屈词穷为可耻。如果用欺诈行为互相迷惑，以言辞相扰乱，彼此以最后取胜相夸耀，希望以不正当的方法取胜，这不是可贵的态度和行为。从前苏秦、张仪，迷惑诸侯，颠覆万乘诸侯国，使人们放弃原来的立场；不能说他们不巧言善辩，然而他们那一套是混乱的根源。君子痛恨这种品质低劣的小人，不可同他们一道侍奉君主，怕他们表面上对君主言听计从，而背后却无所不为。现在你不听我们讲的礼义来辅助卿相，反而曲意顺承上司，喜好片刻有利的言论，不去考虑后果。像你这样的人做属官，应该受到最重的刑罚，你暂且闭上嘴吧！

丞相史曰：盖闻士之居世也，衣服足以胜身[①]，食饮足以供亲[②]，内足以相恤，外不求于人。故身修然后可以理家，家理然后可以治官。故饭蔬粝者不可以言孝，妻子饥寒者不可以言慈，绪业不修者不可以言理[③]。居斯世，行斯身，而有此三累者[④]，斯亦足以默矣！

注释

①胜身：御寒保身。

②供亲：供养父母。

③绪业：事业，功业。

④三累：这里指饭蔬粝、妻子饥寒、绪业不修。

翻译

丞相史说：听说人生活在世上，应该衣服足够穿，饭食足够供养父母，对内家人足可以相互体恤，对外不求于他人。所以自身管理好了才能管家，家里的事情管理好之后才能管理国家。因而给父母吃蔬菜粗粮的人，不可以说他是孝子；妻子儿女都挨饿受冻的人，谈不上是慈爱；祖辈遗业没有继承好的人，不可以说善于治理。立身处世，如果这三件事都办不好，那就可以闭嘴了。

孝养第二十五

导读

西汉宣扬“以孝治天下”，本篇围绕如何孝养父母问题展开辩论。辩论的焦点是，赡养父母，究竟是将礼节放在首位，还是将物质条件放在首要位置。丞相史认为物质条件应放在首要位置，文学则认为礼节比物质条件更为重要。

文学曰：善养者不必刍豢也①，善供服者不必锦绣也。以己之所有尽事其亲，孝之至也。故匹夫勤劳，犹足以顺礼，歠菽饮

水[②]，足以致其敬。孔子曰："今之孝者，是为能养，不敬，何以别乎？"故上孝养志[③]，其次养色[④]，其次养体。贵其礼，不贪其养，礼顺心和，养虽不备，可也，《易》曰："东邻杀牛，不如西邻之禴祭也[⑤]。"故富贵而无礼，不如贫贱之孝悌。闺门之内尽孝焉，闺门之外尽悌焉，朋友之道尽信焉，三者，孝之至也。居家理者，非谓积财也，事亲孝者，非谓鲜肴也，亦和颜色，承意尽礼义而已矣。

注释

①刍豢（chú huàn）：本指牛羊犬豕之类的家畜，此处指肉食。

②歠（chuò）菽饮水：食用粗茶淡饭。歠，同"啜"。菽，豆类食品。

③养志：承顺父母的意志办事，不违背父母意志。

④养色：对父母和颜悦色。

⑤东邻杀牛，不如西邻之禴（yuè）祭也：东邻杀牛，为隆重祭礼，西邻禴祭为薄祭。祭祀关键是看心诚，不在祭礼是否隆重，所以东邻隆重祭祀反而不如西邻薄祭。禴祭，春祭和夏祭。

翻译

文学说：善于供养父母的人不一定供给他们肉食，也不一定供给绣有花纹的丝织品衣服。将自己所拥有的东西全部拿出来事奉父母双亲，这就是最大的孝。所以，平民百姓辛勤劳动就能达到礼的要求，虽是粗茶淡饭，也足以表达对父母的孝敬。孔子说：“现在的孝子，对父母只是供养，而不恭敬，那和饲养动物又有什么区别呢？”因此上等的孝是承顺父母的意志，其次是对父母和颜悦色，再次是保养父母的身体。重视对父母的礼义，不贪图供养父母的东西有多少，遵守礼义，心平气和，供养物资即使不齐全，也是孝。《易经》上说：“东边邻居杀牛重祭，还不如西边邻居夏天薄祭。”所以，如果富贵而不讲究礼，还不如贫穷低贱的人家讲究孝悌。在家里孝敬父母，在外面友爱兄弟，对朋友讲究信义，做到这三条，就是最好的孝。治理家庭，并不看他积累了多少财富，孝顺父母，并不是看他给父母提供了多少美衣佳肴，而是对父母和颜悦色、承顺父母的旨意、尽守孝子对父母的礼义罢了。

丞相史曰：八十曰耋，七十曰耄。耄，食非肉不饱，衣非帛不暖。

故孝子曰甘毳以养口，轻暖以养体。曾子养曾皙，必有酒肉。无端绕[①]，虽公西赤不能以为容。无肴膳，虽闵、曾不能以卒养。礼无虚加，故必有其实然后为之文[②]。与其礼有余而养不足，宁养有余而礼不足。夫洗爵以盛水[③]，升降而进粝[④]，礼虽备，然非其贵者也。

注释

①端：黑色礼服。绕（wǎn）：同“冕”，礼帽。

②实：指肴膳、端绝之类的实物。文：礼仪形式。

③洗爵以盛水：恭敬地洗好酒杯，但装的却是水。爵，酒杯。

④升降而进粝：请父母升堂高坐，但进献的却是粗饭。升降，形容父母升堂高坐，儿女起伏敬拜的样子。

翻译

丞相史说：八十岁的老人叫耋，七十岁叫耄。七十岁以上的人，吃饭没有肉就吃不饱，穿衣没有丝帛就穿不暖。所以孝子用甜脆的食物来供养父母，用质轻而保暖的衣服来保养父母的身体。曾参奉养他父亲曾皙，吃饭时一定有酒肉。如果没有礼服和礼帽，就是公西赤也不能完成礼容。没有美味佳肴，就是闵子骞、曾参也不能完成养亲的任务。礼不是没有内容的空架子，必须有它实在的内容，然后才能成为礼仪。对父母与其礼仪有余而奉养不足，宁可奉养有余而礼仪不足。一个人恭敬地洗了酒杯，但盛的是水，让父母升堂高坐，送上的却是粗茶淡饭，礼虽然完备了，然而并不值得提倡。

文学曰：周襄王之母非无酒肉也①，衣食非不如曾晳也，然而被不孝之名，以其不能事其父母也。君子重其礼，小人贪其养，夫嗟来而招之，投而与之，乞者由不取也。君子苟无其礼，虽美不食焉。故礼：主人不亲馈②，则客不祭。是馈轻而礼重也。

注释

①周襄王：周惠王子，姓姬名郑。姬郑亲母早死，继母叫惠后。惠后生叔带，曾与姬郑争王位。惠王死后，姬郑即位，养其继母。后来叔带勾结戎、翟赶走襄王，襄王向晋国求救，晋文公杀了叔带，周襄王才重新夺回王位。

②馈：古代祭祀的供品。

翻译

文学说：周襄王的母亲不是没有酒肉吃，穿吃不是不如曾皙供养父母，然而周襄王蒙受不孝的名声，这是因为他不能按照礼义侍奉父母。君子重视的是礼义，小人贪图的是供养。将人吆喝过来，扔给他东西，即使是要饭的人也不愿接受。对君子来说，假如不符合礼仪，即使是美味的食物也是不吃的。所以主人不亲自按礼仪摆设祭品，那么客人在食前就不必祭祀。这是因为摆设祭品是小事而礼仪是大事。

丞相史曰：孝莫大以天下一国养，次禄养，下以力。故王公人君，上也，卿大夫，次也。夫以家人言之，有贤子当路于世者①，高堂邃宇②，安车大马，衣轻暖，食甘毳。无者，褐衣皮冠，穷居陋巷，有旦无暮，食蔬粝荤茹③，媵腊而后见肉④。老亲之腹非唐园⑤，唯菜是盛。夫蔬粝，乞者所不取，而子以养亲，虽欲以礼，非其贵也。

注释

①当路：当权，身居显要地位、掌握权力的意思。

②邃（suì）宇：深广的住宅。邃，深远的意思。

③蔬粝荤茹：形容吃粗粮杂菜的意思。荤，指葱韭等蔬菜。茹，吃。

④媵腊：这里表示节日。媵，春秋时楚国的风俗，以二月祭饮食之神曰“媵”。腊，冬季十月间祭祀百神的节日（秦始皇改在十二月）。

⑤唐园：指蔬菜园子。唐，通“场”。

翻译

丞相史说：孝，没有比天子以天下养亲、诸侯以一国养亲更大的了，其次是卿大夫用做官所得的俸禄来供养父母，最次的是用劳动所得来供养父母。因此，王公君主，是上等的养亲，卿大夫是次等的养亲。从平民百姓来说，如果有个有出息的儿子在朝廷里做官，就可以住高大的厅堂和深广的住宅，乘坐舒适的车子和高大的骏马，穿又轻又暖的衣服，吃又甜又脆的食物。没有儿子做官的，就只好穿粗布衣服，戴兽皮做的帽子，住在简陋的巷子里，吃了早餐没有晚餐，吃的是粗粮杂菜，只有在节日时才能见到点肉。父母双亲的胃不是蔬菜园，只装一些蔬菜，那些杂菜粗饭连乞讨的人都不要，而做儿子的却拿来奉供养亲，即使是以礼事奉，但这并不可贵。

文学曰：无其能而窃其位，无其功而有其禄，虽有富贵，由跖、蹻之养也[1]。高台极望，食案方丈[2]，而不可谓孝。老亲之腹非盗囊也，何故常盛不道之物？夫取非有非职，财入而患从之，身且死祸殃，安得媵腊而食肉？曾参、闵子无卿相之养，而有孝子之名；周襄王富有天下，而有不能事父母之累。故礼菲而养丰，非孝也。掠困而以养，非孝也。

注释

①“由”，通“犹”。跖、蹻：即柳下跖和庄蹻，这里指代强盗。

②食案方丈：比喻丰富的食物。食案，一种短腿的饮食饭桌。方丈，一丈见方。

翻译

文学说：没有才能而窃取官位，没有功劳而享有俸禄，即使有富贵给父母，那也如同跖、蹻供养双亲一样。让父母住在能看到很远的高楼上，吃着一大桌丰盛的饭菜，这不能叫做孝。老父老母的胃不是强盗的口袋，为什么经常装着不义之物？所取所得，既不是自己所有，也不是职分所得，财物到手，祸患也就跟随而来，其身将遭到死亡祸殃，哪里还能在节日时吃肉呢？曾参、闵子骞虽然没有像卿相那样奉孝父母，而有孝子的美名；周襄王虽然富有天下，却有不能侍奉父母恶名的牵累。所以礼仪菲薄而供养丰厚，不是孝。抢劫别人粮食来奉养父母，也不是孝。

丞相史曰：上孝养色，其次安亲，其次全身。往者，陈余背汉，斩于泜水，五被邪逆[1]，而夷三族[3]。近世，主父偃行不轨而诛灭[3]，吕步舒弄口而见戮[4]，行身不谨，诛及无罪之亲。由此观之，虚礼无益于己也。文实配行，礼养俱施，然后可以言孝。孝在于实质，不在于饰貌；全身在于谨慎，不在于驰语也[5]。

注释

①五被：即伍被。他因参加刘安叛乱，妄图搞分裂割据而被杀，他的三族也被诛灭。

②三族：即父族、母族、妻族。

③主父偃：汉代齐国临淄人。汉武帝时，他因告发燕王、齐王作风败坏，被御史大夫公孙弘谋害。不轨，指主父偃受贿。

④弄口，搬弄口舌。

⑤驰语：耍嘴皮，说空话。

翻译

丞相史说：上等的孝是对父母和颜悦色，其次是使父母生活安定，再次是保全父母身体。从前陈余背叛汉王刘邦，在泜水被斩；伍被邪恶叛逆，被灭了三族。不久前，主父偃行为不轨而被诛灭，吕步舒搬弄是非而被处死。他们自己的行为不谨慎，连累了无罪的亲人。由此看来，空虚的礼仪对自己无益。形式和实际要配合在一起，礼仪和奉养都要实行，然后才可以谈得上孝。孝在于实质，不在于修饰外在的礼貌；保全身体在于谨慎，不在于说空话。

文学曰：言而不诚，期而不信[①]，临难不勇，事君不忠，不孝之大者也。孟子曰："今之世，今之大夫，皆罪人也。皆逢其意以顺其恶。"今子不忠不信，巧言以乱政，导谀以求合[②]。若此者，不容于世。《春秋》曰："士守一不移，循理不外援，共其职而已。"故位卑而言高者，罪也，言不及而言者[③]，傲也。有诏公卿与斯议，而空战口也。

注释

①期：约会。

②导谀：用阿谀奉承将君主引向邪路。

③言不及而言：轮不到自己说话却要说。

翻译

文学说：说话不诚实，约会不守信用，临难不勇敢，侍奉君主不忠诚，是最大的不孝。孟子说："当今之世，当今的大夫，都是有罪的人。他们逢迎君主的意图，顺从君主去干坏事。"如今你们不忠不信，花言巧语扰乱朝政，用阿谀奉承将君主引向邪路，以此苟合取容。像这样的人，在社会上是不能容身的。《春秋》上说："士应该坚守一条正道，贫贱不移，遵循正确道理，不外求其他利益，供奉官职而已。”所以地位低贱而高谈阔论，这是罪过，轮不到自己发言的时候却要说话，这是骄傲。皇帝有诏书叫公卿和我们议论国事，而你们却要参与进来空口打舌战。

刺议第二十六

导读

本篇记载的是真假儒生之争。丞相史自称曾受儒家之业，认为儒学并非文学、贤良的专利。文学指出并不是穿儒衣、戴儒冠的人都是儒生，真正的儒生应该执经守道，坚持原则，敢于谏争。丞相史“顺流容身，从风悦上”，并不是继承孔子学说的真儒生。

丞相史曰：山陵不让椒跬，以成其崇。君子不辞负薪之言，以广其名。故多见者博，多闻者知，距谏者塞[①]，专己者孤。故谋及下者无失策，举及众者无顿功。《诗》云：“询于刍荛。”故布衣皆得风议[②]，何况公卿之史乎？《春秋》士不载文，而书咺者，以为宰士也。孔子曰：“虽不吾以，吾其与闻诸。”仆虽不敏[③]，亦尝倾耳下风，摄齐句指[④]，受业径于君子之涂矣[⑤]。使文学言之而是，仆之言有何害？使文学言之而非，虽微丞相史[⑥]，孰不非也？

注释

①距："距"通"拒"，拒绝。塞：闭塞。

②风议：议论，建议。风，同"讽"，讽谏。

③仆：丞相史自己谦称。

④摄齐（zī）：提起衣服下摆。句指：卑恭的样子。

⑤涂：同途，道路。

⑥微：无，没有。

翻译

丞相史说：山陵不排斥山巅的小丘，才得以成就它的高大。君子不拒绝打柴人的意见，才得以扩大他的声名。所以，看得多的人知识渊博，听得多的人聪明智慧，不接受别人规劝的人耳目闭塞，刚愎自用的人孤陋寡闻。所以，遇事能与下面商量的人没有失策，和众人一起办事的人不会不成功。《诗经》上说："向割草砍柴的人征求意见。"百姓都可以议论政事，何况公卿的属官呢？《春秋》上是不记载士人的言行的，但记载了宰咺的事情，因为他是宰相的属官。孔子说："朝廷即使不用我，我还是知道很多朝政的事情。"我们虽然不聪明，但也曾侧耳倾听业师音旨，恭敬地提起衣服下摆，在君子处学道受业。假使文学说的话是对的，那么我们说话又有什么害处呢？如果文学说的话不对，那么即使没有丞相史，谁不批评你们呢？

文学曰：以正辅人谓之忠，以邪导人谓之佞。夫怫过纳善者①，

君之忠臣，大夫之直士也。孔子曰：“大夫有争臣三人，虽无道，不失其家。”今子处宰士之列，无忠臣之心，枉不能正，邪不能匡，顺流以容身，从风以说上。上所言则苟听，上所行则曲从，若影之随行，响之于声，终无所是非。衣儒衣，冠儒冠，而不能行其道，非其儒也。譬若土龙②，文章首目具而非龙也③。葶历似菜而味殊④，玉石相似而异类。子非孔氏执经守道之儒，乃公卿面从之儒⑤，非吾徒也。冉有为季氏宰而附益之，孔子曰：“小子鸣鼓而攻之，可也。”故辅桀者不为智，为桀敛者不为仁。

丞相史默然不对。

注释

①佛（fú）过：纠正过错。佛，通“拂”，纠正。

②土龙：用泥土塑成的龙。汉时常用土龙求雨。

③文章：指花纹。具：具备。

④葶历：即葶苈，一种植物，可入药。

⑤面从：当面顺从。

翻译

文学说：用正道辅佐人，叫作忠诚，用邪道误导人，叫作奸佞。能帮助人纠正过错、采纳善言的人，才是君主的忠臣、大夫的正直之士。孔子说：“大夫身边如果有三个直言进谏的人，即使这个大夫昏聩无道，那么也不会丢失封邑。”现在你们占着宰士的位置，却没有忠诚正直的心意，枉曲不能矫正，奸邪不能匡救，随波逐流以保全自身，顺从主子以求得上司的喜欢。只要是上司所说的话就苟且听从，只要是上司所做的事就曲意跟随，就像影子随身，声响的回音一样，始终不明是非。你们穿着儒家的衣服，戴着儒家的帽子，而不能推行儒道，这不是真正的儒生。好比用泥土塑成的龙，虽然颜色、花纹、脑袋、眼睛等都齐备，但不是真正的龙。葶苈形似白菜，但味道却与真白菜不一样，玉和石相似，但属于不同的种类。你并不是孔子门下遵经守道的儒生，而是看公卿眼色行事的儒生，和我们不是一类人。冉有当了季孙氏的家臣而积极辅助季孙氏聚敛财富，孔子说："弟子们可以大张旗鼓地声讨他。"因此辅佐夏桀的人不能叫智者，为桀横征暴敛的人不能叫仁人。

丞相史沉默不回答。

利议第二十七

导读

本篇围盐铁利益问题所展开辩论，辩论的焦点集中在儒生建议的可行性上。大夫认为儒生的建议不符合当代实情，缺乏可行性，并肯定秦始皇焚书坑儒的行为来表达对儒术的厌恶。文学则认为不是儒生不能成事，而是大夫只看中财利，听不进儒生的意见。

大夫曰：作世明主，忧劳万民，思念北边之未安，故使使者举贤良、文学高第，详延有道之士①，将欲观殊议异策，虚心倾

耳以听，庶几云得[②]。诸生无能出奇计远图，伐匈奴安边境之策，抱枯竹[③]，守空言，不知趋舍之宜[④]，时世之变，议论无所依，如膝痒而搔背，辩讼公门之下，讻讻不可胜听[⑤]，如品即口以成事。此岂明主所欲闻哉？

注释

①详延：广泛聘请。

②庶几云得：希望能有所收获。庶几，文言中表示希望的词。云，有。

③枯竹：旧的竹简，这里指儒家的经籍之类。

④趋舍：趋向和舍弃，即取舍的意思。

⑤讻讻：喧哗，吵嚷。

翻译

大夫说：治理天下的贤明君主，为万民忧虑操劳，他考虑到北方边境还没有安定，所以派遣使者选拔贤良方正和文学高才，广泛聘请有治国之道的人士，想看到你们提出的特殊见解和高明计策，虚心予以听取，希望能有些收获。可是诸位儒生不能提出奇妙计策和远大图谋，也不能制定抗击匈奴以安定边境的长远策略，只知道死抱住腐朽的儒家经典，守着古书那些空泛的言论，不知道适宜的取舍，也不懂得时代的变化，所发表的议论没有什么依据，就好像膝盖发痒而去搔背一样，在朝廷上争辩起来，吵吵嚷嚷，让人听不进去，好像“品”字由“口”字组成一样（多几张嘴就能办成大事似的）。这难道是英明君主所想听到的吗？

文学曰：诸生对册[1]，殊路同归，指在于崇礼义[2]，退财利，复往古之道，匡当世之失，莫不云太平；虽未尽可亶用[3]，宜若有可行者焉。执事闇于明礼，而喻于利末，沮事隋议[4]，计虑筹策，以故至今未决。非儒无成事，公卿欲成利也。

注释

①对册：古代考试时回答皇帝提出的问题。册，通“策”。

②指：同“旨”，目的，宗旨。

③亶用：切实可用。亶，实在。

④隋议：毁坏建议。隋：通“隳”，即毁坏。

翻译

文学说：我们回答皇帝所提出的问题，殊途同归，宗旨在于崇尚礼义，要求国家退还盐铁财利，恢复古代的治国方法，纠正当代的过失，没有一个人不是讲要使天下太平的；虽然我们的建议不一定都切实可用，但应该有可行之处吧。而你们这些掌管国事的人，看不到宣明礼义的意义，只知道追求财利，败坏事情，否定建议，考虑应对儒生的计策，以至到今天还没有作出决定。所以不是儒生办不成大事，而是公卿大臣想谋求财利。

大夫曰：色厉而内荏，乱真者也。文表而枲里[1]，乱实者也。文学裒衣博带[2]，窃周公之服；鞠躬踧踖，窃仲尼之容；议论称颂，窃商、赐之辞；刺讥言治[3]，窃管、晏之才。心卑卿相，志小万乘。及授之政，昏乱不治。故以言举人，若以毛相马。此其所以多不称举。诏策曰："朕嘉宇内之士，故详延四方豪俊文学博习之士，超迁官禄。"言者不必有德，何者？言之易而行之难。有舍其车而识其牛，贵其不言而多成事也。吴铎以其舌自破[4]，主父偃以其舌自杀。鹖鴠夜鸣[5]，无益于明，主父鸣鸮[6]，无益于死。非有司欲成利，文学桎梏于旧术[7]，牵于间言者也[8]。

注释

①文表枲里：以文绣为表，牡麻为里，即金玉其外，败絮其中。枲，牡麻。

②裒（póu）衣：宽大的衣服。博带：宽阔的带子。

③刺讥：批评讥讽。言治：谈论治国之道。

④吴铎：吴地出产的大铃。

⑤鹖鴠（hé dàn）：一种大蝙蝠，常在夜间鸣叫。

⑥鸣鸮：猫头鹰叫。鸮，猫头鹰。

⑦桎梏：古代拘禁犯人的手铐脚镣，这里是束缚的意思。

⑧间言：空话。

翻译

大夫说：外表刚强而内心软弱，这是以假乱真。外表文采华丽而用牡麻做里子，这是以虚乱实。你们这些文学们穿着大袍，系着宽带，这是模仿周公的服饰；谨小慎微，恭敬不安，这是盗用仲尼的仪容；你们发表议论，称颂儒家学说，是剽窃子夏、子贡的言辞；讽刺批评，谈论治国，这是盗用管仲、晏婴的治才。你们看不起公卿大臣，心志藐视君主。但是一旦授权你们去管理国家政事，你们又昏聩、混乱而不能治理。所以，只根据会说话来举荐人才，就好像只根据毛色来相马。这就是你们中的大多数同推举不相称的原因。皇帝的文告说："我器重天下有才干的人，所以广泛地聘请各地的豪杰和博学多才的人，给你们越级升迁官禄。"能说会道的人不一定有高尚的品德。为什么呢？这是因为说起来容易做起来难。有的人可以不要他的车子而惦记他的牛，这是因为他看重牛虽然不会说话但能干很多活儿。吴地金铎由于摇舌太多而自己撞破，主父偃因为说话厉害终于被杀。鹖鴠常在夜里叫，但对天明无益；主父偃像猫头鹰一样地叫，但对他的死刑无益。并不是官吏想要谋取财利，而是你们这些儒生被陈旧的儒术所束缚，被空泛言论所牵累。

文学曰：能言之，能行之者，汤、武也。能言，不能行者，有司也。文学窃周公之服，有司窃周公之位。文学桎梏于旧术，有司桎梏于财利。主父偃以舌自杀，有司以利自困。夫骥之才千里，非造父不能使[①]；禹之知万人，非舜为相不能用。故季桓子听政，柳下惠忽然不见，孔子为司寇[②]，然后悖炽[③]。骥，举之在伯乐，其功在造父。造父摄辔[④]，马无驽良[⑤]，皆可取道。周公之时，士无贤不肖，皆可与言治。故御之良者善调马，相之贤者善使士。今举异士而使臧驺御之[⑥]，是犹扼骥盐车而责之使疾。此贤良文学多不称举也。

注释

①造父：古时候的优秀驾车人。

②司寇：古代掌管刑法的官吏，公元前500年孔子担任鲁国司寇。

③悖炽：兴旺发达的意思。悖，通“勃”。

④摄辔：手执缰绳，这里是驾驭的意思。

⑤驽：劣马。良：指好马。

⑥臧：即臧获，古时对奴婢的称呼。驺：养马的奴仆。

翻译

文学说：能说且能付诸行动的人是商汤和周武王。能说不能付诸行动的是你们这些朝廷主管官员。如果说我们文学模仿周公的服饰，你们这些主管官员就盗窃了周公的官位。如果说我们被陈旧的儒术所束缚，你们主管官员就是被财利所束缚。主父偃因为说话厉害而被杀害，你们主管官员因为财利而自困。千里马能日行千里，但没有造父这样的优秀车夫不能驾驭；禹的智慧顶得上一万个人，但如果不是舜做宰相就不能被重用。所以季桓子执政，柳下惠就忽然弃官不见了，孔子当了司寇，贤能之士才大量涌现。千里马，得到举荐是靠伯乐，但发挥它的作用却要靠造父。造父驾车，无论好马劣马，都可以上路。周公执政时，士人无论贤与不贤，都可参与讨论治国之道。所以优秀车夫善于调教马匹，贤明的丞相善于用人。现在推举有特异才能的人，却让奴仆驾驭他们，就像把千里马套在盐车上还要迫使它快跑一样。这就是贤良、文学与推举多不相称的原因。

大夫曰：嘻！诸生阘茸无行[①]，多言而不用，情貌不相副。若穿逾之盗[②]，自古而患之。是孔丘斥逐于鲁君，曾不用于世也。何者？以其首摄多端，迂时而不要也。故秦王燔去其术而不行，坑之渭中而不用。乃安得鼓口舌[③]，申颜眉[④]，预前论议[⑤]，是非国家之事也？

注释

①阘茸（tà róng）：下贱无能。无行：品行恶劣。

②穿逾之盗：挖墙洞的盗贼。穿逾：挖墙洞、跳墙头。

③鼓口舌：摇唇鼓舌，即诡辩的意思。

④申颜眉：眉飞色舞。

⑤预前：这里指国家的重要会议。预，参与，参加。前，皇帝之前，御前。

翻译

大夫说：哼，你们这些儒生卑贱无能，品行不端，废话连篇而毫无用处，情实与外貌不相符合。就像挖墙洞的小偷，自古以来就是社会的祸患。当年孔丘被鲁君驱逐，不曾为世所用。为什么呢？就是因为他那套儒术虚伪圆滑，不合于时，不得要领。因此秦始皇烧了儒家的书，不实行儒术，将儒生活埋在渭水中部而不任用他们。现在怎么能让你们这些人摇唇鼓舌，眉飞色舞地参与御前讨论，评论国家大事呢？

国疾第二十八

导读

国疾就是国家的弊病。贤良、文学痛陈汉家弊政，历数社会种种负面现象，认为社会病态的根源是奸臣当政。大夫则认为文学“诵死人之语”，“称往古而訾当世”，这才是真正的“国疾”。

文学曰：国有贤士而不用，非士之过，有国者之耻。孔子大圣也，诸侯莫能用。当小位于鲁，三月，不令而行，不禁而止，沛若时雨之灌万物，莫不兴起也。况乎位天下之本朝，而施圣主之德音教泽乎？今公卿处尊位，执天下之要，十有余年，功德不施于天下，而勤劳于百姓①。百姓贫陋困穷，而私家累万金。此君子所耻，而《伐檀》所刺也②。昔者，商鞅相秦，后礼让，先贪鄙，尚首功③，务进取，无德厚于民，而严刑罚于国，俗日坏而民滋怨，故惠王烹葅其身以谢天下④。当此之时，亦不能论事矣。今执政患儒贫贱而多言，儒亦忧执事富贵而多患也。

大夫视文学，悒悒而不言也。

注释

①勤劳于百姓：让老百姓勤苦劳累。

②《伐檀》:《诗经·魏风》的篇名，此诗讽刺当权者无功而受禄。

③尚首功：崇尚斩首之功。按照秦法，斩首多为上功，每斩一人首赐爵一级。

④惠王烹菹（zū）其身：秦惠王将商鞅烹煮成肉酱。据《史记·商君列传》，秦惠王将商鞅车裂以徇，非烹煮而死。烹菹，煮成肉酱。

翻译

文学说：国家有贤能之士而不用，这不是贤士的过错，而是管理国家的人的耻辱。孔子是大圣人，诸侯都没有任用他，他曾经当过乘田、计吏之类的小官，相鲁才三个月，就做到不令而行，不禁而止，鲁国蓬勃发展，就像及时雨浇灌万物一样，没有不兴旺茂盛的。何况你们在当今的朝廷做官，普施圣明君主的仁德之音、教化恩泽呢？现在的公卿身居高位，掌握着国家的大权，十多年了，但功德不能施于天下，而只是让老百姓勤苦劳累，百姓都很贫困穷乏，而达官贵人之家却积累了万贯家财。这是君子所耻的，也是《诗经·伐檀》所讽刺的。从前商鞅辅佐秦国时，以礼让为后，以贪鄙为先，崇尚斩首之功，务求进攻掠取，对百姓没有什么恩德，而是用严酷的刑罚治理国家，风俗日益败坏，人们怨恨增长，因此秦惠王将商鞅烹煮成肉酱，以解除天下人的怨恨。在那时，商鞅也不能议论国事了。如今执政公卿担心儒生贫贱多话，我们儒生也担忧你们当官的贪图富贵会带来很多灾难。

大夫看着文学，闷闷不乐，也不说话。

丞相史曰：夫辩国家之政事，论执政之得失，何不徐徐道理相喻，何至切切如此乎[1]！大夫难罢盐、铁者，非有私也[3]，忧国家之用，边境之费也。诸生訚訚争盐、铁[2]，亦非为己也，欲反之于古而辅成仁义也。二者各有所宗，时世异务，又安可坚任古术而非今之理也。且夫《小雅》非人，必有以易之。诸生若有能安集国中，怀来远方，使边境无寇虏之灾，租税尽为诸生除之，何况盐、铁、均输乎？所以贵术儒者，贵其处谦推让，以道尽人。今辩讼愕愕然[3]，无赤、赐之辞，而见鄙倍之色[4]，非所闻也。大夫言过，而诸生亦如之，诸生不直谢大夫耳[5]。

注释

①切切：急切，急迫。

②訚訚：激烈争辩的样子。

③愕愕：直言争辩的样子，这里形容辩论时气势汹汹的样子。

④鄙倍：粗鄙无礼。倍，通“背”。

⑤不直：不应当。谢：道歉，认错。

翻译

丞相史说：辩论国家的政事，讨论执政的得失，为什么不慢慢地讲道理互相说服，而要急迫到这种程度呢？大夫反对取消盐、铁官营，并非有私心，而是忧虑国家的财用，边境的军费；贤良、文学严肃争辩，要求取消盐、铁官办，也不是为了自己，而是想恢复古代藏富于民的传统，以便辅助朝廷成就仁义之政。两种意见各有各的根据，时代不同了，事务也不一样，又怎么可以坚持古代道术而否定当今的道理呢？况且《诗经·小雅》批评他人一定也会提出改进的办法。如果诸位儒生有能力安定国家，使远方的异族归服汉朝，使边境没有敌寇骚扰之灾，目前国家征收的租税全部可以为诸位儒生废除，更何况盐、铁官营和均输的政策呢！我们之所以重视有道术的儒生，是看重他们能够谦让，用详尽的道理说服人。现在你们辩论时气势汹汹，没有公西赤、子贡雄辩的言辞，只见到你们这种浅见无理的样子，这不是我们所听说过的。大夫说话过火，而诸位儒生也是这样，诸位儒生难道不该向大夫道歉吗？

贤良、文学皆离席曰：鄙人固陋，希涉大庭①，狂言多不称，以逆执事。夫药酒苦于口而利于病，忠言逆于耳而利于行。故愕愕者福也，戋戋者贼也②。林中多疾风，富贵多谀言。万里之朝，日闻唯唯，而后闻诸生之愕愕，此乃公卿之良药针石。

注释

①希涉大庭：很少涉足朝廷。

②戋戋：花言巧语，能言善辩。

翻译

贤良、文学都离开自己的座位说：我们这些粗鄙之人顽固浅陋，很少涉足朝廷，狂妄的言论多有不妥，触犯了大夫。药酒苦口而利于病，忠言逆耳而利于行。因此直言争辩是朝廷之福，那些花言巧语的人，是国家的盗贼。山林中经常刮大风，富贵人经常听到逢迎奉承的话。统治万里江山的朝廷，每日听到的都是唯唯诺诺，现在听到我们的直言争辩，这是公卿的良药、银针、砭石啊。

大夫色少宽，面文学而苏贤良曰[①]：穷巷多曲辩，而寡见者难喻。文学守死溟涬之语[②]，而终不移。夫往古之事，昔有之语，已可睹矣。今以近世观之，自以目有所见，耳有所闻，世殊而事异。文、景之际，建元之始，民朴而归本，吏廉而自重，殷殷屯屯[③]，人衍而家富[④]。今政非改而教非易也，何世之弥薄而俗之滋衰也！吏即少廉，民即寡耻，刑非诛恶，而奸犹不止。世人有言："鄙儒不如都士。"文学皆出山东，希涉大论。子大夫论京师之日久，愿分明政治得失之事，故所以然者也。

注释

①面文学而苏贤良：这里是说大夫背对文学而面向贤良讲话的意思。面，通“偭”，背着。苏，向，朝着。

②溟涬（mǐng xìng）：漫无边际，大而无当的意思。

③殷殷：殷富。屯屯（zhūn）：盛多，充盈。

④人衍：人人丰饶。衍，丰饶。

翻译

大夫的脸色稍微缓和了一些，背对文学而面向贤良们说：贫穷小巷多出诡辩之人，孤陋寡闻的人难以理喻。文学们只会死守着漫无边际、大而无当的言语始终不肯改变。往古的事，前人的话语，我们都已经看过了。从现在的时代看，有眼睛的人都可以看到，有耳朵的人都可以听到，时代不同，事务就不一样。文帝、景帝时，建元初年，民风淳朴，各归农业根本，做官的人都廉洁慎重，国家很富裕，人人丰饶，家家富裕。现在治国之法没有改变，教化也没有变化，为什么世风日下、民俗愈衰呢？官吏很少有廉洁的，百姓很少有知道耻辱的，处罚为非作歹，诛杀邪恶，但奸乱仍然不能禁止。俗话说："乡里儒生不如城里的人。"文学都是从崤山以东来的，很少参与国家大事的讨论。诸位贤良在京师议政日久，希望你们分析政治得失的根本原因在哪里。

贤良曰：夫山东天下之腹心，贤士之战场也。高皇帝龙飞凤举于宋、楚之间，山东子弟萧、曹、樊、郦、滕、灌之属为辅[①]，虽即异世，亦既闳夭、太颠而已。禹出西羌，文王生北夷，然圣德高世，有万人之才，负迭群之任[②]。出入都市，一旦不知返，数然后终于厮役而已。仆虽不生长京师，才驽下愚，不足与大议。窃以所闻闾里长老之言，往者，常民衣服温暖而不靡，器质朴牢而致用。衣足以蔽体，器足以便事，马足以易步，车足以自载，酒足以合欢而不湛[③]，乐足以理心而不淫，入无宴乐之闻，出无佚游之观。行即负羸，止则锄耘，用约而财饶，本修而民富。送死哀而不华，养生适而不奢。大臣正而无欲，执政宽而不苛。故黎民宁其性，百吏保其官。建元之始，崇文修德，天下乂安[④]。其后邪臣各以伎艺，亏乱至治。外障山海，内兴诸利。杨可告

缗[5]，江充禁服[6]，张大夫革令[7]，杜周治狱，罚赎科适[8]，微细并行，不可胜载。夏兰之属妄搏[9]，王温舒之徒妄杀。残吏萌起，扰乱良民。当此之时，百姓不保其首领，豪富莫必其族姓。圣主觉焉，乃刑戮充等，诛灭残贼，以杀死罪之怨，塞天下之责，然居民肆然复安。然其祸累世不复，疮痍至今未息。故百官尚有残贼之政，而强宰尚有强夺之心。大臣擅权而击断，豪猾多党而侵陵[10]。富贵奢侈，贫贱篡杀。女工难成而易弊，车器难就而易败。车不累期[11]，器不终岁。一车千石，一衣十钟，常民文杯画案，机席缉蹈[12]，婢妾衣纨履丝，匹庶粺饭肉食[13]。里有俗，党有场。康庄驰逐，穷巷蹋鞠。秉耒抱臿，躬耕身织者寡，聚要敛容[14]、傅白黛青者众。无而为有，贫而强夸。文表无里，纨袴枲装。生不养，死厚送。葬死殚家，遣女满车[15]。富者欲过，贫者欲及。富者空减，贫者称贷。是以民年急而岁促，贫即寡耻，乏即少廉。此所以刑非诛恶，而奸犹不止也。故国有严急之征，即生散不足之疾矣[16]。

注释

①萧：萧何。曹：曹参。樊：樊哙。郦：郦食其。滕：滕公夏侯婴。灌：灌婴。

②负迭群之任：肩负超群的责任。迭，通“轶”，超出。

③湛：同“沉”，沉溺。

④乂安：平安，太平。

⑤杨可告缗：公元前114年，汉武帝颁布告缗令，下令百姓告发偷漏缗钱者，并奖励告发属实者，此事由杨可主持。

⑥禁服：禁止服饰僭越。

⑦张大夫革令：御史大夫张汤改革法令。

⑧罚赎：罚钱赎罪。科：判罪。适：通“谪”，责罚贬官。

⑨夏兰：汉武帝时绣衣直指官，为汉武帝时期有名酷吏。妄搏：随意逮捕人。

⑩侵陵：同“陵侵”，侵犯，凌辱。

⑪不累期：使用不到两年。期，周年。

⑫机：通“几”，小而矮的桌子。席：坐席，这里指酒宴。缉蹈：通“杂遝”，形容多、丰盛。

⑬粺饭：精米饭。粺，指精米。

⑭聚要敛容：束腰整容，形容装饰、打扮。要，通“腰”。敛容：修饰容貌。

⑮遣女：出嫁女儿。

⑯散不足：财富分散，不够使用。

翻译

贤良说：崤山以东是天下的中心，是贤士的战场。高祖皇帝像龙凤飞举一般兴起于宋、楚之间，帮助他的崤山以东的子弟就有萧何、曹参、樊哙、郦食其、夏侯婴、灌婴等人，虽然生活的时代不同，他们也可以说是秦末汉初的闳夭、太颠。夏禹出生在西羌，周文王出生于北夷。然而他们圣德出众，具有超越万人的才能，承担超群的社会责任。那些出入都市的人，他们一旦不知道返回仁义根本，长此以往，最终沦为奴仆而已。我们虽然不生长在京城里，才能驽钝而愚蠢，是不能参与讨论国家大事的，但我私下听到过乡里老人关于古代的言论。从前，普通老百姓所穿的衣服温暖而不奢华，器具质地朴实、结实而且适于使用，衣服足够遮体，器具便于使用，马足可以代步，车足可以自己乘坐，饮酒能够达到欢乐而不沉溺，音乐可以调和心情而不荒淫，进门没有宴饮欢乐的声音，出门没有游逸无度的景观。人们外出就背负肩挑，在家里就用锄头耕种。国家用费节约，资财富饶，农业根本得到加强而民众富足。办理父母丧事时哀伤但不铺张，供养父母适度却不奢侈。国家大臣正派而无贪欲，执掌政事宽厚而不苛刻。所以百姓安分守己，官吏遵守职责。武帝建元初年，推崇文教，修治德政，天下太平。到了后来，奸臣各施手段，损害太平盛世，在外垄断山海利益，在内设立了各种收利的措施。杨可主持告发缗令，江充禁止奢侈僭越之服饰，张汤改革律令，杜周治理监狱，罚款，赎罪，判刑，贬谪，连细微的罪行也不放过，史书完全记载不完。再加上夏兰之流随意抓人，王温舒之徒随便杀人。残暴的官吏大量出现，扰乱了良民的正常生活。在那时候，百姓不能保全自己的脑袋，豪富人家也不能保全其宗族。武帝觉察了这些事情，于是杀死奸臣江充等人，诛灭残忍贼害的人，以此来减少民众对杀人过多的怨恨，消除天下人的谴责。这样，民众才慢慢地恢复了安定。但是，奸臣酷吏造成的灾祸多年不能消除，创伤至今没有复合。因而百官还要施行残忍害人的政治，强暴的主管长官还有强取豪夺的心理。大臣独揽大权而肆意施刑于人，豪强结党欺凌弱者，富贵人家奢侈僭越，贫穷的人掠夺杀人。纺织品难以做衣服而且质量不好，车辆器具难于做成而容易破损。车辆用不到两年，器具使用不到一年，就都坏了。一辆车子价值一千石粮食，一件衣服值十钟米。普通老百姓在杯上画文采，在几案上画图，几案上酒宴丰盛，奴婢穿绸衣丝鞋，平民吃精米饭和肉菜。里巷有自己的风俗，乡党有自己的娱乐场所。在四通八达的大道上，有人骑马追逐作乐，在穷巷里有人踢球玩耍。手执农具、亲自耕种和纺织的人很少，束腰整容、抹粉画眉的人却很多。没有强装为有，贫穷却强夸富贵。表面漂亮，里面空虚，绸裤子里面装的是牡麻。父母活着时不供养，死后却要隆重地送葬。一次葬礼耗尽家产，嫁一个女儿要置办满车嫁妆。富人追求过分享乐，贫困的人希望赶上富人，结果导致富人财产空虚，穷人靠借贷度日。因此，人们的日子一年过得比一年窘迫，贫穷就会缺少羞耻，空乏就会不讲廉洁，这就是处罚为非作歹、诛杀邪恶而奸邪仍然不止的原因。因此国家有严厉急迫的征敛，就会产生财富分散、不够使用的毛病。

卷六

散不足第二十九

导读

本篇由丞相“愿闻散不足”引发。贤良从衣食住行到婚丧嫁娶，从庶民百姓到官府豪家，从各个层面铺陈古今社会风尚的变化，将上古时代的简朴风尚与近现代的豪奢之风进行对比，意在说明是豪奢风气造成了“散不足”。

大夫曰：吾以贤良为少愈，乃反其幽明，若胡车相随而鸣①。诸生独不见夏季之蟀乎②？音声入耳，秋风至而声无。者生无易由言，不顾其患，患至而后默，晚矣。

注释

①胡车：匈奴的车子。相随而鸣：胡车因其粗糙简陋，前后的车都吱呀作响，这里比喻文学、贤良相互呼应。

②蟀（xī）：即蟪蛄，一种春生夏死、夏生秋死的蝉。

翻译

大夫说：我原来以为贤良会稍微高明些，结果你们竟颠倒了黑暗和光明，和文学相互随声附和，好像匈奴造的车子一样，一前一后吱吱呀呀作响。诸位难道没有看见夏末的蟪蛄吗？夏天它鸣叫的声音声声入耳，但秋天一来就无声无息了。诸位儒生不要轻易地由着性子乱说，不考虑后果，要是等到祸患来了才默不作声，那可就晚了。

贤良曰：孔子读史记①，喟然而叹，伤正德之废，君臣之危也。夫贤人君子，以天下为任者也。任大者思远，思远者忘近。诚心闵悼②，恻隐加尔③，故忠心独而无累。此诗人所以伤而作。比干、子胥遗身忘祸也。其恶劳人，若斯之急，安能默乎？《诗》云：“忧心如惔，不敢戏谈。”孔子栖栖，疾固也。墨子遑遑，闵世也④。

大夫默然。

注释

①史记：在《史记》成为司马迁史书的专称之前，“史记”是史书的通称。

②闵悼：忧伤，哀悼。

③恻隐：怜悯，同情。尔：通“耳”。

④闵世：忧伤世道混乱。

翻译

贤良说：孔子读读史书时，感慨叹息，他忧伤的是正统道德的废弃，君臣之道的危机。贤人君子，是把天下的事情作为自己的责任。肩负大任的人考虑得远，考虑长远的人忘掉眼前的小事，他们以真诚之心伤悼现实，怜悯别人的感情积压在心里，因此忠心孤独而无牵挂，这就是《诗经》各篇的作者感时伤世而创作诗篇，比干和伍子胥舍身向君主劝谏，不关心个人灾祸的原因。丑恶的现实让人像诗人、比干、伍子胥一样焦急万分，怎么能沉默呢？《诗经》上说："忧心如火焚烧，不敢开玩笑讲些不负责任的话。"孔子一生忙碌不安，这是因为他痛恨社会弊病。墨翟一辈子奔波行走，也是因为他忧伤世道混乱。

大夫沉默不言。

丞相曰：愿闻散不足。

贤良曰：宫室舆马，衣服器械，丧祭食饮，声色玩好，人情之所不能已也。故圣人为之制度以防之。间者①，士大夫务于权利②，怠于礼义，故百姓仿效，颇逾制度，今故陈之，曰：

注释

①间者：近来。

②务：追求。权利：权力财利。

翻译

丞相说：我想听一听关于财富分散、不够使用的问题。

贤良说：宫室车马，衣服用具，丧祭饮食，声色爱好，这些都是人的性情所不能抑制的。所以圣人对这些都订立了制度以防止僭越，近来，士大夫追求权力财利，轻怠礼义，所以百姓效法他们，大大地僭越制度。现在特意将古代制度陈述如下：

古者，谷物菜果，不时不食，鸟兽鱼鳖，不中杀不食。故缴罔不入于泽①，杂毛不取。今富者逐驱歼罔罝，掩捕麑鷇②，耽湎沈酒③，铺百川。鲜羔䍮④，几胎肩，皮黄口。春鹅秋雏，冬葵温韭，浚茈蓼苏⑤，丰薁耳菜，毛果虫貉⑥。

注释

①缴：系在箭上的绳子，这里指射鸟的箭。罔：同“网”，捕鸟捉鱼的器具。

②麑：小鹿。鷇：待母哺食的幼鸟。

③耽湎沈酒：沉溺于酗酒。

④鲜羔䍮（zhào）：新鲜的羊羔肉。羔䍮，羊羔。

⑤浚：一种香菜。茈：子姜。蓼：辛菜。苏：紫苏。以上四种可做中药，古时用来调味。

⑥毛：毛虫。果：通“倮（luǒ）”，指身上没有羽毛和鳞甲的动物。貉：外貌像狐狸的哺乳动物。

翻译

古时候，粮食蔬菜水果，不到成熟的时候不吃，鸟兽鱼鳖，不到该杀时不吃。因此弓箭罗网不进山泽，不猎取各种毛色的幼小鸟兽。现在有钱人追杀网捕，围捕幼鹿和小鸟，沉溺于酗酒，酒店像百条江河一样多吃。新鲜的羊羔肉，割杀小猪仔，剥黄口小鸟的皮。春天的小鹅，秋季的雏鸡，冬天的葵菜和温室培育的韭菜，香菜、子姜、辛菜、紫苏、木耳、香菇，毛虫、倮虫、狐貉，没有不吃的。

古者，采椽茅茨，陶桴复穴[①]，足御寒暑，蔽风雨而已。及其后世，采椽不斫，茅茨不翦，无斫削之事，磨砻之功[②]。大夫达棱楹[③]，士颖首，庶人斧成木构而已。今富者井干增梁，雕文槛楯，垩幔壁饰[④]。

注释

①陶：陶器，指瓦。桴（fú）：屋梁。复穴：窟室。

②磨砻（lóng）：打磨光滑。

③楹：厅堂的柱子。

④垩（è）：白土。幔：涂刷。

翻译

古时候，人们用栎树做椽子，用茅草盖屋顶，制陶瓦，挖地洞，这足以防御冷热、挡风蔽雨。到了后来，椽子不砍削，茅草屋不修剪整齐，没有砍斫、劈削的事务，也没有木材打磨光滑的工夫。大夫才有方木的屋梁和带柱子的厅堂，士的房子才有修饰的椽子，普通人用斧子砍伐木头盖成房屋。现在，富贵人家的屋顶上有藻井，门槛、栏杆上雕刻有花纹，还用白土粉饰墙壁。

古者，衣服不中制，器械不中用，不粥于市[①]。今民间雕琢不中之物，刻画玩好无用之器。玄黄杂青，五色绣衣，戏弄蒲人杂妇[②]，百兽马戏斗虎，唐锑追人[③]，奇虫胡妲[④]。

注释

①粥（yù）：通“鬻”，卖。

②戏弄蒲人杂妇：指模仿僰人妇女生活的戏剧。蒲：通“僰”，西汉时居住在云南地区的少数民族。

③唐锑追人：古代用木、泥、纸做成小人，进行爬高竿的游戏。

④奇虫：指鱼龙之类的杂技。胡妲：花旦。

翻译

古时候，衣服不合于制度，器具不合适使用，就不拿到市场上去卖。如今民间雕琢不中用的物品，刻无用的好玩器具。一些艺人穿着黑色、黄色、杂青色以及五颜六色锦绣彩衣，演出模仿僰人妇女生活的戏剧，有的艺人玩弄野兽、马戏、斗虎，有的玩木偶爬竿，或玩鱼龙杂技，花旦唱戏，等等。

古者，诸侯不秣马，天子有命，以车就牧。庶人之乘马者，足以代其劳而已。故行则服枙[①]，止则就犁。今富者连车列骑，骖贰辎軿[②]。中者微舆短毂[③]，繁髦掌蹄[④]。夫一马伏枥，当中家六口之食，亡丁男一人之事[⑤]。

注释

①行则服桅（è）：出行时就将马套上车。枙，通“轭”，驾车时加在牲口脖子上的曲木。

②骖（cān）：三匹马驾一辆车。贰：两匹马拉一辆车。辎（zī）：有帷盖的载重大车。軿（píng）：四面有帏的车，多供妇人使用。

③微舆短毂：这里指小车。微舆，小车箱。短毂，短轮轴。

④繁髦：马鬣上饰。掌蹄：给马蹄钉掌。

⑤亡丁男一人之事：陪上一个壮年男子的劳力。亡，消耗。丁男，壮年男子。

翻译

古时候，诸侯不饲养马，天子有命出征，随车所到之处，就地放牧。一般人乘马，只是为了减少劳累。因此出行时就将马匹套上车，不出行就用马拉犁。现在富人出门车马排成行，车有三匹马拉的，有两匹马拉的，有带帷盖的，妇人坐四面有帷的车。中等人家也有小车，马鬣上有装饰，马蹄钉有铁掌。喂养一匹马，相当于消耗中产之家六口人的粮食，还要陪上一个壮年男子的劳力。

古者，庶人耋老而后衣丝，其余则麻枲而已，故命曰布衣。及其后，则丝里枲表，直领无袆，袍合不缘[1]。夫罗纨文绣者，人君后妃之服也。茧䌷缣练者[2]，婚姻之嘉饰也。是以文缯薄织[3]，不粥于市。今富者缛绣罗纨，中者素绨冰锦[4]。常民而被后妃之服亵人而居婚姻之饰[5]。夫纨素之贾倍缣，缣之用倍纨也。

注释

①袍合不缘：袍子合缝，但不必修饰边缘。

②茧䌷：粗丝绸。缣：细绢。练：白绢。

③文缯：带有文采的丝织品。缯，丝织品的总称。

④素绨：白色而又光滑厚实的丝织品。冰锦：像冰一样洁白的丝织品。

⑤亵人：卑贱的妇女。

翻译

古时候，平民百姓要到八十岁以上才穿丝绸的衣服，其余的只能穿麻布衣服，所以称平民为布衣。到了后来，人们的衣服是用丝绸做面子，麻枲做里子，斜直衣领而没有蔽膝，袍子仅仅是合缝而不装饰边缘。至于绣着花纹的精细丝织品，是君主后妃的衣服。粗丝绸和细绢、白绢，是结婚时才穿的好看衣服。因此，带有文采的细薄丝织品，不会拿到集市上去卖。如今富人穿着刺绣的精细丝绸，中等人也穿着光滑厚实的白丝或洁白如冰的锦衣。老百姓穿着过去皇后、妃子们才穿的衣服，卑贱妇女穿上结婚时才穿的服饰。细绢的价格比粗绢要高出一倍，而粗绢的使用价值比细绢大一倍。

古者，椎车无柔[①]，栈舆无植[②]。及其后，木軨不衣[③]，长毂数幅。蒲荐笠盖，盖无漆丝之饰。士大夫则单榎木具，盘韦柔革。常民漆舆大軨蜀轮[④]。今庶人富者银黄华左搔，结绥韬杠[⑤]。中者错镳涂采[⑥]，珥靳飞榎[⑦]。

注释

①椎车：独轮车。柔：通“辋”，车轮的边框。

②栈舆：竹木做的车子。植：通“直”，直木。

③軨：车厢上的木栅栏，不衣：不加修饰。

④漆舆：油漆的车厢。大軨：长的横木。蜀轮：独轮。蜀，通“独”。

⑤韬杠：用熟皮裹着的车辕。

⑥错镳：镶金的马嚼子。

⑦珥：装饰。靳：马肚带，这里代指马。飞軨：车窗。

翻译

古时候，独轮车没有边框，竹木车没有栏杆。后来，车厢有了栏杆但不加装饰，只有长的轮毂和密集的辐条，车轮上捆着蒲草，用草编成车盖，车盖上没有油漆、丝绸的修饰。大夫和士的车子的车轮边框是用木料做成的，用软熟兽皮盘在车轮的边框之上。普通老百姓坐的独轮车是油漆的，有大窗格。如今平民和富贵人家，车盖上用金银玉石装饰，登车拉手用绳子打成花结，用熟皮革包裹车辕。中等人家的车马的马嚼子镶金且涂有色彩的，用珠玉装饰马和车窗。

古者，鹿裘皮冒①，蹄足不去。及其后，大夫士狐貉缝腋，羔麑豹祛②。庶人则毛绔衳彤③，羝襆皮禣。今富者鼲鼦，狐白凫翁。中者罽衣金缕④，燕鴼代黄⑤。

注释

①冒：通“帽”，帽子。

②祛：袖口。

③毛绔：用毛做的套裤。绔：同“袴”，套裤。

④罽（jì）衣：绒衣。金缕：金丝线。

⑤鴼：一种老鼠，皮可制皮袄。代黄：代郡的黄貂。

翻译

古时候，人们穿鹿皮皮袄，戴兽皮帽子，连兽皮上的蹄足都没有除去。到了后来，大夫和士穿狐皮和貉皮制成的大袖衣，用羊羔皮做皮袄，用豹皮做袖口。平民百姓穿毛皮制作的套裤和短袖衣，有的穿公羊皮和杂兽皮制作的皮袄。如今富贵人家穿灰鼠皮和貂皮制作的皮袄，有的穿白狐皮袄和鸭绒袍子。中等人家穿金丝线缝制的绒衣，有的穿燕地鴼鼠皮和代郡黄貂皮做的皮衣。

古者，庶人贱骑绳控，革鞮皮荐而已①。及其后，革鞍牦成，铁镳不饰，今富者韇耳银镊韅[2]，黄金琅勒[3]，罽绣弇汗[4]，垂珥胡鲜[5]。中者漆韦绍系，采画暴干。

注释

①鞮（dī）：皮鞋。皮荐：指马背上垫的一块皮子。

②韇耳：用革做的马的耳饰。银镊韅：银制的马头饰。

③琅；光彩。勒：马笼头。

④弇汗：马身防汗的用品。

⑤垂珥：用垂棘的美玉作马的耳饰。胡鲜：鲜卑腰带。

翻译

古时候，平民百姓骑马不用鞍勒，只用马缰绳来控制，骑手脚穿特制皮靴，在马背上垫块皮子罢了。到后来，用皮子和牦牛毛作成马鞍，用铁制成的马镳也不加修饰。现在，富人家用皮革做马的耳饰，用白银做马的头饰，用黄金做金光闪闪的马笼头，绣花毛毡做马的防汗布，垂棘的美玉作马的耳饰，鲜卑腰带作马的肚带。中等人家的马匹也用油漆的皮绳拴结，在马具上作彩绘后在日光下晒干。

古者，污尊抔饮[1]，盖无爵觞樽俎。及其后，庶人器用，即竹柳陶匏而已。唯瑚琏觞豆而后雕文彤漆[2]。今富者银口黄耳，金罍玉钟[3]。中者野王纻器，金错蜀杯。夫一文杯得铜杯十，贾贱而用不殊。箕子之讥，始在天子，今在匹夫。

注释

①污尊：即污樽，凿地为樽。抔饮：用手捧水喝。

②瑚琏：古代宗庙里盛粮食的器具。

③金罍：用黄金做的酒器。

翻译

古时候，人们挖个小坑当水池，用手捧水喝，没有什么爵、觞、樽、俎等器具。到后来，平民百姓用竹子、柳条编织器具，用泥土制作陶器，用葫芦当水瓢。只有宗庙里祭祀时用来盛酒肉的瑚琏、觞、豆等器具才雕刻花纹，涂上红色的漆。如今富贵人家用着银口金铜耳的杯盘，黄金做的酒壶和玉雕刻的酒杯。中产之家用野王出产的苎麻制造漆器，用蜀郡器材制作的镶金酒杯。一个绘有花纹的杯子的价钱相当于十个铜杯，铜杯价格低廉但使用价值并无区别。商朝的箕子悲叹殷纣王奢侈的事，过去讽刺对象是天子，如今平民百姓也像天子一样豪奢了。

古者，燔黍食稗，而捭豚以相飨。其后，乡人饮酒，老者重豆。少者立食，一酱一肉，旅饮而已①。及其后，宾婚相召，则豆羹白饭，綦脍熟肉②。今民间酒食，殽旅重叠③，燔炙满案，臑鳖脍鲤④，麑卵鹑鷃橙枸，鲐鳢醢醯⑤，众物杂味。

注释

①旅饮：多人在一起按序饮酒。

②綦脍：细切的肉块。

③殽旅重叠：鱼肉重叠。殽，通“肴”，熟的鱼、肉。旅，陈列。

④胹：通“胹”，煮熟煮烂。

⑤醢（hǎi）：肉酱。醯（xī）：醋。

翻译

古时候，人们烧烤黄米，吃稗子杂粮，招待客人时才杀猪。后来，乡里的人在一起饮酒，老年人吃的是几盘肉食，年轻人则站着吃，只有一盘酱一碗肉，很多人聚在一起按顺序饮酒罢了。再到后来，人们举行婚礼招待客人，用豆盘盛肉汤，加上米饭，再加一些切细的肉块和熟肉。如今民间招待酒食，鱼肉重叠，烤肉满桌，炖熟的甲鱼、细切的鲤鱼片，还有鹿胎、鹌鹑、香橙、枸酱，以及鲐、鳢、肉酱和醋，各种味道杂陈。

古者，庶人春夏耕耘，秋冬收藏，昏晨力作，夜以继日。《诗》云：“昼尔于茅，宵尔索绹[①]，亟其乘屋[②]，其始播百谷。”非媵腊不休息[③]，非祭祀无酒肉。今宾昏酒食[④]，接连相因，析酲什半[⑤]，弃事相随，虑无乏日。

注释

①索绹（táo）：搓绳索。

②亟：急速，赶紧。乘屋：盖屋。

③媵腊：两个祭祀节日。

④昏：同“婚”。

⑤析：解。酲：酒醉。什半：十个人醉倒五个。

翻译

古时候，春夏耕种除草，秋冬收割储藏，从早晨到黄昏都在努力耕作，昼夜不停地劳动。《诗经》上说：“白天去割茅草，夜里去搓绳索，赶快登屋盖房，开始播种百谷。”不到媵、腊两个节日不休息，不是祭祀就不吃酒肉。如今结婚宴请宾客，一个接着一个，喝酒喝得大醉，常常是十个人醉倒五个，有的人放弃了正事也要相互奉陪，几乎没有一天不是这样。

古者，庶人粝食藜藿[1]，非乡饮酒、媵腊祭祀无酒肉。故诸侯无故不杀牛羊，大夫士无故不杀犬豕。今闾巷县佰，阡伯屠沽[2]，无故烹杀，相聚野外，负粟而往，挈肉而归[3]。夫一家之肉，得中年之收，十五斗粟，当丁男半月之食。

注释

①粝食：粗粮。藜藿：两种野菜。

②阡伯：即阡陌，田间小路。屠：屠户。沽：酒家。

③挈（qiè）肉：提着肉食。挈，提着。

翻译

古时候，老百姓吃粗粮和野菜，如果不是乡人饮酒、媵腊祭祀节日，就没有酒肉。所以诸侯无故不杀牛羊，大夫和士无故不杀猪狗。如今乡里闾巷豪强，农村屠夫和酒家，无事也会随意宰杀牲口，在野外聚在一起吃喝，背着粮食出去，提着肉食回来。要知道，买一头猪的价钱就等于一般年景一亩地的收入，等于十五斗小米，相当于壮年男子半个月的伙食费用。

古者，庶人鱼菽之祭[1]，春秋修其祖祠。士一庙，大夫三，以时有事于五祀，盖无出门之祭。今富者祈名岳，望山川[2]，椎牛击鼓，戏倡儛像，中者南居当路，水上云台，屠羊杀狗，鼓瑟吹笙。贫者鸡豕五芳[3]，卫保散腊[4]，倾盖社场[5]。

注释

①鱼菽之祭：用鱼和豆类祭祀。

②望：祭祀山川之神曰望。

③鸡豕五芳：祭祀用鸡猪五味。

④卫保：祈求保佑。散腊：疑指腊祭后，割肉散发。

⑤倾盖：本指两车路上相遇，接近说话，车盖相倾，此处形容祭祀时车马很多。盖，车盖。社场，祭祀的地方。

翻译

古时候，老百姓用鱼和豆类来祭祀，春秋季节修理祖庙，士人一座宗庙，大夫三座宗庙，按时从事五种祭祀活动，没有家门以外的祭礼。如今富贵人家祭祀就朝拜名山大川，击杀耕牛，敲锣打鼓，演戏跳舞，表演木偶。中等人家南向祭神，在水上搭起高台，屠羊杀狗，吹奏乐器。贫穷的人祭祀时也用鸡猪五味，祈求保佑，祭后散发祭肉，祭祀时车盖如云，挤满祭场。

古时，德行求福，故祭祀而宽；仁义求吉，故卜筮而希[①]。今世俗宽于行而求于鬼，怠于礼而笃于祭，嫚亲而贵势[②]，至妄而信日[③]，听訑言而幸得[④]，出实物而享虚福。

注释

①希：同“稀”，稀少。

②嫚（màn）亲而贵势：轻侮父母双亲，看重权势。嫚：轻侮，冷淡。

③日：即“日者”，古人占候卜筮，都叫作“日者”。

④訑（tuó）言：欺骗之言。幸得：侥幸得福。

翻译

古时候，人们用自己的德行去求得福报，因此祭祀祖宗神灵时心理放松。用自己的仁义来求得吉祥，因此卜筮次数稀少。现在人们对自己的行为要求不严格而祈求鬼神，怠慢礼义而厚于祭祀，轻侮父母双亲而看重权势，十分狂妄而又迷信算卦的人，听信了谎言还洋洋自得，付出的报酬是实物，享受的却是虚无的幸福。

古者，君子夙夜孳孳思其德[①]；小人晨昏孜孜思其力。故君子不素餐，小人不空食。今世俗饰伪行诈，为民巫祝，以取厘谢[②]，坚额健舌，或以成业致富。故惮事之人，释本相学[③]。是以街巷有巫，闾里有祝。

注释

①孳孳：通“孜孜”，勤奋，不懈怠。

②厘谢：拿剩余祭肉来作报酬。厘，祭祀时剩下的祭肉。

③释本相学：抛弃农活去学巫祝。

翻译

古时候，君子早晚勤奋地思考如何提高德行；小人们早晚忙忙碌碌，思考如何使用劳力。所以君子不白白吃饭，小人也不会不劳而食。如今的风俗人情却是弄虚作假，尔虞我诈。女巫男祝替人求神祷告，拿剩余祭肉来作报酬。有的人靠厚颜无耻和能说会道来成就事业和发财致富，因此有些不愿干农活的人，放弃务农根本，去学做巫祝。这样，造成大街小巷都有骗人的巫婆神汉。

古者，无杠樠之寝①，床移之案②。及其后世，庶人即采木之杠，牒桦之樠，士不斤成。大夫苇莞而已③。今富者黼绣帷幄④，涂屏错跗⑤。中者绵绨高张⑥，采画丹漆。

注释

①杠：床沿。樠：床板。寝：睡觉的地方，这里指床。

②床移（yí）之案：炕桌。

③苇莞（guǎn）：指用芦苇、蒲草编织的席子。莞，蒲草。

④黼（fǔ）绣：黑白花纹。帷幄：帷帐。

⑤涂屏：描有花纹的屏风。错跗（fū）：镶有金边的屏风

底座。

⑥锦绨：丝织物。张，通“帐”。

翻译

古时候，没有木制的床沿，床上也没有炕桌。到后来，平民百姓用柞木做床沿和床板，士人的床不用斧子加工，大夫只是睡芦苇、蒲草席子而已。现在，富贵人家的床上挂着黑白花纹的丝绸帐子，床前有描有花纹的屏风，连屏风的底座上也雕镶了花纹。中等人家用丝锦缝制高大的帷帐，屏风是红漆彩画。

古者，皮毛草蓐，无茵席之加，旃蒻之美[1]。及其后，大夫士复荐草缘，蒲平单莞[2]。庶人即草蓐索经[3]，单蔺蘧蒢而已[4]。今富者绣茵翟柔[5]，蒲子露床。中者獏皮代旃，阘坐平莞[6]。

注释

①旃（zhān）：通“毡”。蒻（ruò）：蒲草。蒲草所编的席叫做蒻席。

②蒲平：即蒲苹，就是用香蒲编成的席子。单莞：用莞草编成的单席。

③草蓐（rù）：草垫子。索经：用细绳子做经线。

④单蔺：用蔺草编成的单席。蘧蒢：同“籧篨”：用竹子或苇子编成的粗席。

⑤翟柔：用野鸡毛制成有柔软的褥子。翟，野鸡毛。

⑥阘坐：古代床前备上床用的东西。阘，通“榻”。

翻译

古时候，人们铺的是野兽皮毛和草席，没有茵草席子，也没有美丽的毛毡和蒲草席。到后来，大夫、士铺的是边缘粗糙的两层草席，有的铺蒲草编成的席子，有的铺莞草编的单席。平民百姓铺的是用细绳做经线编成的草席，或是蔺草编成的单席和粗竹席。如今富贵人家铺的是用野鸡毛制成的绣花软褥，露床上铺着蒲草编的席子。中等人家用滩羊皮代替毡子，床前的踏脚板上都铺着莞草垫。

古者，不粥饪，不市食。及其后，则有屠沽，沽酒市脯鱼盐而已。今熟食遍列，肴施成市[①]，作业堕怠，食必趣时，杨豚韭卵，狗䐹马朘[②]，煎鱼切肝，羊淹鸡寒[③]，挏马酪酒[④]，蹇脯胃脯[⑤]，胹羔豆赐[⑥]，鷇膹雁羹[⑦]，臭鲍甘瓠，熟粱貊炙[⑧]。

注释

①肴施成市：好吃的东西形成市场。

②狗䐹：切得很细的狗肉。马朘：切细的马肉。

③羊淹：腌制羊肉。淹，通“腌”。鸡寒：凉的酱鸡。

④挏（dòng）马酪酒：汉武帝时一种用马奶做的酒。

⑤蹇脯：蹇驴肉干。胃脯：将动物的胃制成肉干。

⑥胹羔：煮烂的羊羔肉。

⑦鷇膹：炖小鸟。雁羹：雁肉汤。

⑧貊炙：烤猪。

翻译

古时候，不卖熟食，也不在市场上买卖食物。到了后来，就有了屠户和酒家，不过也就是卖酒、卖熟肉、卖鱼、卖盐罢了。如今卖熟食的遍地都是，好吃的东西摆满市场，有的人劳动时很懒散，吃东西却务求赶时令。烤猪肉，韭菜炒鸡蛋，切得很细的狗肉、马肉，油煎的鱼，切好的肝，腌羊肉，冷酱鸡，马奶酒，驴肉干，动物的胃脯，煮烂的羊羔肉，加上豆豉，炖小鸟，雁肉汤，臭鲍鱼，甜瓠瓜，还有精熟的米饭和烤猪。

古者，土鼓块枹①，击木拊石②，以尽其欢。及其后，卿大夫有管磬，士有琴瑟。往者，民间酒会，各以党俗，弹筝鼓缶而已。无要妙之音，变羽之转③，今富者钟鼓五乐，歌儿数曹。中者鸣竽调瑟，郑舞赵讴。

注释

①土鼓：堆土为鼓。块枹（fú）：敲击土块。枹，敲击。

②击木拊石：敲木头，拍打石头。

③变羽之转：指乐调的转换。

翻译

古时候，人们堆土为鼓，敲击土块，敲击木棍，拍打石头，尽情欢乐。到了后来，卿大夫有竹管吹奏，石磬敲打，士人有琴瑟弹奏。过去民间喝酒欢聚，各自根据不同的风俗，弹筝鼓缶罢了，没有美妙的声音，也没有曲调的转换。现在，富贵人家钟鼓齐鸣，琴瑟并弹，歌手分列几队。中等人家吹竽弹瑟，表演郑地舞蹈和赵地歌曲。

古者，瓦棺容尸[1]，木板堲周[2]，足以收形骸，藏发齿而已。及其后，桐棺不衣[3]，采椁不斫。今富者绣墙题凑[4]。中者梓棺楩椁。贫者画荒衣袍，缯囊缇橐[5]。

注释

①瓦棺容尸：用陶土烧成的棺材收殓尸体。

②堲（jí）周：夏朝一种埋藏死人的方式，即烧土成砖，放在棺木的周围。

③桐棺不衣：桐木棺材不加修饰。

④绣墙：灵柩车辆布帷上绣花纹。题凑：用木材在棺外累积，木头内向，叫做题凑。

⑤缯（zēng）囊缇（tí）橐（tuó）：把尸体装在丝织袋里面。缯、缇，丝织品。囊、橐，口袋。

翻译

古时候，用陶土烧成的棺材收殓尸体，或把砖砌在木棺材的周围，能够收藏死者的尸体、头发和牙齿就行了。桐木棺材不加修饰，用柞木做外棺，木材不再加工。如今富贵人家的柩车布帷上绣着花纹，棺椁四周堆积木材，木头向内聚拢。中等人家用珍贵的梓木和楩木做棺椁。贫穷人家埋葬死人，棺材上盖着有画的布罩，或者把尸体装在丝织袋里面。

古者，明器有形无实①，示民不可用也。及其后，则有醯醢之藏②，桐马偶人弥祭③，其物不备。今厚资多藏，器用如生人。郡国繇吏④，素桑楺，偶车橹轮⑤，匹夫无貌领，桐人衣纨绨⑥。

注释

①明器：古代随葬的物品。

②醯（xī）：醋。醢：酱。

③弥祭：完成祭礼。

④繇吏：管徭役的小官吏。

⑤偶车：殉葬的木偶和车辆模型。橹轮：有楼可以望高的车子。

⑥纨绨：丝绸。

翻译

古时候，随葬的明器仅有形状而不实用，以此告诉人们它是不能使用的。到了后来，随葬物之中有了醋、酱，还有桐木制作的马和陶俑，以此完成祭礼，祭品还不齐备。现在花很多钱买很多东西随葬，随葬的东西就像活人用的一样。郡国管徭役的小官吏，生前平常乘坐的是桑木车，而死后随葬的木俑车却有高楼大轮。平民百姓连披肩都没有，而殉葬的桐木俑却满身穿着丝绸衣服。

古者，不封不树[①]，反虞祭于寝[②]，无坛宇之居[③]，庙堂之位。及其后，则封之，庶人之坟半仞，其高可隐[④]。今富者积土成山，列树成林，台榭连阁，集观增楼。中者祠堂屏阁，垣阙罘罳[⑤]。

注释

①封：堆土为坟。树：墓旁植树。

②反：同“返”，回家。虞祭：埋葬之后回家安顿亡亲灵魂的祭祀。寝：指家停尸之处。

③坛宇：古代举行祭祀时用土建筑的高台及庙宇。

④隐：人站在坟边可以将手肘放在坟上，作为凭依。

⑤垣：宫室的围墙。阙：宫室门前两边的望楼。罘罳（fú sī）：古代一种屏风。

翻译

古时候，不堆土为坟，不在墓旁种树，下葬之后回到家里在停尸之处祭祀，没有祭坛，也没有祖庙。到了后来，就堆土成坟。平民的坟有四尺高，站在坟边可以把手放在坟顶上。如今富贵人家下葬时积土成山，种植的树木成林，祖庙有高台亭榭，台阁相连，庙宇成群，高楼入云。中等人家的祠堂也像楼房一样，还有围墙、望楼和屏风。

古者，邻有丧，舂不相杵，巷不歌谣。孔子食于有丧者之侧，未尝饱也。子于是日哭，则不歌。今俗因人之丧以求酒肉，幸与小坐而责辨[①]，歌舞俳优[②]，连笑伎戏[③]。

注释

①幸与：碰巧。责辨：要求别人置办酒菜。辨，通“办”。

②俳优：指唱戏的人。

③连笑：一种滑稽戏。伎戏：杂技。

翻译

古时候，邻居有丧事，舂米时不唱劳动的号子，里巷不唱歌谣。孔子在有丧事的人家附近吃饭，从来没有吃饱过。他在这一天哭泣过，就不再唱歌。如今风俗，借别人家的丧事来求得酒肉，找机会到人家家里坐一会儿，就要求别人置办酒菜。别人丧事期间，有人唱歌、跳舞、演戏、滑稽表演和杂技。

古者，男女之际尚矣①，嫁娶之服，未之以记。及虞、夏之后，盖表布内丝，骨笄象珥②，封君夫人③，加锦尚褧而已④。今富者皮衣朱貉，繁露环佩⑤。中者长裾交袆⑥，璧瑞簪珥⑦。

注释

①际：结婚。尚：久远。

②骨笄（jī）：用兽骨做发簪。笄，簪子。象珥（ěr）：用象牙做耳环。

③封君夫人：受封的君主夫人和贵族女子。

④加锦尚褧（jiǒng）：在锦衣之上再加一件麻布罩衣。尚，同“上”。褧，用麻布做的单罩衣。

⑤繁露：即冕旒，古代贵族戴的垂着和露珠一样的美丽的帽子。环佩：佩玉。

⑥长裾交袆：长襟的下摆与蔽膝相交接。裾，衣服的大襟。袆，蔽膝。

⑦璧瑞簪珥：以瑞玉为簪珥。

翻译

古时候，男女间的婚姻关系由来已久，但上古时期女嫁男娶的服饰是什么样子，没有记载下来。到了虞舜、夏禹以后，结婚的服装是外面穿布，里面穿丝，用兽骨做发簪，用象牙做耳环，受封的君主夫人和贵族女子的婚服，也只是在锦衣之上再加一件麻布罩衣而已。如今富贵人家结婚，穿大红的貉皮衣服，冕旒佩玉。中等人家长襟的下摆与蔽膝相交接，以瑞玉为簪珥。

古者，事生尽爱[①]，送死尽哀。故圣人为制节，非虚加之[②]。今生不能致其爱敬，死以奢侈相高；虽无哀戚之心，而厚葬重币者，则称以为孝，显名立于世，光荣著于俗。故黎民相慕效，至于发屋卖业。

注释

①事生尽爱：父母活着的时候，对父母尽爱慕之心。

②虚加：无故地强加。

翻译

古时候，父母活着的时候，对父母尽爱慕之心；父母去世，为父母送丧尽悲哀之心。因此圣人为侍奉父母规定礼节，并不是无故地强加。现在父母活着时不能尽力孝敬，父母死后，却互相以奢侈攀比高低。虽然没有哀悼悲伤的心意，但那些花很多钱进行厚葬的人，却被称作孝子，在社会上树立了显赫名声，在世俗面前无上光荣。所以，普通老百姓就羡慕、仿效他们，以致有的人家为办丧事而出卖房屋和产业。

古者，夫妇之好，一男一女，而成家室之道。及后，士一妾，大夫二，诸侯有侄娣九女而已①。今诸侯百数，卿大夫十数，中都侍御，富者盈室。是以女或旷怨失时②，男或放死无匹③。

注释

①侄娣：侄女和妹妹。放死：至死。

②旷怨失时：女子因为多妻制而难见夫君，怨恨失去青春。

③放死无匹：到死也没有配偶。

翻译

古时候，夫妇相恩爱，一男一女组成家庭过日子。到后来，士人有一妾，大夫有二妾，诸侯也只有侄女、妹妹九个女子而已。如今诸侯妻妾上百人，卿大夫有十多个，中等人家有婢妾，富贵人家婢妾满房。因此造成有些女子怨恨失去青春，有些男子到死也没有配偶。

古者，凶年不备，丰年补败[①]，仍旧贯而不改作。今工异变而吏殊心，坏败成功，以匿厥意[②]。意极乎功业，务存乎面目。积功以市誉，不恤民之急。田野不辟，而饰亭落，邑居丘墟[③]，而高其郭。

注释

①丰年补败：丰年把不足的粮食补上。败，欠缺，不足。

②匿：藏匿。厥意：自己的私心。

③邑居：城邑住宅。丘墟：荒废，空虚。

翻译

古时候，凶年没有储备，丰年把不足的粮食补上，按照老规矩办事而不改变。如今工匠有变化，官吏变了心思，抛弃过去成功的做法，把他们真实的私心隐藏起来。他们一心一意想大发其财，又要保住自己“正人君子”的面目。他们搜刮钱财，捞取名誉，却不怜悯老百姓的死活。田野不去开垦，却去修饰来往必经的村落，城邑住宅荒废空虚，官府却不断增高城墙。

古者，不以人力徇于禽兽[①]，不夺民财以养狗马，是以财衍而力有余[②]。今猛兽奇虫不可以耕耘，而令当耕耘者养食之。百姓或短褐不完，而犬马衣文绣。黎民或糟糠不接，而禽兽食粱肉。

注释

①徇：使用、伺候。

②衍：丰饶。

翻译

古时候，人们不会以人力去伺候禽兽，不夺取老百姓的财产去饲养狗、马，所以财富丰饶而劳力有余。如今猛兽奇禽不可以用来耕耘，反而叫应当耕种的人去喂养它们。老百姓有的连粗布衣服都穿不上，而富贵人家的犬马却穿绣花衣服。有的平民连谷糠酒糟都是吃了上顿没下顿，而富贵人家饲养的飞禽走兽反而吃粮食和肉类。

古者，人君敬事爱下，使民以时，天子以天下为家，臣妾各以其时供公职，今古之通义也。今县官多畜奴婢，坐禀衣食，私作产业，为奸利，力作不尽，县官失实。百姓或无斗筲之储，官奴累百金；黎民昏晨不释事①，奴婢垂拱遨游也②。

注释

①不释事：不停地劳动。

②垂拱：垂衣拱手，即无所事事的意思。遨游：闲逛。

翻译

古时候，君王严肃恭敬地处理政事而爱护百姓，按照农闲时节使用民力。国君以天下为自己的家庭，大臣妻妾们依照法令规定的时间服公务，这是古今通行的道理。现在官府养着很多奴婢，坐享衣食，私自经营产业，谋取不正当利益，干私活无限卖力，官府失去实际利益。有的老百姓家中没有升斗粮食储备，而官府的奴婢却积累了上百金的家私；老百姓从早到晚不停地工作，奴婢们却无所事事，到处闲逛。

古者，亲近而疏远，贵所同而贱非类。不赏无功，不养无用。今蛮、貊无功，县官居肆[1]，广屋大第，坐禀衣食。百姓或旦暮不赡，蛮、夷或厌酒肉[2]。黎民泮汗力作[3]，蛮，夷交胫肆踞[4]。

注释

①居肆：傲慢放肆。

②厌酒肉：酒足饭饱。

③泮（pàn）汗：流汗。泮，散。

④交胫肆踞：交叉两腿放肆地坐着。

翻译

古时候，对邻近的人亲密，对远方的人疏远，尊重同民族的人，鄙视异族的人。不奖赏无功的人，不供养无用之辈。现在，边疆蛮、貊之族的人没有功劳，却在官府里傲慢放肆，居住着宽敞的房屋、广大的宅院，享受着国家的供给。有的百姓吃了上顿没下顿，蛮、夷之族却酒足饭饱。平民汗流浃背努力劳作，蛮、夷之族却傲慢放肆地交叉双腿闲坐。

古者，庶人麄菲草芰[①]，缩丝尚韦而已。及其后，则綦下不借[②]，鞔鞮革舄[③]。今富者革中名工，轻靡使容，纨里紃下[④]，越端纵缘[⑤]。中者邓里闲作蒯苴，蠢竖婢妾，韦沓丝履[⑥]。走者茸芰绚绾。

注释

①麄、菲、芰：都是草鞋。芰（jì）：通“履”。

②綦：鞋带。不借：麻鞋。

③鞔（mán）：鞋带。鞮（dī）：皮鞋。革舄（xì）：加木底的皮鞋。

④纨里紃（xún）下：用细绢做鞋里，用绦带装饰鞋底。紃，圆形绦带。

⑤越端：以绒布装饰鞋的前后。越，通“绒”。纵缘：以绒布缘鞋口。

⑥韦沓：即革鞜，皮鞋。

翻译

古时候，老百姓脚上穿草鞋，用丝绳和皮条系着鞋。到了后来，普通人穿结带的麻鞋，或穿系鞋带、加木底的皮鞋。今天，富贵人家请有名的鞋匠做鞋，轻软美好，样式美观，用素绸子做鞋里，鞋底上镶绦子，鞋头和后跟都加了绒布装饰，鞋口也是绒布沿边。中等人家用邓、畀苞草做草鞋，用蒯草做鞋底。愚蠢的童仆、奴婢、妻妾，都穿着皮鞋或丝鞋。跑腿的人穿软底鞋，鞋头上有装饰。

古圣人劳躬养神，节欲适情，尊天敬地，履德行仁。是以上天歆焉，永其世而丰其年。故尧秀眉高彩，享国百载。及秦始皇览怪迂，信禨祥①，使卢生求羡门高②，徐市等入海求不死之药③。当此之时，燕、齐之士释锄耒，争言神仙。方士于是趣咸阳者以千数，言仙人食金饮珠，然后寿与天地相保。于是数巡狩五岳，滨海之馆，以求神仙蓬莱之属。数幸之郡县，富人以赀佐，贫者筑道旁。其后，小者亡逃，大者藏匿；吏捕索掣顿④，不以道理。名宫之旁，庐舍丘落⑤，无生苗立树；百姓离心，怨思者十有半。《书》曰："享多仪，仪不及物，曰不享。"故圣人非仁义不载于己，非正道不御于前。是以先帝诛文成、五利等，宣帝建学官，亲近忠良，欲以绝怪恶之端，而昭至德之涂也。

注释

①禨祥：吉凶预兆。禨，吉兆。祥，凶兆。

②使卢生求羡门高：据记载，秦始皇在公元前 215 年到河北碣石山巡视，派燕人卢生找仙人羡门高，在碣石刻石碑。

③徐市（fú）等入海求不死之药：徐市，即徐芾、徐福。据记载，齐人徐市等人上书秦始皇，说海中有蓬莱、方丈、瀛洲三座仙山，有不死之药。后来始皇让他带着数千童男童女出海求仙人，结果一去不复返。

④掣顿：强制别人服从自己。掣，拉，牵引。顿，停止。

⑤庐舍丘落：房屋空虚衰落。

翻译

古时候，圣人操练身体，保养精神，节制欲望，表达性情适中，尊天敬地，实行德政和仁义。所以上天为之感动，让他长期统治下民，保佑他延年益寿。所以，尧帝眉清目秀，满面红光，治理国家达百年之久。到了秦始皇，喜欢怪诞迂腐，相信吉凶征兆，命燕人卢生寻求仙人羡门高，派徐市带着童男童女到东海求不死之药。在那个时候，燕地、齐地的方士大都丢掉锄头农具，争先恐后地谈论神仙。于是，跑到咸阳的方士数以千计，他们说仙人食金丹、饮珠丸，这样人的寿命与天地同在。于是秦始皇多次巡狩五岳和海边行宫，以此寻求蓬莱等仙岛拜访神仙。他多次驾临的郡、县，富人用资财提供费用，穷人为皇帝修路。后来，穷人就逃亡，富人就躲避；而官吏到处搜捕，强迫人们服劳役，根本不按道理办事。秦朝著名的宫殿旁边，平民房屋空虚衰落，没有活着的禾苗和竖着的树木；百姓离心离德，十个人中有五个怨恨。《尚书》上说："享礼有多种礼节仪式，如果礼物丰盛而不合礼节，不算上供。"因此圣人不是仁义的事决不去做，不是正道就不再向前走。所以，已故的武帝杀了说鬼神的文成将军（少翁）和五利将军（栾大）等方士。皇帝建立学官，亲近忠良之臣，就是想以此杜绝怪事和罪恶产生的根源，开辟达到最高道德的途径。

宫室奢侈，林木之蠹也。器械雕琢，财用之蠹也。衣服靡丽，布帛之囊也。狗马食人之食，五谷之蠹也。口腹从恣[①]，鱼肉之蠹也。用费不节，府库之蠹也。漏积不禁，田野之蠹也。丧

祭无度，伤生之蠹也。堕成变故伤功，工商上通伤农[②]。故一杯棬用百人之力[③]，一屏风就万人之功，其为害亦多矣。目修于五色[④]，耳营于五音[⑤]，体极轻薄，口极甘脆。功积于无用，财尽于不急，口腹不可为多。故国病聚不足即政怠，人病聚不足则身危[⑥]。

丞相曰：治聚不足奈何？

注释

①从恣：放纵随意。从，同“纵”。

②上通：指盐、铁官营等政策。

③杯棬：杯、盘、盆的总称。

④修：这里是沉迷的意思。

⑤营：沉醉于。

⑥病聚不足：聚积不足的弊病。

翻译

住的宫室奢侈腐化，是林木的蛀虫。用的器具雕琢刻镂，是财用的蛀虫。穿的衣服非常华丽，是布帛的蛀虫。猪狗牛马吃人的粮食，是五谷的蛀虫。口腹放纵恣肆，毫无节制，是鱼肉的蛀虫。开支不节俭，是府库的蛀虫。漏水淤积不堵塞，是田野的蛀虫。丧葬祭祀没有限制，是伤害活人的蛀虫。毁坏成规，变更旧法，这是损害功业，工商业官营，就会妨害农业。所以，一个杯子、盘子用上百人去做，一扇屏风需要耗费上万人的工夫，它们带来的害处是很多的啊！眼睛迷恋于五色，耳朵沉醉于音乐，身体穿尽轻薄衣服，嘴巴吃尽甜脆食物，这就是把工夫都花费在无用之事上，把财物都耗费在不急迫的事情上。口腹不能吃得太多。所以，国家有财富聚积不足的弊病，就会造成朝政衰败；人要是患有聚积不足的疾病，身体就危险了。

丞相说：如何治理聚积不足的弊病呢？

救匮第三十

导读

本篇讨论救匮之道，大夫与贤良就如何挽救财政匮乏问题而展开的论争。贤良认为导致国家财政匮乏的根本原因是权贵阶层的豪奢之风和吏治腐败，要求公卿大夫及其子孙“躬亲节俭，率以敦朴”，坚持废除盐、铁官营等政策。大夫则认为朝廷大臣垂范节俭并不能解决财政匮乏问题，并讥刺贤良品头论足却解决不了实际问题。

贤良曰：盖桡枉者以直，救文者以质①。昔者，晏子相齐，一狐裘三十载。故民奢，示之以俭；民俭，示之以礼。方今公卿大夫子孙，诚能节车舆②，适衣服，躬亲节俭，率以敦朴，罢园池，损田宅，内无事乎市列③，外无事乎山泽，农夫有所施其功，女工有所粥其业④。如是，则气脉和平，无聚不足之病矣。

注释

①救：禁止，制止。文：虚饰。这里指奢侈。质：质朴，朴实。

②诚：如果，假使。节车舆：节制车舆豪奢之风。

③内：都邑之内。无事：不要从事。市列：列肆，店铺。

④粥：通“鬻”，卖掉。业：指女工的纺织品。

翻译

贤良说：要纠正弯曲的东西，必须使用矫正的工具；要制止奢侈的风气，必须提倡质朴的作风。从前晏婴做齐国的宰相时，一件狐裘穿了三十年。因此，如果民风豪奢，就要用节俭来给他们做示范；民风俭朴，就要用礼仪来给他们做示范。现在，公卿大夫和他们的子孙，如果真能做到节减车辆，衣着适当，亲身节俭，以敦厚朴实作为民众表率，罢掉园池，减少良田豪宅，官府在都邑内不要开店经商，在野外不要开辟山林池苑，让农民有土地耕种，妇女们能够出卖纺织品。这样，国家就如同一个气脉和平的人，没有聚积不足的弊病。

大夫曰：孤子语孝，躄者语杖[①]，贫者语仁，贱者语治。议不在己者易称[②]，从旁议者易是，其当局则乱。故公孙弘布被，倪宽练袍，衣若仆妾，食若庸夫[③]。淮南逆于内，蛮、夷暴于外，盗贼不为禁，奢侈不为节。若疫岁之巫，徒能鼓口舌[④]，何散不足之能治乎？

注释

①躄者：瘸子。杖：手杖。

②议不在己：议论焦点不在自己。易称：容易评头论足。

③庸夫：雇工。庸，通“佣”。

④徒：仅仅。鼓口：摇唇鼓舌。

翻译

大夫说：孤儿喜欢谈论孝道，跛子喜欢谈论拐杖，贫穷的人喜欢谈论仁爱，地位卑贱的人喜欢谈论治理国家。议论与己无关的事情容易夸夸其谈，站在旁边发议论也容易讲得头头是道，但是当局者就容易陷入迷乱了。因此，公孙弘盖布被，倪宽穿素袍，他们穿得像仆人，吃得像佣人。但是，国内淮南王刘安照样反叛朝廷，蛮、夷也照样在边境骚扰，盗贼仍然得不到禁止，社会奢侈之风并不因为他们俭朴而得到节制。你们儒生就好像瘟疫流行年月的巫师一般，仅能摇唇鼓舌，哪能解决财物耗散、财用不足的问题呢？

贤良曰：高皇帝之时[①]，萧、曹为公[②]，滕、灌之属为卿[③]，济济然斯则贤矣[④]。文、景之际，建元之始，大臣尚有争引守正之义。自此之后，多承意从欲，少敢直言面议而正刺，因公而徇私。故武安丞相讼园田[⑤]，争曲直人主之前。夫九层之台一倾，公输子不能正；本朝一邪，伊、望不能复。故公孙丞相、倪大夫侧身行道，分禄以养贤，卑己以下士，功业显立，日力不足，无

行人子产之继[6]。而葛绎、彭侯之等，隳坏其绪，纰乱其纪，毁其客馆议堂，以为马厩妇舍，无养士之礼，而尚骄矜之色，廉耻陵迟而争于利矣[7]。故良田广宅，民无所之。不耻为利者满朝市[8]，列田畜者弥郡国[9]。横暴掣顿，大第巨舍之旁，道路且不通，此固难医而不可为工。

大夫勃然作色，默而不应。

注释

①高皇帝：指刘邦。

②萧：萧何。曹：曹参。公：三公。

③滕：即滕公夏侯婴。灌：灌婴。卿：九卿。

④济济然：众多的样子。

⑤武安丞相讼园田：田蚡与魏其侯窦婴争城南田地，后因矛盾激化而闹到汉武帝面前。

⑥行人：春秋时官名，掌管朝见和询访的事。这里指公孙挥，字子羽，春秋时郑国人，与子产同时佐助郑简公，官至“行人”。

⑦陵迟：衰落，衰败。

⑧朝市：朝廷和集市。

⑨列：瓜分、霸占的意思。

翻译

贤良说：高祖皇帝时，萧何、曹参位列三公，夏侯婴、灌婴等人为九卿，人才济济，这些人都堪称是贤能之士。文帝、景帝的时候，武帝建元初期，大臣们还具有谏争辅导、坚守正道的精神。建元之后，大臣们多数是承顺君主的意旨，顺从君主欲望，很少有人敢于讲真话，不能当面谏争讽刺，而是借用职权假公济私。因此，武安侯田蚡身为丞相，为了与同僚争夺园田，在皇帝面前争辩是非。九层的高台一旦倒塌，即使是公输班也不能修正；朝廷一旦不行德政，即使是伊尹、姜子牙也不能使它复兴。所以公孙弘丞相和倪宽大夫反求诸己，实行儒家学派的治道，分出自己的俸禄来养贤士，放下身段，去和下面的贤士交往，功业显著，可惜的是他们年老，精力不足，没有像郑国子羽、子产那样的人继承他们的事业。到公孙贺、刘屈氂之流当丞相时，毁坏了公孙弘和倪宽创立的事业，扰乱朝廷纲纪，毁坏当年公孙弘、倪宽礼待贤士的客馆议堂，把这些地方变成马棚和奴婢的住房，丢弃侍养贤士的礼节，崇尚骄傲怠慢之色，礼义廉耻日趋衰败，只知道争夺财利。因此到处是权贵豪强的良田广宅，老百姓却到处流浪，没有容身之地。朝廷和集市都充满了不知羞耻、追名逐利的小人，园田牧场充斥了天下各个郡县和封国，权贵们态度横暴，对民众动辄拖拉牵曳，有钱有势人家宅院旁边的道路禁止通行，这种情况实在是难以医治而没法治理的啊！

大夫突然变了脸色，沉默而不答话。

箴石第三十一

导读

“箴”同“针”，石为砭石。箴石是治病的工具，此处用以比喻治国手段。丞相批评文学、贤良态度不够谦逊，让朝廷官员蒙受不仁不义、吃白饭的恶名，使主管官员在感情上不能接受文学、贤良的建议，且认为即使让这些文学、贤良当朝理政，他们也未必能够医好社会的疾病。贤良则认为，贤士无论是建言献策还是付诸行动，都非常不易，并发出君子人生道路本来就十分狭窄的感叹。

丞相曰：吾闻诸郑长者曰：“君子正颜色，则远暴嫚；出辞气，则远鄙倍矣。”故言可述，行可则。此有司夙昔所愿睹也。若夫剑客论、博奕辩，盛色而相苏①，立权以不相假②，使有司不能取贤良之议，而贤良、文学被不逊之名，窃为诸生不取也。公孙龙有言：“论之为道辩，故不可以不属意。属意相宽，相宽其归争③。争而不让，则入于鄙。”今有司以不仁，又蒙素餐④，无以更责雪耻矣⑤。县官所招举贤良、文学，而及亲民伟仕⑥，亦未见其能用箴石而医百姓之疾也。

注释

①盛色：言辞脸色严厉。相苏：相向争辩论。

②立权：建立各自权威。假：宽容。

③归争：回到正常的辩论上来。

④素餐：白吃饭。

⑤更责：偿债。责，同“债”。

⑥而：如。亲民：汉代推举文学、贤良的基本要求是“可亲民”。伟仕：高官。

翻译

丞相说：我听说《郑长者》一文曾讲过：“君子的脸色一本正经，就可以避免别人的粗暴和怠慢；说话时注意言辞语气，就可以避免粗野和错误。”所以，说话要有根据，行为要有准则。这是主管官员向来愿意看到的。至于像剑客那样激烈地争论高下，像博弈者那样犀利地指责对方，辞色俱厉，互相辩论，试图建立自己的话语霸权而不相谦让，使官吏不能采纳贤良的意见，而贤良、文学也得到不谦逊的名声，我们是不赞成你们这样做的。公孙龙说：“辩论是为大道而辩，因此辩论时不可以不注意，双方注意互相纠正，结果归于争辩，争辩而不相让，就会进入粗野。”如今主管官员被文学、贤良视为不仁，又蒙受白吃饭的恶名，也没有办法来改正我们的过失，洗去耻辱。朝廷征召你们这些贤良、文学，但一到你们做官亲自治民的时候，也不见得你们有谁能拿出什么好办法来解除百姓的疾苦。

贤良曰：贾生有言曰：“恳言则辞浅而不入，深言则逆耳而失指①。”故曰：“谈何容易。”谈且不易，而况行之乎？此胡建所

以不得其死[2]，而吴得几不免于患也[3]。语曰："五盗执一良人，枉木恶直绳[4]。"今欲下箴石，通关鬲，则恐有盛、胡之累，怀箴橐艾[5]，则被不工之名。"狼跋其胡，载踕其尾。"君子之路，行止之道固狭耳。此子石所以叹息也[6]。

注释

①指：同"旨"，宗旨，目的。

②胡建所以不得其死：胡建生活于汉武帝、汉昭帝时期，以正直敢为著称，后因得罪权贵丁外人、盖长公主、上官桀等，最后被迫自杀。

③吴得几不免于患：吴得之事不见于史籍，或言吴得即汉初向刘邦推荐刘敬的虞将军。

④枉木：这里比喻坏人。直绳：这里比喻正直的人。

⑤怀箴橐艾：将医药收藏起来。怀，怀揣。箴，针。橐，袋。艾，针灸用的燃料。

⑥子石：公孙龙的字，据记载，他曾因到处碰壁不受重用而哀叹仕途艰难。

翻译

贤良说：贾山说过："说话恳切，就会因为言辞浅显，对方听不进去；说话深刻，就会忠言逆耳，达不到劝谏目的。"所以说"言谈何曾容易。"进言尚且不可轻易，更何况实际去做呢？这就是胡建不得好死，吴得差一点被害的原因啊！俗话说："五个强盗可以控制住一个良民，弯曲的木材厌恶笔直的准绳。"如今我们即使想下药治病，打通关节和横膈膜，但怕遭到像成颙、胡建一样的灾难，如果将医药收藏起来，又会蒙受医术不高的恶名。“狼前就会踩着颈下垂肉，后退就会被尾巴绊倒。”君子所走的路，本来就是进退都狭窄的。这就是公孙龙叹息的原因啊！

除狭第三十二

导读

此篇大夫就贤良所提“道狭”问题，进行答辩，认为人之善恶穷通全在自己，不能说人生道路狭窄。贤良则认为，当代朝廷不能选贤任能，官场混乱，是造成社会混乱的根本原因，并提出朝廷要选贤任能，建立清明的吏治。

大夫曰：贤者处大林，遭风雷而不迷。愚者虽处平敞大路，犹暗惑焉①。今守、相亲剖符赞拜②，莅一郡之众③，古方伯之位也④。受命专制，宰割千里，不御于内⑤；善恶在于己，己不能故耳，道何狭之有哉？

注释

①暗惑：迷惑。

②守：郡守。相：国相。亲：亲自。剖符：古代中央政府任用各郡国守相时，用竹、木、玉、铜等刻上文字，分成两

半，各执一半，以为凭证，即“剖符”。赞拜：守相被任用时，朝拜天子的礼节。

③莅：莅临，君临。

④方伯：古时一方诸侯之长。

⑤不御于内：不受朝廷的约束。御，统治。

翻译

大夫说：有才能的人在深山大林中，遇到风雨也不迷失方向。愚昧的人即使是走在平坦宽敞的大路上，仍然会感到昏暗迷惑。现在的郡守和郡相由皇帝亲自委任，莅临一郡的百姓之上，这相当于古代诸侯方伯的地位。他们奉皇帝的命令独断行事，统治千里之地，不受朝廷钳制；从善作恶在于自己，恶名是由于自己没有能力的缘故，怎么能说道路狭窄呢？

贤良曰：古之进士也，乡择而里选，论其才能，然后官之，胜职任然后爵而禄之。故士修之乡曲[①]，升诸朝廷，行之幽隐，明足显著[②]。疏远无失士，小大无遗功。是以贤者进用，不肖者简黜[③]。今吏道杂而不选，富者以财贾官，勇者以死射功。戏车鼎跃，咸出补吏，累功积日，或至卿相。垂青绳[④]，擐银龟[⑤]，擅杀生之柄，专万民之命。弱者，犹使羊将狼也，其乱必矣。强者，则是予狂夫利剑也，必妄杀生也。是以往者，郡国黎民相乘而不能理[⑥]，或至锯颈杀不辜而不能正。执纲纪非其道，盖博乱愈甚。古者封贤禄能，不过百里；百里之中而为都，疆垂不过五十，犹以为一人之身，明不能照，聪不得达，故立卿、大夫、

士以佐之，而政治乃备。今守、相或无古诸侯之贤，而莅千里之政，主一郡之众，施圣主之德，擅生杀之法，至重也⑦。非仁人不能任，非其人不能行。一人之身，治乱在己，千里与之转化，不可不熟择也。故人主有私人以财，不私人以官，悬赏以待功，序爵以俟贤⑧，举善若不足，黜恶若仇雠，固为其非功而残百姓也。夫辅主德，开臣途，在于选贤而器使之，择练守、相然后任之⑨。

注释

①乡曲：偏僻的乡村。

②明足：这里指当官。

③简黜：检查罢免。

④垂：挂下。青绳：即青绶，系官印的青色绶带。

⑤擐：贯，穿。银龟：卿、相用的银印龟钮。

⑥相乘：互相侵凌。

⑦至重：任务极其重大。

⑧序爵：制定和安排官爵。

⑨择练：选择，挑选。练，同“拣”。

翻译

贤良说：古时候推贤进士，从乡到里，层层选择，考察他们的才能，然后给他官做，若能胜任职务再按照一定等级封爵授禄。因此，贤士在乡里修炼道德才能，通过选择升到朝廷；在偏远之处修行，出仕之后则处于众人瞩目的显著地位。不因为关系疏远而漏掉贤能的人，不论功劳大小，都没有被遗失的。因此，贤能的人得到任用，不贤的人经检查后予以罢免。现在升官的道路杂乱，丢弃了传统的选拔做法，富有的人用钱财来买官，勇士通过死战求功。耍车玩鼎的杂技之人，都出来充当官吏，一天天积累功劳资历，有的人官至卿相。他们身上佩带青色绸带，挂着银印龟钮，掌握生杀大权，控制万民命运。如果这些官员性格懦弱，那就如同让一只羊统率狼群，国家一定会乱。如果这些官员性格强悍，那就等于授利剑给狂夫，他必然胡乱杀人。所以以往郡国的老百姓互相侵凌而无法治理，有时候甚至锯脖子、杀无罪而得不到纠正。执掌国法的官员不按仁义之道行事，大乱越来越严重。古时天子分封和赏赐有贤德有才能的人，方圆不超过百里；在这百里之中设立都城，边界不过五十里，天子还以为仅凭诸侯一人之身，视力有看不到的地方，听力有达不到的地方，为此设立卿、大夫、士来辅助他，这样政事才能完备。现在有些郡守和郡相没有古代诸侯的才能，而管理千里的政事，主管一郡的百姓，要求他们广施圣主恩德，独揽生杀法令，使命极为重大啊。不是有仁德的人不能担任这样的职务，不是有仁德的人也不能施行正确的治理。郡守、相国以一人之身，治和乱全在于郡守、国相自己，一举一动牵涉到千里的变化，不可不深思熟虑地进行挑选。所以君主可以恩赐财产而不是用官爵来奖赏他所偏爱的人，朝廷张榜悬赏等待有功的人领取，设立官位等待有才德的人就任，推举贤人总感到不足，罢免恶人如同对待仇敌，这本来就是因为恶人没有功劳而残害百姓啊。辅助君主的德政，开通臣民的仕途，在于选用贤能，重用他们，选拔郡守、郡相，然后加以任用。

疾贪第三十三

导读

此篇就贪鄙问题进行辩论。大夫认为，官员是廉洁还是贪鄙，都是出于各人的天性。贤良则认为官员俸禄微薄是造成官员上下贪鄙成风的原因之一，朝廷高官要率先垂范，通过教化，适当辅以刑诛，来改变官员贪鄙之风，不要把贪鄙责任推给下层百姓。

大夫曰：然。为医以拙矣[1]，又求多谢[2]。为吏既多不良矣，又侵渔百姓。长吏厉诸小吏[3]，小吏厉诸百姓。故不患择之不熟，而患求之与得异也；不患其不足也，患其贪而无厌也。

注释

①以：通“已”。拙：拙劣。

②谢：报酬，谢礼。

③厉：欺压，残害。诸：兼词，之于。

翻译

大夫说：是啊。譬如医生，医术已经够拙劣了，还想要多取报酬。做官已经做了很多缺德事了，还想进一步侵夺老百姓。大官欺压小官，小官欺压百姓。因此不怕朝廷选择官员不慎重，就怕所录用的官员与我们所渴求的贤才不一样；不怕朝廷选拔的人才不够，就怕官员贪得无厌。

贤良曰：古之制爵禄也，卿大夫足以润贤厚士，士足以优身及党；庶人为官者，足以代其耕而食其禄。今小吏禄薄，郡国繇役，远至三辅，粟米贵，不足相赡。常居则匮于衣食，有故则卖畜粥业。非徒是也，繇使相遣[①]，官庭摄追[②]，小计权吏，行施乞贷[③]，长吏侵渔，上府下求之县，县求之乡，乡安取之哉？语曰："货赂下流，犹水之赴下，不竭不止。"今大川江河饮巨海，巨海受之，而欲溪谷之让流潦[④]，百官之廉，不可得也。夫欲影正者端其表，欲下廉者先之身。故贪鄙在率不在下[⑤]，教训在政不在民也。

注释

①繇使相遣：充当徭役差使。

②摄追：威逼追索。

③乞贷：借贷。

④流潦：路边流动的积水。

⑤率：同"帅"，长官，领导。

翻译

贤良说：古时候制定官爵俸禄，卿、大夫的俸禄足够资助贤士，士的俸禄足以优待自身和亲族，普通人做官，足可以代替耕种，依靠俸禄生活。现在，小吏的俸禄微薄，地方上出徭役，有时要远赴三辅地区，粮食价贵，收入不足开支。日常家居的时候是缺吃少穿，家中若有变故就要卖掉家畜产业。不仅如此，他们还要充当徭役差使，不时遭到地方官府追索财物，那些上报统计的小官和有权的大吏，或要求民众布施，或强行借贷，长官侵夺，郡国衙门向下级县衙索求，县又向乡一级索取，乡又到哪里去索取呢？俗话说："贿赂的风气向下面流散，好像江河奔腾而下，水源不枯竭就不会停止。"今天大江大河流入大海，大海都接受了，却要小溪不接受地面上的那点积水；在朝政腐败形势下要想百官廉洁，是不可能的。想要影子端正，必须先端正标杆，想要下边的人廉洁，长官先要自身做表率。所以贪污粗鄙的根源在长官而不在下面，教诲训示的重点在朝政，而不是老百姓。

大夫曰：贤不肖有质，而贪鄙有性，君子内洁己而不能纯教于彼①。故周公非不正管、蔡之邪，子产非不正邓皙之伪也。夫内不从父兄之教，外不畏刑法之罪，周公、子产不能化，必也。今一一则责之有司，有司岂能缚其手足而使之无为非哉②？

注释

①内洁己：对内做到自己廉洁。纯教：纯洁教育。彼：指那些贪污官吏。

②无为非：不要为非作歹。

翻译

大夫说：贤与不贤是人的本质决定的，而贪婪鄙劣同样是人的天性决定的，君子可以做到自己廉洁，而不能教育那些贪鄙之人纯洁。因此周公并不是不纠正管叔、蔡叔的过错，郑子产并非不约束邓皙的非法行为。像管、蔡那样不听从家中父兄教诲，像邓皙那样不怕国家刑法定罪，周公、子产不能教化他们，是必然的。现在你们将官吏贪污归责于朝廷官员，朝廷官员总不能把贪官污吏手脚绑起来，不让他们为非作歹吧？

贤良曰：驷马不驯，御者之过也。百姓不治，有司之罪也。《春秋》刺讥不及庶人，责其率也。故古者大夫将临刑，声色不御[①]，刑以当矣，犹三巡而嗟叹之[②]。其耻不能以化而伤其不全也。政教闇而不著，百姓颠蹶而不扶[③]，犹赤子临井焉，听其入也。若此，则何以为民父母？故君子急于教，缓于刑。刑一而正百，杀一而慎万。是以周公诛管、蔡，而子产诛邓皙也。刑诛一施，民遵礼义矣。夫上之化下，若风之靡草，无不从教。何一一而缚之也？

注释

①声色不御：不接近歌舞娱乐。

②三巡：多次，再三审察。

③颠蹶：跌倒，栽跟头。

翻译

贤良说：驾车的马未能驯服，是赶车人的过错。百姓不听从管教，是官吏的罪过。《春秋》不讽刺老百姓，而只追究当官的责任。因此，古时候大夫监督执行死刑，停止歌舞娱乐，刑罚已经执行完毕了，还要再三审察、叹息。这是官员耻于不能教化、感伤罪犯尸身不全啊。政教昏暗而不使它光明，百姓跌倒而不去搀扶，如同婴儿走到井边，听任婴儿跌进井内一样。如果是这样，怎么去做老百姓的父母官呢？因此，君子急于教化，缓于用刑。对一个人用刑要起到使百人改邪归正的作用，杀一个人要使万人小心谨慎。所以周公诛杀了管叔、蔡叔，子产诛杀了邓皙。刑罚一施行，老百姓都遵守礼义了。在上的官员教化下民，好像大风吹过草就倒下一样，老百姓没有不顺从教化的。何必要一个一个地将他们捆绑起来呢？

后刑第三十四

导读

本篇是关于用刑的辩论。大夫主张以严刑治国；贤良则主张把政治教化放在第一位，先德而后刑。

大夫曰：古之君子，善善而恶恶[①]。人君不畜恶民[②]，农夫不畜无用之苗。无用之苗，苗之害也；无用之民，民之贼也。鉏一害而众苗成，刑一恶而万民悦。虽周公、孔子不能释刑而用恶。家之有姐子，器皿不居，况姐民乎！民者敖于爱而听刑。故刑所以正民，鉏所以别苗也[③]。

注释

①善善：肯定善人。恶（wù）恶：厌恶恶人。

②畜：通“蓄”，养育。

③钽：同“锄”。

翻译

大夫说：古代的君子，肯定善人，厌恶恶人。君主不养邪恶的百姓，农民不培植无用的野草。无用的莠苗，是禾苗的祸害；无用的坏人，是民众的祸害。锄去一株害苗，禾苗就能很好地生长，惩罚少数对人民有危害的人，广大百姓就会高兴。即使是周公、孔子当政，也不能放弃刑罚而任用坏人。百姓家里出了娇生惯养的败家子，器皿就不能保全，更何况民间那些放荡不羁的败类呢！老百姓受到怜爱就会骄傲，面对刑罚就会听从。所以，刑法是用来使百姓遵教化的，锄头是用来辨别良苗与莠草的。

贤良曰：古者，笃教以导民，明辟以正刑[①]。刑之于治，犹策之于御也。良工不能无策而御，有策而勿用。圣人假法以成教[②]，教成而刑不施。故威厉而不杀，刑设而不犯。今废其纪纲而不能张，坏其礼义而不能防。民陷于罔，从而猎之以刑，是犹开其阑牢[③]，发以毒矢也，不尽不止。曾子曰：“上失其道，民散久矣，如得其情，即哀矜而勿喜。”夫不伤民之不治，而伐己之能得奸，犹弋者睹鸟兽挂罻罗而喜也[④]。今天下之被诛者，不必有管、蔡之邪、邓晳之伪，恐苗尽而不别，民欺而不治也[⑤]。孔子曰：“人

而不仁，疾之已甚，乱也。”故民乱反之政，政乱反之身，身正而天下定。是以君子嘉善而矜不能，恩及刑人，德润穷夫，施惠悦尔，行刑不乐也。

注释

①明辟：公布法令。辟，法。正刑：端正刑罚。

②假法：借助刑罚。假，假借，利用。成教：完成教化。

③阑牢：关野兽的栏圈。

④弋者：射猎者。罻（wèi）罗：捕鸟的小网。

⑤民欺而不治：民众狡诈而不能治理。

翻译

贤良说：古时候，厚于教化来引导民众，公布法令来端正刑罚。用刑罚治理国家，就像用马鞭子赶车一样。优秀车夫不能不带鞭子就去驾车，也不能有鞭子而不使用。圣人借助于刑法做好教化工作，教化成功了也就不必实行刑罚了。因此法令威猛严厉但不一定要杀人，刑罚设置就没有人敢于触犯。如今废除了古人的治国方法不去实行，破坏了古代的礼义而不能防止犯法。百姓陷入法网，官府随后用刑捕猎，这如同打开其猎物栏圈大门，再射出毒箭，不杀尽就不停止。曾子说：“当政的人不按正道行事，民心离散已经很久了。你如果知道了他们的真实情况，就会同情他们而不沾沾自喜。”不去感伤民众得不到治理，反而夸耀自己能够审出真情，就好像捕鸟的人看到鸟陷入罗网而自喜。现在天下被杀的人不一定有管叔、蔡叔那样的邪恶，或邓皙的违法乱纪，这样下去，恐怕禾苗被锄尽也辨别不出好坏，民众狡诈而得不到治理。孔子说："对于不仁的人，痛恨得太过分了（而又不教导他），使人无所容，就会逼出乱子。"因此，下面乱了要回过头来从朝政上寻找原因，朝政乱了，要回过头来从执政者自身寻找原因，自己行得正，天下才能安定。因此君子表彰善良而同情无能的人，恩惠施及受刑之人，德惠润泽到穷人，在施行恩惠时很高兴，而动用刑罚时就感到难过。

授时第三十五

导读

"授时"即不违农时的意思，本篇讨论如何对待农民贫困问题。大夫认为朝廷不应该同情因懒惰奢侈而造成贫困的人，尽管朝廷已经实施劝农、赈贷政策，可是仍然解决不了民众贫穷问题。贤良则认为，民众的勤懒有赖于朝廷的政治教化，要先让民众富裕起来，再对他们进行礼义教化，鼓励农耕关键在于不误农时。

大夫曰：共其地，居是世也，非有灾害疾疫，独以贫穷，非惰则奢也；无奇业旁入[①]，而犹以富给，非俭则力也。今曰施惠悦尔，行刑不乐，则是闵无行之人，而养惰奢之民也。故妄予不为惠[②]，惠恶者不为仁[③]。

注释

①奇业：谓非正业，指农工商以外的其他产业。旁入：本业以外的额外收入。

②妄予：不合理的赐予。

③惠恶：施恩惠给坏人。

翻译

大夫说：居住在同样的土地上，生活在同一个时代，如果不是遇到天灾、疾病、瘟疫，唯独有少数人贫穷，那么这些人不是因为懒惰就是由于奢侈；没有特殊产业和额外收入，而仍然生活富裕，那么这些人不是因为勤俭就是由于力耕。现在你们说什么“施行恩惠就高兴，执行刑罚就感到难过”，这就是怜悯那些没有品行的人，养活好吃懒做、挥霍浪费的人。所以，胡乱赐予不能叫恩惠，施惠给恶人不能叫仁爱。

贤良曰：三代之盛无乱萌[①]，教也。夏、商之季世无顺民[②]，俗也。是以王者设庠序，明教化，以防道其民，及政教之洽[③]，性仁而喻善。故礼义立，则耕者让于野；礼义坏，则君子争于朝。人争则乱，乱则天下不均，故或贫或富。富则仁生，赡则争止[④]。昏暮叩人门户，求水火，贪夫不恡[⑤]，何则？所饶也。夫为政而使菽粟如水火，民安有不仁者乎？

注释

①三代：指夏、商、周。萌：通“民”，即百姓。

②季世：末世。指夏桀和商纣的时代。无顺民：没有服从的百姓。顺，服从。

③洽：谐和，融洽。

④赡，富足。

⑤贪夫：贪婪的人。悋：通“吝”，吝啬。

翻译

贤良说：夏、商、周兴旺时没有乱民，是由于教化的结果。夏、商末年没有服从的百姓，是风俗败坏的结果。因此王者设立学校，宣明王道教化，用来预防疏导民众，等到政治和教化密切结合，仁成了天性，人们就懂得什么是善了。所以，礼义建立了，那么耕田的人就会在田野礼让；礼义破坏了，那么君子就会争于朝廷。人人相争使社会混乱，就会导致天下财富不平均，有的贫穷、有的富裕。人们富裕了就会讲仁义，物资丰足则斗争也就停止了。薄暮黄昏时去敲人门户，向人求借水火，即使是贪婪的人也不会吝啬，为什么呢？因为经济富饶啊。如果治理国家的人能使粮食像水和柴火那样充足，百姓哪里还会有不仁义的呢？

大夫曰：博戏驰逐之徒[①]，皆富人子弟，非不足者也。故民饶则僭侈，富则骄奢，坐而委蛇[②]，起而为非，未见其仁也。夫居事不力，用财不节，虽有财如水火，穷乏可立而待也。有民不

畜[④]，有司虽助之耕织，其能足之乎？

注释

①博戏驰逐：赌博赛马，引申为寻欢作乐。

②委蛇：形容人坐着时弯弯曲曲、从容自得的样子。

③有：语首助词。畜：古通“蓄”，即储蓄。

翻译

大夫说：下棋赌博、驱马追逐的人，都是富人子弟，并不是衣食不足的人。所以，百姓钱财多就会僭越礼制，富裕就会骄横淫逸，在家从容自得，外出为非作歹，没见他们有什么仁义。办事情不尽力，用钱财不节约，尽管财物像水火一样多，贫穷仍然会立即到来。百姓不注意积蓄，主管官员即使帮助他们耕田织布，他们能够富足吗？

贤良曰：周公之相成王也，百姓饶乐，国无穷人，非代之耕织也。易其田畴[①]，薄其税敛，则民富矣。上以奉君亲，下无饥寒之忧，则教可成也。《语》曰：“既富矣，又何加焉？曰，教之。”教之以德，齐之以礼，则民徙义而从善，莫不入孝出悌[②]，夫何奢侈暴慢之有？管子曰：“仓廪实而知礼节，百姓足而知荣辱。”故富民易与适礼。

注释

①易：修治。田畴：田地。

②入孝出悌：在家孝敬父母，出门严守兄弟礼义。

翻译

贤良说：周公辅助周成王时，老百姓丰饶快乐，国家没有穷人，周公并没有代替老百姓耕田织布。让民众修治田地（改变成井田制），减轻百姓的赋税，百姓就会富裕。（百姓富裕了）上可侍奉君主和父母，对下没有饥寒之忧，这样礼教就可以推行成功了。《论语》说："百姓富裕了，还要怎么办呢？孔子回答：教化他们。"用道德教化他们的思想，用礼仪整齐他们的行为，百姓就会向往仁义而一心向善，没有人不做到在家孝顺父母、出门尊敬兄长，这样哪里会有什么奢侈、粗暴、怠慢的事？管仲说："仓库充足百姓就会懂得礼节，百姓富足就会知道荣辱。"所以富裕的民众容易向往礼义。

大夫曰：县官之于百姓，若慈父之于子也。忠焉能勿诲乎？爱之而勿劳乎？故春亲耕以劝农，赈贷以赡不足[①]，通滀水，出轻系[②]，使民务时也。蒙恩被泽，而至今犹以贫困，其难与适道若是夫！

注释

①赈贷：赈济借贷。赡：补助。

②轻系：犯有轻罪而被拘禁的犯人。

翻译

大夫说：朝廷对于百姓，就像慈父对待自己的儿子一样：对他忠心，能不教诲他吗？对他疼爱，能不让他勤劳吗？所以，立春季节天子亲自耕种，以鼓励农业生产，赈济借贷来救济生活困难的人，疏通积水，释放罪行较轻的犯人，以便让民众抓紧农时。老百姓蒙受天子的恩泽，但至今仍然贫困，让他们走上正道是如此的困难啊！

贤良曰：古者，春省耕以补不足，秋省敛以助不给[①]。民勤于财则贡赋省，民勤于力则功筑罕。为民爱力，不夺须臾。故召伯听断于甘棠之下，为妨农业之务也。今时雨澍泽[②]，种悬而不得播，秋稼零落乎野而不得收。田畴赤地，而停落成市[③]，发春而后[④]，悬青幡而策土牛[⑤]，殆非明主劝耕稼之意，而春令之所谓也。

注释

①省敛：省视秋收状况。助不给：补助缺粮的不足。

②澍泽：雨水滋润。

③停落：即亭落，村落。

④发春：即开春。

⑤青幡：青色的旗子。策土牛：鞭打泥土雕塑的牛。悬青幡，策土牛，是中国古代鼓励农耕的一种宗教仪式。

翻译

贤良说：古时候，君主春天派官员省视春耕，补助农夫工具、种子的不足，秋天派人省视秋收状况，以补助粮食歉收的农户。百姓钱财少，就减轻贡赋，民众劳力缺少，就减少土木徭役。朝廷爱惜老百姓的劳力，不耽误他们的一点农时。因此，西周召伯在甘棠树下听讼断案，就是为了不妨碍农业生产。如今，时雨润泽万物，可是农夫的种子悬挂在墙上而不能及时播种，秋天庄稼凋落在田野里而得不到收获。田地荒废了，村落却成了集市，开春之后，官府悬挂青色旗幡，鞭策泥土雕塑的牛，这恐怕不是英明君主劝勉耕稼的本意，也不符合朝廷颁布春耕令的精神。

水旱第三十六

导读

本篇就对农业生产严重威胁的水旱灾害问题进行辩论，并联系到盐、铁官营问题。大夫认为水旱灾害不能归咎于主管官员，是自然现象，盐铁官营有利于民众务农，无论对国家还是对私人都有利。贤良则认为天灾实出于人祸，官府制作的铁器不适用农用，给民众带来很大的痛苦，痛陈盐铁官营弊端。

大夫曰：禹、汤圣主，后稷、伊尹贤相也，而有水旱之灾。

水旱，天之所为，饥穰[①]，阴阳之运也，非人力。故太岁之数[②]，在阳为旱，在阴为水。六岁一饥，十二岁一荒。天道然，殆非独有司之罪也。

注释

①饥：歉收。穰：丰收。

②太岁之数：太岁当年运行所至的区域。太岁，古人虚构的一颗星。

翻译

大夫说：夏禹、商汤是圣主，后稷、伊尹是贤相，但他们统治天下时还是有水旱灾害。水涝和旱灾是自然造成的，饥荒和丰收是阴阳运行的结果，并非是人为因素造成的。因此，太岁运行所至的区域，位置在阳就发生旱灾，位置在阴就发生水灾。每六年一次歉收，每十二年一次灾荒。天道就是这样，这恐怕不是主管官员的罪过。

贤良曰：古者，政有德，则阴阳调，星辰理，风雨时。故行修于内，声闻于外，为善于下，福应于天。周公载纪而天下太平，国无夭伤，岁无荒年。当此之时，雨不破块[①]，风不鸣条，旬而一雨，雨必以夜。无丘陵高下皆熟。《诗》曰："有渰萋萋[②]，兴雨祁祁[③]。"今不省其所以然，而曰"阴阳之运也"，非所闻也。《孟子》曰："野有饿殍[④]，不知收也；狗豕食人食，不知检也；为民父母，民饥而死，则曰，非我也，岁也，何异乎以刃杀之，

则曰，非我也，兵也？”方今之务，在除饥寒之患，罢盐、铁，退权利，分土地，趣本业⑤，养桑麻，尽地力也。寡功节用，则民自富。如是，则水旱不能忧，凶年不能累也。

注释

①雨不破块：小雨滋润，下雨不冲破泥块。

②渰：阴云。萋萋：形容阴云密布。

③祁祁：徐徐落下。

④饿殍（piǎo）：饿死的人。

⑤趣：通“促”。本业：指农耕。

翻译

贤良说，古时候，实行德政，于是阴阳调和，星辰有位，风调雨顺。所以，统治者在内修养仁德，声名会传播于外；对老百姓行善，上天就会降福。周公率先垂范而天下太平，国家没有灾难，年年没有灾荒。那时候，下雨不冲破土块，刮风不吹响树木枝条，十天下一次雨，每次下雨都在夜里。不论是丘陵还是高低田地，所有庄稼都能成熟。正如《诗经》上说的：“云雾翻卷，时雨绵绵。”如今主管官员不明白天灾产生的原因，反而说什么“阴阳的运行”，这是我前所未闻的。《孟子》上说：“田野有饿死的尸首而不去收殓；官吏养的猪、狗吃了百姓的粮食也不去检查制止；作为百姓的父母官，在百姓饿死时却说不是我的过错，而是年景不好的缘故，这种行为同用刀子杀了人，说不是我杀的而是兵器杀的，又有什么两样呢？”当今的行政要务，在于消除饥寒的病根，取消盐、铁官营，退还官营权利给民众，分给农夫土地，促进农业生产，养蚕种麻，充分发挥地力。减少国家事务，节制国家财用，这样百姓就会富足。如果能这样，那么水旱灾害不会让民众忧患，凶年也不能连累民众生活。

大夫曰：议者贵其辞约而指明，可于众人之听，不至繁文稠辞①，多言害有司化俗之计，而家人语②。陶朱为生，本末异径，一家数事，而治生之道乃备。今县官铸农器，使民务本，不营于末，则无饥寒之累。盐、铁何害而罢？

注释

①不至：不在于。稠（chóu）：多。

②家人语：家常话。

翻译

大夫说：说话的人贵在言辞简约，语意明确，适宜于众人聆听，而不在于繁文缛辞，话太多，就妨碍官吏移风易俗的计划，不要像家常话一样啰唆。从前陶朱公范蠡经营产业，深知农业之本与商业之末不同途径，一个家庭有人务农有人经商，这样谋生之道才算完备。现在朝廷统一铸造农具，使百姓务农，不去经营工商业，这样就没有受饥挨冻的灾难了。盐、铁官营有什么害处而非罢不可呢？

贤良曰：农，天下之大业也；铁器，民之大用也。器用便

利，则用力少而得作多，农夫乐事劝功。用不具，则田畴荒，谷不殖，用力鲜，功自半。器便与不便，其功相什而倍也①。县官鼓铸铁器，大抵多为大器，务应员程②，不给民用。民用钝弊，割草不痛。是以农夫作剧③，得获者少，百姓苦之矣。

注释

①功：功效。相什而倍：即相差十倍的意思。什，同“十”。

②员：事物数额，如铁器配料。程：功程，铸造工序。

③作剧：劳动繁重，操作繁重。

翻译

贤良说：农业是天下大业，铁器是民生大用。工具使用便利，则花费力气小而收获大，农夫也就乐于耕种而努力劳作。铁器农具不完备，田地就会荒废，谷物生长不好，力气用得少，收获自然折半。铁器便利与不便利，其间的功效相差十倍。朝廷铸造的铁器，大都是大件的器具，要求务必符合配料数量和铸造工序，但生产出来的农具，不适合老百姓的需要。民用铁器不锋利，且容易破损，割草都割不快。因此，农夫劳动繁重，收获也很少，老百姓深受其苦。

大夫曰：卒徒工匠①，以县官日作公事，财用饶，器用备。家人合会，褊于日而勤于用②，铁力不销炼，坚柔不和。故有司请总盐、铁，一其用，平其贾，以便百姓公私。虽虞、夏之为治，不易于此。吏明其教③，工致其事，则刚柔和，器用便。此

则百姓何苦？而农夫何疾④？

注释

①卒徒工匠：指从事铁器铸作的官府卒隶、刑徒和匠人。

②褊（biǎn）于日：时间紧张，时间短促。褊，狭小，这里指时间不多。勤于用：缺少费用。勤，通“堇”，缺少。

③明其教：讲明程序方法。

④疾：通“嫉”，痛恨。

翻译

大夫说：从事冶炼的卒隶、刑徒和工匠，按照官府规程，每日上班劳作，官府财用丰饶，器用完备。若是老百姓几家集中在一起炼铁，不仅时间紧张，而且资金缺乏，铁矿石不能充分地销熔冶炼，炼出来的铁锭软硬不均匀。因此主管官员请求朝廷统一管理煮盐炼铁，统一规格，降低价格，以便利百姓和公家。即使让虞舜、夏禹治理国家，他们也不会改变现在的办法。主管官吏讲明铸造铁器的程序方法，工匠完成冶铸任务，熔炼出的铁刚柔合适，制造出的铁器便于使用。这样，百姓还有什么痛苦，农夫又有什么憎恨呢？

贤良曰：卒徒工匠！故民得占租鼓铸、煮盐之时①，盐与五谷同贾，器和利而中用。今县官作铁器，多苦恶，用费不省，卒徒烦而力作不尽。家人相一，父子戮力，各务为善器。器不善者不集。农事急，挽运衍之阡陌之间②。民相与市买，得以财货五

谷新弊易货；或时贳民[3]，不弃作业。置田器，各得所欲，更繇省约[4]。县官以徒复作，缮治道桥，诸发民便之。今总其原，壹其贾，器多坚硜[5]，善恶无所择。吏数不在，器难得。家人不能多储，多储则镇生。弃膏腴之日，远市田器，则后良时。盐、铁贾贵，百姓不便。贫民或木耕手耨[6]，土耰淡食[7]。铁官卖器不售，或颇赋与民。卒徒作不中呈[8]，时命助之。发征无限，更繇以均剧，故百姓疾苦之。古者，千室之邑，百乘之家，陶冶工商，四民之求，足以相更。故农民不离畦亩，而足乎田器，工人不斩伐而足乎材木，陶冶不耕田而足乎粟米。百姓各得其便，而上无事焉。是以王者务本不作末，去炫耀，除雕琢，湛民以礼[9]，示民以朴，是以百姓务本而不营于末。

注释

①故：过去。占租：交租。

②挽：通“輓”，拉车。衍：散布。阡陌：田间小路。

③贳：赊欠。

④更繇：定期更换的徭役。繇，同“徭”。

⑤坚硜：坚脆，形容铁器质量不好。

⑥木耕：用木制家具耕种。手耨：用手除草。

⑦耰：古代的一种农具，用来弄碎土块。

⑧作不中呈：制作铁器没有完成铸作程序。呈，通“程”。

⑨湛，通“沉”，沉浸，即教化。

翻译

贤良说：说什么卒隶、刑徒、工匠！以前民众能够交租铸铁、煮盐的时候，盐与五谷是同一个价格，铁器质量好，便宜又好用。现在公家制造的铁器，多数质量低劣，用费却一点也不节省，卒隶、刑徒性格烦躁，不肯尽力劳作。以前几家人合作经营盐铁，相互一致，父子同心合力，各自都想制作好的铁器，质量不好就不拿到集市上出售。农忙季节，直接用车子运输铁器到田间小路上出售。民众互相购买，能够用钱币或器五谷换取铁器；有时还赊给民众，使民众不耽误所从事的生产。每个人选购的农具都是自己所需要的，节省了从事徭役的人。朝廷用男女刑徒，修治道路桥梁，各种被征发的民众都从中得到便利。现在盐、铁官营，统一价格，这些铁器很多是用又硬又脆的生铁制成，质量好坏没法选择。主管专卖的官吏经常不在商店，农具不易买到。农家又不能多储存铁器，多储备就要生锈。老百姓往往在农忙时节，跑远路买耕田铁器，结果耽误了良好的农时。官营的盐、铁价格很贵，对百姓不利。穷苦的百姓有的只好用木制的农具耕地，用手来除草，用土块当耰去打碎土块，吃不起盐只好吃淡食。铁官的农具卖不出去时，就强行摊派给民众。卒隶、刑徒制作铁器没有完成铸作程序，官员有时就命令老百姓帮助。征派百姓从事无偿劳动没有节制，让民众更替服徭役以便均衡繁重的劳动，因此百姓十分痛苦。古时候，千户人家的封地，百乘兵车的大夫之家，烧制陶器的、鼓铸铜铁器的、从事工商业的，四类民众的需要可以互相交换。所以农民不离开农田就可以农具充足，工匠不去伐木就拥有充足的木材，烧制陶器、鼓铸铜铁的人不耕田而粮食足够吃。百姓自给自足，而在上位的人没有政事。所以君主要致力于农业根本而不去求末经商，丢弃迷惑人的珍宝异兽，取消无用的雕镂刻画，用礼义浸润教化民众，以俭朴示民，这样，百姓就会从事农业而不经营工商业。

卷七

崇礼第三十七

导读

本篇就接待少数民族客人的礼节问题，展开辩论。在接待蛮夷邦国君主的礼仪方面，大夫主张陈列旌旗车马和珍奇野兽，以彰显国威和宣明圣主盛德，怀柔远方异族；贤良则认为应该用仁德来感化远方异族，而非炫耀玩好、奇兽和游戏。在如何看待贤才的作用方面，大夫认为贤人对国家损益关系不大；贤良则认为贤才关系到国家的生死存亡。

大夫曰：饰几杖[①]，修樽俎[②]，为宾，非为主也。炫耀奇怪，所以陈四夷[③]，非为民也。夫家人有客，尚有倡优奇变之乐[④]，而况县官乎？故列羽旄[⑤]，陈戎马，所以示威武；奇虫珍怪，所以示怀广远、明盛德，远国莫不至也。

注释

①饰：装饰。几：几案，摆在座前的小桌子，用于凭靠。杖：手杖，拐杖。为老人预备几杖，是中国古代优待老人的重要礼仪。

②修：修饰。樽（zūn）：古代盛酒的器具。俎（zǔ）：古代祭祀或宴会时用来盛牲的礼器。

③陈四夷：即摆给四方少数民族的人看。陈，陈列，展示。

④倡优：古代歌舞杂技艺人，这里指歌舞杂技。

⑤羽旄：用鸟羽和旄牛尾装饰的旗帜，这里指仪仗。羽，鸟羽。旄，旄牛尾。

翻译

大夫说：装饰几杖，摆设樽俎，是为了接待宾客，而不是为了主人。炫耀奇珍异宝，是摆给四方民族看的，不是为了本国百姓。百姓家里来了客人，尚且有歌舞杂技奇妙变化的娱乐，何况朝廷呢？所以，摆列出仪杖，陈列兵车和战马，是用来展示大国的威武；展出奇兽珍禽、瑰宝奇物，是用来怀柔远方异族、宣明圣主盛德，使远方的国家都来朝拜。

贤良曰：王者崇礼施德，上仁义而贱怪力①，故圣人绝而不言。孔子曰：“言忠信，行笃敬，虽蛮、貊之邦，不可弃也。”今万方绝国之君奉贽献者②，怀天子之盛德，而欲观中国之礼仪。故设明堂、辟雍以示之③，扬干戚④，昭《雅》《颂》以风之。今

乃以玩好不用之器，奇虫不畜之兽[5]，角抵诸戏[6]，炫耀之物陈夸之，殆与周公之待远方殊。昔周公处谦以卑士，执礼以治天下，辞越裳之贽，见恭让之礼也；既，与入文王之庙，是见大孝之礼也。目睹威仪干戚之容，耳听清歌《雅》《颂》之声，心充至德，欣然以归。此四夷所以慕义内附，非重译狄鞮来观猛兽熊罴也[7]。夫犀象兕虎，南夷之所多也；骡驴馲驼，北狄之常畜也。中国所鲜，外国贱之。南越以孔雀珥门户，昆山之旁，以玉璞抵乌鹊。今贵人之所贱，珍人之所饶，非所以厚中国，明盛德也。隋、和[8]，世之名宝也，而不能安危存亡。故喻德示威，惟贤臣良相，不在犬马珍怪。是以圣王以贤为宝，不以珠玉为宝。昔晏子修之樽俎之间，而折冲乎千里[9]；不能者，虽隋、和满箧无益于存亡。

注释

①上：同“尚”，崇尚。贱怪力：轻视怪异和暴力。

②绝国：极远的国家。奉贽献：这里是进贡的意思。贽，见面礼。

③明堂：古代天子举行祭祀、朝会、庆典、选士的地方。辟雍：周代设立的高等学府的名称，后来作为高等学府的称呼。

④扬干戚：古代一种手拿兵器的舞蹈。扬，挥舞。干，盾。戚，斧。

⑤不畜：不宜蓄养。畜，通“蓄”。

⑥角抵：古代二人互相角斗的技艺。

⑦重译：经过几重翻译。狄鞮：西方少数民族对翻译官的

称呼。

⑧隋：隋侯之珠，传说大蛇为报答隋侯的救命之恩而衔来的一颗珠子。和：和氏之璧。

⑨折冲：使战车折回，指击退敌军。冲，战车。

翻译

贤良说：治理国家的人应该崇尚礼义，施行恩德，推崇仁义道德，轻视怪异暴力，所以圣人从来不谈论怪异、暴力、叛乱和神灵。孔子说："说话要诚实信用，行动要庄重严肃，即使到蛮、貊那样的地方，也不可丢弃这些品质。"现在四面八方很偏远的地区的君主都带着礼物来进贡，感怀天子的盛德，想来观看中国的礼仪，所以应该设置明堂、辟雍，让那些远方君主观看，宫廷艺人跳起手执盾牌大斧的武舞、演唱《雅》《颂》歌诗来感化他们。如今朝廷却拿那些只供玩赏、没有实用的东西，奇异而不易喂养的动物，摔跤之类的游戏和光彩夺目的物品，陈列出来夸耀自己，这恐怕和当年周公对待远方客人的方式不一样。从前周公以谦卑的态度对待贤士，用周礼来治理天下，他谢绝了越裳国奉献的白雉见面礼，以此让越裳国看到什么是恭让之礼；行礼完毕后，周公与越裳国君参拜文王之庙，这是要他们见到大孝的礼节啊。越裳国君亲眼看见象征威仪、手执盾斧的武舞，亲耳聆听演唱《雅》《颂》的歌声，心中充满了圣德，高高兴兴地回去了。这就是四方的民族之所以仰慕仁义而亲近归附的原因，并不是经过反复翻译来看猛兽熊罴的。犀牛、大象和老虎，是南方蛮夷常见的野兽；骡、驴、骆驼，是北方夷狄常见的牲畜。内地很稀罕，而外族人却认为很平常。南越人用孔雀的翠羽来装饰门户，昆仑山附近的人，用玉石来投掷乌鸦、喜鹊。如今朝廷把别人所轻视的东西看得很贵重，把别人多有的东西视为珍宝，这不是提高中国地位，宣明皇上盛德的好方法。隋侯之珠、和氏之璧，都是世间有名的宝贝，但它们不能使国家转危为安，更不能使即将灭亡的国家生存下去。所以，要想显示国家的盛德和威望，只有依靠贤臣良相，并不在于犬马珍宝。因之圣明的帝王把贤人作为宝贝，不把珠玉当宝贝。过去齐国贤相晏婴在宴会上展示礼仪，使千里之外的敌军的战车折回；没有能耐的人，即使隋侯之珠、和氏之璧装满箱子，对国家的存亡也是没有什么好处的。

大夫曰：晏子相齐三君[①]，崔、庆无道[②]，劫其君，乱其国，灵公国围[③]；庄公弑死[④]；景公之时[⑤]，晋人来攻，取垂都[⑥]，举临菑，边邑削，城郭焚，宫室隳，宝器尽，何冲之所能折乎？由此观之，贤良所言，贤人为宝，则损益无轻重也。

注释

①相齐三君：晏婴先后辅佐齐国灵公、庄公、景公三位君主。

②崔、庆无道：齐庄公与崔杼之妻通奸，崔杼杀死齐庄公。后来崔杼家庭发生内讧，庆封乘机围攻崔氏，崔杼上吊自杀。崔，齐国大夫崔杼。庆，齐国大夫庆封。

③灵公国围：公元前555年，晋国大将中行献子伐齐，占领齐国大片领土，齐灵公被围困在国都临菑。

④庄公弑死：此处指崔杼杀齐庄公。

⑤景公之时，晋人来攻：齐景公在位时，公元前548年，晋国派兵伐齐。

⑥垂都：边境的城市。

翻译

大夫说：晏子先后辅佐齐国的三个君主，崔杼、庆封不遵为臣之道，劫持君主，搅乱国家，齐灵公时期齐国被围；齐庄公被臣子杀了；景公即位后，晋军又来攻打，边境的城镇被夺走，攻占齐国首都临菑，齐国边疆被削割，城市被烧毁，宫室遭破坏，珍宝被抢光，哪里有什么战车折回的事呢？由此看来，贤良说“贤人为国家珍宝”，其实贤人对国家的损益无足轻重。

贤良曰：管仲去鲁入齐，齐霸鲁削，非持其众而归齐也。伍子胥挟弓干阖闾[①]，破楚入郢，非负其兵而适吴也。故贤者所在国重，所去国轻。楚有子玉得臣[②]，文公侧席[③]；虞有宫之奇[④]，晋献不寐[⑤]。夫贤臣所在，辟除开塞者亦远矣[⑥]。故《春秋》曰：“山有虎豹，葵藿为之不采；国有贤士，边境为之不害”也。

注释

①干：求助。

②子玉得臣：春秋楚国令尹，成氏，名得臣，字子玉。他是晋文公重耳争霸的对手，在晋楚城濮之战中失败而自杀。

③文公：晋文公重耳，是继齐桓公之后的春秋霸主。侧席：侧身而坐，表示忧虑不安。

④虞有宫之奇：晋国要向虞国借道讨伐虢国，宫之奇认为虞、虢两国唇齿相依，曾力谏虞君不要借道给晋国，虞君不听，最后被晋国所灭。

⑤晋献不寐：晋献公为此不能安心睡觉。

⑥辟除开塞：扫除障碍，开辟疆土。开塞，开疆拓土。

翻译

贤良说：管仲离开鲁国到齐国，齐国就成了霸主，而鲁国则削弱了，这并不是因为管仲劫持鲁国民众归于齐国。伍子胥带了一张弓求助于吴王阖闾，后来率领吴师攻破楚国进入郢都，他也并没有带着军队到吴国去。所以，贤人在，国家就强盛；贤人离开，国家就衰弱。楚国有令尹子玉得臣，晋文公就忧心忡忡；虞国有贤才宫之奇，晋献公就不能安心睡觉。国家有贤臣，野心家要想扫除障碍、开疆拓土的目标就变得遥远了。所以《春秋》上说：“山中有虎豹，野菜就没有人去采；国家有贤士，边境不会遭受侵害。”

备胡第三十八

导读

本篇围绕军备和抗击匈奴问题展开讨论。大夫认为匈奴公然侵扰边境，要派兵征讨，并加强军备，否则将不断受到暴力侵害。文学则认为应该以仁德使远近归附，并痛陈征伐给人民带来的深重灾难。

大夫曰：鄙语曰[①]：“贤者容不辱[②]。”以世俗言之，乡曲有桀[③]，人尚辟之[④]。今明天子在上，匈奴公为寇，侵扰边境，是仁义犯而藜藿采。昔狄人侵太王[⑤]，匡人畏孔子[⑥]，故不仁者，仁之贼也。是以县官厉武以讨不义[⑦]，设机械以备不仁。

注释

①鄙语：俗语。

②容不辱：从容不受辱。

③桀：这里指凶暴的人，歹徒。

④辟：通“避”，屏除，除去。

⑤太王：周文王祖父，即古公亶父。

⑥匡：地名，相传孔丘曾路过此地，为匡人所围。

⑦厉武：整训军队，加强军事训练。

翻译

大夫说：俗话说“贤人从容不受侮辱。”以世俗角度来说，乡村里有了凶暴的歹徒，人们尚且要躲避他。如今圣明的皇上在位，匈奴公然侵犯，骚扰边疆，这是仁义受到侵犯，连野菜都被他们采摘了。从前，狄人侵扰太王，匡地的人围困孔子，所以不仁的人，是仁人的祸害。因此，朝廷要整训军队来讨伐不义之人，加强军备来防备不仁之人。

贤良曰：匈奴处沙漠之中，生不食之地，天所贱而弃之。无坛宇之居，男女之别，以广野为闾里，以穹庐为家室。衣皮蒙毛[1]，食肉饮血，会市行[2]，牧竖居，如中国之麋鹿耳。好事之臣，求其义，责之礼，使中国干戈至今未息，万里设备。此《兔罝》之所刺，故小人非公侯腹心干城也[3]。

注释

①衣皮：以兽皮为衣。蒙毛：指身穿兽毛向外的衣服。

②会市行：像赶集市一样行走迁徙。

③腹心：指贴心的人。干城：这里是捍卫者的意思。

翻译

贤良说：匈奴地处沙漠之中，生活在不长庄稼的地方，是上天鄙视他们而加以抛弃。他们没有祭坛和宫室处所，没有男女之别，以空旷的原野为村庄，用简陋的毡帐做住房。他们穿兽皮，有的皮毛外翻，吃的是兽肉，喝的是兽血，像赶集市一样追逐水草，像牧童一样随牛羊居住，生活习俗如同中原的麋鹿一般。但朝廷里那些爱惹事的大臣却要求匈奴讲仁义，重礼仪，结果使国家的战事至今没有平息，万里边疆到处设防。这正是《诗经·兔罝》上所讽刺的事情，所以小人不是公侯的心腹和捍卫者。

大夫曰：天子者，天下之父母也。四方之众，其义莫不愿为臣妾；然犹修城郭，设关梁[1]，厉武士，备卫于宫室，所以远折难而备万方者也。今匈奴未臣，虽无事，欲释备②，如之何？

注释

①关梁：关隘和津梁。设关梁，就是在水陆要隘地方或国界，设立防卫措施。

②释备：解除战备。

翻译

大夫说：天子，是天下的父母。四方的百姓，按道理说没有不愿意做天子的臣妾；然而仍要修筑城墙，设立关隘和津梁，训练军队，在皇宫周围部署御林禁卫军，目的是击败远方的祸患，防备四方敌人的侵扰。现在匈奴还没有降服称臣，虽然暂时无战事，但你们就要解除战备，如果有事那该怎么办？

贤良曰：吴王所以见禽于越者①，以其越近而陵远也。秦所以亡者，以外备胡、越而内亡其政也。夫用军于外，政败于内，备为所患，增主所忧。故人主得其道，则遐迩偕行而归之②，文王是也；不得其道，则臣妾为寇③，秦王是也。夫文衰则武胜，德盛则备寡。

注释

①吴王：指夫差。见：被。禽：同“擒”。

②遐迩：远近。

③臣妾为寇：指宦官赵高将秦二世杀死。

翻译

贤良说：吴王之所以被越人擒获，是因为他越过近在身边的心腹大患（越国）而去攻打远方的国家。秦朝之所以灭亡，是因为对外防备匈奴和百越，对内丧失了德政。对外使用武力，内部政治腐败，战备本来是为了对付所忧患的强敌，反而增添了君主的担忧。如果皇上崇尚仁义，那么远近民众就一同前来归附，周文王就是这样的人；如果不施仁义，那么身边的臣妾都会成为敌寇，秦始皇就是这样的人。文治衰败，战争就会多起来；德政兴盛，战备就可以减少。

大夫曰：往者，四夷俱强，并为寇虐：朝鲜逾徼[①]，劫燕之东地；东越越东海，略浙江之南；南越内侵，滑服令[②]；氐、僰，冉、駹、嶲唐、昆明之属，扰陇西、巴、蜀。今三垂已平[③]，唯北边未定。夫一举则匈奴震惧，中外释备，而何寡也？

注释

①逾徼：越过边境。徼，边境。

②滑：通“猾”，扰乱的意思。服令：地名，指岭南地区，一作“服领”。

③三垂：指东、南、西三方边陲。垂，通“陲”。

翻译

大夫说：过去，四方蛮夷都很强盛，一道成为祸害：朝鲜越过边境，洗劫燕国东部地区；东越越过东海，侵占浙江南部；南越侵入内地，扰乱服令地区；氐、僰、冉、駹、巂唐、昆明等，也经常扰乱甘肃和四川一带。现在东、南、西三面边境已经平定，只有北边匈奴没有臣服。只要打一次胜仗就可以使匈奴震怖恐惧，内外军备都可以解除，你还说什么减少呢？

贤良曰：古者，君子立仁修义，以绥其民[①]，故迩者习善，远者顺之。是以孔子仕于鲁，前仕三月及齐平，后仕三月及郑平，务以德安近而绥远。当此之时，鲁无敌国之难，邻境之患。强臣变节而忠顺，故季桓隳其都城[②]。大国畏义而合好，齐人来归郓、谨、龟阴之田。故为政而以德，非独辟害折冲也[③]，所欲不求而自得。今百姓所以嚣嚣，中外不宁者，咎在匈奴。内无室宇之守，外无田畴之积，随美草甘水而驱牧，匈奴不变业，而中国以骚动矣[④]。风合而云解[⑤]，就之则亡，击之则散，未可一世而举也。

注释

①绥：安抚。

②隳其都城：孔子执政期间，推行打击孟孙氏、季孙氏、叔孙氏的政策。鲁定公十三年（前 497 年），迫使季桓子平毁费邑，迫使叔孙氏平毁郈（hòu）邑。

③辟：通“避”。折冲：本义是使战车折回，此处指挫败对手。

④以：通“已”，已经。

⑤风合而云解：像风一样聚合，像云彩一样散开，言其聚散不定。

翻译

贤良说：古时候，圣明的君主推行仁义道德，以此来安抚百姓，因此近处的人通过习染而向善，远处的人都来归顺。所以孔子在鲁国做官的时候，前三个月使鲁国和齐国签订了合约，后三个月又使鲁国和郑国恢复和好，务求用仁德安定近处的百姓，安抚远方的国家。当时鲁国没有敌对国家的威胁和边境的忧患。三桓强臣不得不改变节操，对公室忠诚顺从，所以季桓子拆毁了他的都城费邑。强大的邻国为仁义所慑服，来和鲁国和好，齐国人前来归还郓、讙、龟阴的土地。所以，为政要依靠仁德，不仅可以击败敌人，避免他们的侵害，而且心里所想得到的东西不主动追求就能自然得到。今天，百姓之所以怨声载道，国内不得安宁，其中的过错就在于对匈奴的政策之上。匈奴内无需要守护的房屋，外无种植粮食的田地的积蓄，他们追随肥美的牧草和甘甜的水源而驱赶放牧，匈奴不改变其游牧生活，内地已经为此纷扰骚动了。他们像阵风一样聚合，又像乌云一样解散，一靠近，他们就逃跑了，一攻打，他们就作鸟兽散，不可能几十年就征服他们。

大夫曰：古者，明王讨暴卫弱，定倾扶危。卫弱扶危，则小

国之君悦；讨暴定倾，则无罪之人附。今不征伐，则暴害不息；不备，则是以黎民委敌也[1]。《春秋》贬诸侯之后[2]，刺不卒戍。行役戍备，自古有之，非独今也。

注释

①委敌：丢给敌人。委，抛弃，丢弃。

②《春秋》贬诸侯之后：指《春秋公羊传》讽刺诸侯为它国戍守而后至。后，后到，迟到。

翻译

大夫说：古时候，圣明的君主讨伐强暴，保卫弱小的国家，安定衰败的国家，挽救危亡的国家。保卫弱小的国家，挽救危亡的国家，这样小国的君主们就高兴。征讨残暴的国家，安定衰败的国家，就会使无罪之人都来归附。今天不去讨伐匈奴，残暴祸害就不会止息；不加强战备，就等于把百姓抛弃给敌人。《春秋》讽刺诸侯为它国戍守而后至，讽刺没有完成戍守任务的大夫。出征兵役，戍守备战，自古以来就有，并不是今天才有的。

贤良曰：匈奴之地广大，而戎马之足轻利，其势易骚动也。利则虎曳，病则鸟折[1]，辟锋锐而取罢极[2]；少发则不足以更适，多发则民不堪其役。役烦则力罢，用多则财乏。二者不息，则民遗怨。此秦之所以失民心、陨社稷也。古者，天子封畿千里[3]，繇役五百里，胜声相闻，疾病相恤。无过时之师，无逾时之役。

内节于民心，而事适其力。是以行者劝务④，而止者安业⑤。今山东之戎马甲士戍边郡者，绝殊辽远⑥，身在胡、越，心怀老母。老母垂泣，室妇悲恨，推其饥渴，念其寒苦。《诗》云：“昔我往矣，杨柳依依。今我来思，雨雪霏霏。行道迟迟，载渴载饥。我心伤悲，莫之我哀。”故圣人怜其如此，闵其久去父母妻子，暴露中野，居寒苦之地。故春使使者劳赐，举失职者，所以哀远民而慰抚老母也。德惠甚厚，而吏未称奉职承诏以存恤，或侵侮士卒，与之为市，并力兼作，使之不以理。故士卒失职，而老母妻子感恨也。宋伯姬愁思而宋国火，鲁妾不得意而鲁寝灾，今天下不得其意者，非独西宫之女⑦，宋之老母也⑧。《春秋》动众则书，重民也。宋人围长葛⑨，讥久役也。君子之用心必若是。

大夫默然不对。

注释

①病：困乏，这里引申为失败。折：翻转。

②辟锋锐而取罢极：避开精锐兵锋，攻击疲惫至极的军队。辟，通“避”。罢，同“疲”。罢极，非常疲乏。

③封畿千里：即“邦畿千里”，汉人避刘邦之讳，故改“邦”为“封”。邦畿：天子管辖的地方。

④行者：出征将士。

⑤止者：征人，留在家里的亲属。

⑥绝殊：极端。辽远：遥远。

⑦西宫之女：指鲁僖公之妾。

⑧宋之老母：指宋伯姬。

翻译

贤良说：匈奴土地广大，骑兵行动轻便敏捷，容易骚扰中国。胜利时，他们就像老虎一样撕扯猎物，失败时，他们就像飞鸟一样折翅伤翼，作战时往往避开精锐兵锋，攻击疲惫至极的军队。我们的军队出动少了就不足以轮流更换执行任务，如果多派军队民众又难以承受兵役。徭役繁多，就使百姓精疲力尽，军费开支浩大，就使国家财政困难。繁重的兵役和军费两者如果不停息，百姓就会心生怨恨。这就是秦朝之所以失去民心，国家灭亡的原因。古时候，天子管辖的地方不超过千里，百姓服徭役离家乡不超过五百里，胜利的消息能迅速传到家里，有了疾病也可以互相关心。那时，没有超期服役的军队，也没有超期的徭役。朝廷根据民心在内部调节计划，徭役事务适合民众的承受能力。所以被征的人能互相勉励完成任务，留在家里的人能安心本业。现在，来自崤山以东的戎马将士戍守边疆，路途遥远，他们身在胡、越之地，心里怀念年老的母亲。家里老母哀泣，妻子悲伤怨恨，担心远方亲人的饥渴，惦念征夫的寒冷困苦。《诗经》上说："从前离家服役，行行杨柳青绿。今天回到家乡，大雪纷飞不息。服役路途艰难，又是口渴又是饥。我的心里真痛苦，无人知我心中的哀伤。"所以圣明的君主怜悯服役的人们，同情他们久离父母妻子，露营于野外，住在寒苦的地方，所以春天派使者到前线慰劳赏赐，救助那些流离失所的人，这是关怀守卫边疆的战士，安慰他们家里的老母。君主的恩德虽然深厚，但不称职的官吏却不能按照诏书来关怀战士，有的欺负和侮辱他们，在军中设立集市，让一人兼负多人责任，对他们蛮不讲理。所以兵士失去应得的待遇，老母妻子也心怀怨恨。过去宋国因伯姬哀思而引起宫室失火，鲁国因楚女怨恨而招致西宫烧毁。当今天下不得意的人，远不止像西宫楚妾、宋国老媪那样的人。《春秋》上凡是兴师动众的事情都有记载，那是重视百姓。它记载了宋国人围攻长葛的事，就是讥刺宋国徭役时间太久。君子的用心必定是像这般良苦。

大夫沉默而不回答。

执务第三十九

导读

本篇记录了双方对当今政治急务是什么的问题的讨论。丞相认为，上古先王之道无法在现实政治中施行，希望贤良、文学能够谈一些现实政治的急务，并提出切实可行的方案。贤良则认为先王之道并不遥远，关键在于执政官员是否去追求。

丞相曰：先王之道，轶久而难复[①]，贤良、文学之言，深远而难行。夫称上圣之高行，道至德之美言，非当世之所能及也。愿闻方今之急务，可复行于政：使百姓咸足于衣食，无乏困之忧；风雨时，五谷熟，螟螣不生[②]；天下安乐，盗贼不起；流人还归，各反其田里；吏皆廉正，敬以奉职；元元各得其理也[③]。

注释

①轶：通“佚”，失传。

②螟螣：螟、螣都是危害农作物的害虫，这里泛指害虫。螟虫食植物心，螣虫吃植物叶。

③元元：老百姓。理：合理的处所。

翻译

丞相说：古代先王之道，失传已久而难以恢复；贤良、文学的议论高深，但脱离现实太远，很难实行。你们称述前代圣人的高尚行为，称说最高道德的美好言论，这些都不是现在所能达到的。愿听一听现今急需兴办的事务，能够在政治上付诸实施：使百姓都能衣食充足，没有匮乏贫困的忧愁；风调雨顺，五谷丰登，害虫不生；天下安乐，盗贼不起；因灾荒流亡在外的人都回到自己家乡耕田种地；官吏都能廉洁正直，恭敬严肃地履行职责，百姓也都各安其业。

贤良曰：孟子曰：“尧、舜之道，非远人也，而人不思之耳。”《诗》云：“求之不得，寤寐思服。”有求如《关雎》，好德如《河广》，何不济不得之有？故“高山仰止，景行行止”，虽不能及，离道不远也。颜渊曰：“舜独何人也，回何人也？”夫思贤慕能，从善不休，则成、康之俗可致，而唐，虞之道可及。公卿未思也，先王之道，何远之有？齐桓公以诸侯思王政，忧周室，匡诸夏之难，平夷、狄之乱，存亡接绝，信义大行，著于

天下。邵陵之会[1]，予之为主[2]。《传》曰："予积也[3]。"故土积而成山阜，水积而成江海，行积而成君子。孔子曰："吾于《河广》，知德之至也。"而欲得之，各反其本，复诸古而已。古者，行役不逾时，春行秋反，秋行春来，寒暑未变，衣服不易，固已还矣。夫妇不失时，人安和如适。狱讼平，刑罚得，则阴阳调，风雨时。上不苛扰，下不烦劳，各修其业，安其性，则螟螣不生，而水旱不起，赋敛省而农不失时，则百姓足，而流人归其田里。上清静而不欲，则下廉而不贪。若今则繇役极远，尽寒苦之地，危难之处，涉胡、越之域，今兹往而来岁旋[4]，父母延颈而西望，男女怨旷而相思[5]。身在东楚，志在西河。故一人行而乡曲恨，一人死而万人悲。《诗》云："王事靡盬，不能艺稷黍。父母何怙？""念彼恭人，涕零如雨。岂不怀归？畏此罪罟。"吏不奉法以存抚，倍公任私[6]，各以其权充其嗜欲。人愁苦而怨思，上不恤理，则恶政行而邪气作。邪气作，则虫螟生而水旱起。若此，虽祷祀雩祝[7]，用事百神无时，岂能调阴阳而息盗贼矣？

注释

①邵陵之会：公元前656年，齐桓公率中原诸侯联军伐蔡攻楚，楚成王发兵对抗，后两国在召陵会盟，楚国承认齐国的霸主地位。邵，史籍作"召"。

②予：通"与"，赞许、承认。为主：齐楚盟会，以齐为主。

③予积也：这是赞许齐桓公的功绩。积，通"绩"，功绩。

④今兹：今年。旋：返回。

⑤怨旷：即"旷怨"，深深的怨恨。怨，女子无夫。旷，男

子无妻。

⑥倍：通“背”。

⑦雩（yú）祝：古代为求雨而举行的祭祀。雩，祈雨。祝，祝祷。

翻译

贤良说：孟子说过：“尧、舜的大道，不是离人们太远，而是人们不去想它罢了。”《诗经》上说：“求之而不可得，日夜思念。”如果追求仁德的心情像《关雎》里写的那样，崇尚仁德如同《河广》里写的那样，哪有不成功、得不到的道理？所以，高山可以仰望，大道可以行走，即使攀登不上高山顶峰，那么距离大道也不远了。颜渊说：“舜是什么样的人，我就做什么样的人。”只要思念贤圣，仰慕他们的德行，不停地做好事，那么周成王、周康王时的良风善俗就可以实现，而唐尧、虞舜的德行也就可以达到。现在朝廷公卿们不想去效法先王，如果想追求先王之道，那又有什么遥远的呢？齐桓公以诸侯的身份考虑帝王的政事，为周朝担心，匡救中原各诸侯国的困难，制止了夷、狄的侵扰，存亡国，继绝世，忠信道义大行于世。齐国在召陵与楚国盟会，《春秋》赞许齐桓公执盟会牛耳。《春秋公羊传》说，“（他成为霸主）是功绩积累的结果。”所以积土可以成山，累积河水而形成江海，积累德行就可以成为君子。孔子说：“我看了《河广》这首诗，了解到什么是道德的最高境界！”如果想达到这种境界，那就要返回根本，恢复到古代而已。古时候，服劳役不会超过期限，春去秋归，秋去春回，寒暑季节没有改变，随身带的衣服不必更换，人就已经归来了。夫妻不长期别离，人们过着平安舒适的生活。刑狱诉讼公平，刑罚轻重得当，那么就会阴阳调和，风调雨顺。朝廷不以苛刻的劳役扰乱百姓，百姓也不厌烦劳役，各自从事自己的产业，安于生产，这样虫灾就不会发生，水旱灾荒也不会出现。税赋减少，不误农时，则百姓就会生活富足，流浪人口就会回归故里。朝廷官吏廉洁不贪，百姓也就节俭不贪求。如今徭役都在极远之处，尽是寒冷艰苦之地和危难之处，到了胡人、越人居住的边疆地区，第二年才能归来，父母都伸长脖子向西眺望，夫妇都怨恨路途太远而互相挂念，人虽在东楚而心却在西河。所以，一个人出征，全乡村的人都会怨恨，一人死于他乡，万人都会悲伤。《诗经》上说："徭役无穷无尽，不能种植稷黍，父母靠什么生存？""思念远方亲人，泪水如同雨下。我难道不想回家？怕的是触犯法网。"官吏不奉公守法安抚百姓，反而违背公道营私舞弊，各人都凭借手中的权力，满足自己的私欲。民众愁苦而怨恨，朝廷不去体恤处理，那就会造成政治腐败，邪气盛行。邪气一旦兴起，虫灾、水灾、旱灾就会发生。如果这样，即使向天神祈求祷告，祭祀求雨，时时刻刻敬奉百神，又怎么能调和阴阳、平息盗贼呢？

能言第四十

导读

此篇就言和行的问题展开讨论。大夫指责儒者“能言而不能行”。文学贤良则认为儒生“能言不能行”并非可忧、可耻之事。在回击大夫指责之后，文学贤良奉劝大夫不与民争利，“则天下治而颂声作”。

大夫曰：盲者口能言白黑，而无目以别之。儒者口能言治乱，而无能以行之。夫坐言不行，则牧童兼乌获之力[①]，蓬头苞尧、舜之德[②]。故使言而近[③]，则儒者何患于治乱，而盲人何患于白黑哉？“言之不出，耻躬之不逮。”故卑而言高，能言而不能行者，君子耻之矣。

注释

①兼：兼有，指有双倍。乌获：战国时秦国大力士，传说能举千斤鼎，后用来泛指力士。

②蓬头：指蓬头垢面的下层民众。苞：通“包”，包含，包括。

③言近：说话合乎实际，不好高骛远。近，切近实际。

翻译

大夫说：盲人口能说白与黑，然而没有眼睛去辨别。儒生口能谈论治理国家，却没有能力来施行。坐着空谈而不去做，那么牧童可以说他有两个乌获的气力，蓬头垢面的人也能说他具有尧、舜的品德。假若说的话符合实际，那么儒生又怕什么治与乱，盲人又担忧什么分不清黑白呢？“话不轻易出口，怕说了以后自己做不到。”因此，地位卑下却高谈阔论，能说而不能做，君子认为是可耻的。

贤良曰：能言而不能行者，国之宝也。能行而不能言者，国之用也。兼此二者，君子也。无一者，牧童、蓬头也。言满天下，德覆四海，周公是也。口言之，躬行之，岂若默然载施其行而已。则执事亦何患何耻之有？今道不举而务小利，慕于不急以乱群意，君子虽贫，勿为可也。药酒，病之利也；正言，治之药也。公卿诚能自强自忍[①]，食文学之至言[②]，去权诡，罢利官，一归之于民，亲以周公之道，则天下治而颂声作。儒者安得治乱而患之乎？

注释

①强：勉强，引申为“克制”。

②食：食用，引申为“接纳”。至言：恳切之言。

翻译

贤良说：能说出正确思想而不能施行的人是国家的珍宝。能施行正确思想而不善言谈的人对国家有用。能说又能做的人是君子。一样也没有的，就是牧童或蓬头垢面之类的人。言论充满天下，德惠覆盖四海，周公就是如此。自己亲口说的，就要亲身去做，还不如像古代君子那样不吭声埋头去做。如果这样，那么大夫您还有什么感到忧虑和耻辱的呢？现在不崇尚仁义而贪图小利，追慕那些非急需的事务来扰乱众人思想，君子即使贫困，也不能这样去做。药酒对治病是有利的，正确的话是治理国家的良药。公卿如果真能做到自我克制忍耐，采纳文学贤良的恳切之言，去掉权变诡诈，罢免逐利之官，将盐铁之利全部归还于民，那么天下就会得到治理，天下就会出现一片歌功颂德的声音。我们儒生哪里还会为治国平乱而担忧呢？

取下第四十一

导读

本篇就上篇贤良所提“归之于民”的问题展开辩论。大夫反对“归之于民”，并批评贤良损上利下、亏主利臣。贤良则认为是上位者的欲望膨胀使老百姓陷入贫困境地，并批评了以大夫为代表的朝廷官员“不知”黎民百姓的艰难。至此，第一次会议结束，结果是“且罢郡国榷沽、关内铁官”。从下篇《击之篇》起，是第二次会议的内容。

大夫曰：不轨之民[1]，困桡公利[2]，而欲擅山泽。从文学、贤良之意，则利归于下，而县官无可为者。上之所行则非之，上之所言则讥之，专欲损上徇下，亏主而适臣，尚安得上下之义，君臣之礼？而何颂声能作也？

注释

①不轨之民：不遵守法令的人。轨，法度、法令。

②困桡（náo）：困扰、削弱。困，制造困难。桡，通“挠”，阻挠。

翻译

大夫说：一些不守法的庶民，困扰削弱国家利益，而想独占山海的财富。如果依从了你们贤良、文学的意见，那么，山泽资源利益就会归于下民，这样朝廷就什么事情也干不成了。朝廷做的事你们就诽谤，朝廷说的话你们就讽刺，你们一心想损害朝廷，谋取下层利益，亏损君主，迎合臣民，这样哪里还有上下尊卑的区别、君臣间的礼仪呢？太平盛世的颂声又怎么能够出现呢？

贤良曰：古者，上取有量，自养有度，乐岁不盗，年饥则肆[1]，用民之力，不过岁三日。籍敛[2]，不过十一[3]。君笃爱，臣尽力，上下交让，天下平。“浚发尔私”，上让下也。“遂及我私”，先公职也。孟子曰："未有仁而遗其亲，义而后其君也。"君君臣臣，何为其无礼义乎？及周之末涂，德惠塞而嗜欲众，君奢侈而上求多，民困于下，怠于上公，是以有履亩之税[④]，《硕鼠》之诗作也。卫灵公当隆冬兴众穿池，海春谏曰："天寒，百姓冻馁，愿公之罢役也。"公曰："天寒哉？我何不寒哉？"人之言曰："安者不能恤危，饱者不能食饥。"故余粱肉者难为言隐约，处佚乐者难为言勤苦[⑤]。夫高堂邃宇、广厦洞房者，不知专屋狭庐[⑥]、上漏下湿者之瘖也。系马百驷、货财充内、储陈纳新者，不知有旦无暮、称贷者之急也。广第唐园、良田连比者[⑦]，不知无运踵之业、窜头宅者之役也。原马被山、牛羊满谷者，不知无孤豚瘠犊者之窭也[⑧]。高枕谈卧、无叫号者[⑨]，不知忧私责与吏正戚者之愁也[⑩]。被纨蹑韦，搏粱啮肥者，不知短褐之寒、糠粝之苦也。从容房闱之间、垂拱持案食者[⑪]，不知蹠耒躬耕者之勤也[⑫]。乘坚驱良、列骑成行者，不知负担步行者之劳也。匡床旃席、侍御满侧者，不知负辂挽舩[⑬]、登高绝流者之难也。衣轻暖、被美裘、处温室、载安车者，不知乘边城、飘胡、代、乡清风者之危寒也[⑭]。妻子好合、子孙保之者，不知老母之憔悴、匹妇之悲恨也。耳听五音、目视弄优者[⑮]，不知蒙流矢、距敌方外者之死也[⑯]。东向伏几、振笔如调文者，不知木索之急、箠楚者之痛也[⑰]。坐旃茵之上[⑱]、安图籍之言若易然，亦不知步涉者之难也。昔商鞅之任秦也，刑人若刈菅茅，用师若弹丸；从军者暴骨长城，戍漕者辇车相望[⑲]，生而往，死而旋，彼独非人子耶？故君子仁以恕，义以度，所好恶与天下共之，所不施不仁者。公刘好货，居者有积，行者有囊。太王好色，内无怨女，外无旷夫。文王作刑，国无怨狱。武王行师，士乐为之死，民乐为之用。若斯，则民何苦而怨，何求而讥？

注释

①肆：缓，这里指缓征赋税。

②籍敛：征用民力耕种公田。

③十一：十分之一。

④履亩之税：即税亩，按土地面积征收赋税，比如春秋时期鲁国实行的“初税亩”，即履亩之税。

⑤佚：通“逸”，安逸。乐：快乐。

⑥专屋狭庐：简陋狭窄的房子。

⑦连比：相连、连片的意思。

⑧瘠犊：瘦弱的小牛。窭：贫穷。

⑨叫号：号饥号寒。

⑩责：同“债”。吏：官吏。正：里正。戚：同“蹙”，蹙迫的意思。

⑪垂拱：垂衣拱手，形容不亲理事务。持案：端着食盘。案，盛饭的托盘。

⑫蹠：通“摭”，拾，操。耒：一种耕田农具。躬耕：亲自耕种。

⑬负辂：拉车。挽舩：用纤绳拉船。舩，同“船”。

⑭乡：通“向”。清风：北风。清，寒冷的意思。

⑮弄优：供狎玩的倡优。

⑯距：通“拒”，抵抗，抵挡。方外：远方。

⑰箠：鞭子。楚：荆条。都是古代的刑具。

⑱旃茵：古时车上坐的毡垫。旃，毛毯。茵，车中蓐垫。

⑲戍漕：从水道运输边防物资，此处兼水陆漕运而言。辇车：运输物资的车。

翻译

贤良说：古时候，在上位者征税有限定的数量，官员自己俸养有节度，丰年也不多取，荒年则缓征赋税。老百姓服徭役，一年不过三天。征用民力耕种公田，不超过十分之一。君主厚爱民众，臣民尽力效忠，上下互相谦让，天下太平。“大量开垦你的私田”，说的就是上司礼让下民。“耕完公田后再耕私田”，说的就是老百姓以公职为先。孟子说：“从来没有讲仁义的人而丢掉他的父母的，也从来没有臣民忠义而把君主事业放在私事之后。”君主像君，臣子像臣，怎么能说是没有礼义了呢？到了周朝的末期，恩惠德政不施行了，在上之人欲壑难填，君主奢侈，对民众要求太多，百姓生活困苦，消极怠慢上面公家的事，因此出现按田亩征税的办法，《硕鼠》这样的诗也产生了。卫灵公在严冬季节兴师动众，兴修池苑，宛春劝谏说：“天太冷了，老百姓又冻又饿，请您停止这项工程罢！”卫灵公说：“天冷吗？我为什么不感到冷呢？”人们常说：“自己平安的人不能对有危难的人表示同情，自己吃饱了的人不能分给饥饿者以粮食。”因此对于有余粮剩肉的人，很难了解穷人的饥渴，生活安逸快乐的人，很难知道勤劳的人的劳苦。家有高大厅堂、深邃屋宇、宽广楼房、明亮房间的人，不知道居住在狭小简陋、屋顶漏雨、地面潮湿的房屋的人的困境。车马成群、财物满屋、储藏旧粮、收纳新粮的人，不知道吃了上顿没下顿、负债累累的人的焦虑。拥有大片的房屋、菜园和良田的人，不了解没有立足之地、伸头缩颈的穷人的困苦。马匹满山、牛羊满谷的人，不了解连一头小猪或一头瘦牛都没有的人的贫穷。整天高枕无忧、卧床谈笑，家里没有老小呼饥号寒的人，不知道担忧私人债务与官吏逼迫的忧愁。身着丝绸脚穿皮鞋、吃细粮嚼肉食的人，不知道身穿粗布短衣、吃野菜粗糠的人的寒冷和疾苦。在房间优游从容、垂衣拱手、等着仆人端着食案的人，不知道身执耒锸亲自耕种的人的辛苦。乘坚车、驱良马、随从排列成行的人，不了解挑担子步行人的劳累。安适的床上铺着毛毯、侍从站满身边的人，不知道推车拉船、跋山涉水的人的艰难。穿着轻盈暖和的衣服、身披美丽貂裘，坐在温暖的房子里或坐在安稳的车子上的人，不知道守卫边防、漂泊在胡、代地方迎着刺骨寒风的危险苦寒。妻子儿女和好团圆、子孙守在身边的人，不了解征人家中老母亲的憔悴和思妇的痛苦。耳听音乐、眼观倡优的人，不知道在边境上冒着枪林箭雨、抵抗远方敌人的将士的牺牲。向东伏案、挥笔书写公文的人，不知道囚徒身披枷锁的焦急和遭到鞭子、荆条抽打的痛苦。坐在车内毛毯垫子上面，按照图书上所指示的去行进，好像很容易，却不了解步行跋涉的艰难。过去商鞅在秦国做官，杀人像割茅草一样轻率，用兵像抛弹丸一样随意；参军的士卒尸骨暴露在长城，水陆漕运的车船相望于道，人们活着去，死了才回来，他们难道不是父母所生养的吗？所以君子仁爱而宽恕，正义而以理度人，喜好与厌恶都和天下人一样，不将不仁施与他人。以前公刘喜欢财货，百姓家里有积存的粮食，出门时口袋里有干粮。太王喜欢女色，结果国内老百姓家中没有嫁不出去的怨女，也没有找不到妻子的旷夫。周文王制定了刑罚，国中没有冤假错案。武王出兵伐纣，士兵都愿意为他战死，老百姓也愿意为他出力。如果是这样，那么老百姓还有什么愁苦和怨愤，还有什么要求和讽刺呢？

公卿愀然①，寂若无人。于是遂罢议，止词。

奏曰："贤良、文学不明县官事，猥以盐、铁为不便②。请且罢郡国榷沽、关内铁官③。"

奏："可。"

注释

①愀（qiǎo）然：形容神色忧惧严肃的样子。

②猥：随便，姑且。

③榷沽：即酒榷，酒类专卖。

翻译

公卿们都神色严肃，厅堂内安静得像没有人一样。于是宣布散会，停止辩论。

（公卿）向皇帝报告说："贤良、文学不懂朝廷的事务，随便认为盐、铁官营对老百姓不方便。现在请求皇上暂时取消各郡县封国的酒类专卖和关内的铁器官营。"

报告皇帝后，皇帝批示说："可以。"

击之第四十二

导读

本篇就要不要征讨匈奴以保境安民展开讨论。大夫主张继续征讨匈奴，以短痛换得国家的长治久安。文学则反对，认为连年征战导致士死民疲，主张与民休养生息。

贤良、文学既拜，咸取列大夫[①]，辞丞相、御史。

大夫曰：前议公事，贤良、文学称引往古，颇乖世务[②]。论者不必相反，期于可行。往者，县官未事胡、越之时，边城四面受敌，北边尤被其苦。先帝绝三方之难[③]，抚从方国[④]，以为蕃蔽，穷极郡国，以讨匈奴。匈奴壤界兽圈，孤弱无与，此固亡之时也。辽远不遂，使得复喘息，休养士马，负给西域[⑤]。西域迫近胡寇，沮心内解[⑥]，必为巨患。是以主上欲扫除，烦仓廪之费也。终日逐禽，罢而释之，则非计也。盖舜绍绪[⑦]，禹成功。今欲以《军兴》击之，何如？

注释

①取列大夫：取得不同位次的大夫官爵待遇。

②乖：违背，不符合。世务：现实事务。

③绝：除掉，消灭。三方：指东、南、西三边。

④抚从：安抚，使其服从。方国：周围的国家，这里指东

越、南越和西南夷各诸侯国。

⑤负绐：欺负哄骗。绐，欺骗。西域：指玉门关以西地区。

⑥沮心：归附汉朝之心沮坏。内解：内附之意解散。

⑦绍：继承。绪：功业，这里指治水事业。

翻译

贤良、文学已经拜官，都取得了不同位次的大夫爵位，他们向丞相、御史辞行。

大夫说：日前议论公事，你们贤良、文学总是称颂和引述古代王道政治，很不符合现在的社会情况。发议论不必互相反驳，朝廷期待的是提出切实可行的建议。从前，朝廷尚未征讨匈奴、百越的时候，四周的边境经常受到骚扰，北方边境尤其深受匈奴侵扰之苦。已故的武帝消除了东、南、西三方面的灾难，安抚了周围的国家，使它们成为保卫汉家的藩国屏障，竭尽各个郡国的人力物力，来征讨匈奴。匈奴与荒凉的野兽生活地区接壤交界，孤立衰弱，没有盟友帮助，这正是他们困难危亡的时候。如果剩下那些逃到遥远地方去的匈奴不消灭，就会使他们重新得到恢复喘息的机会，兵马得到休整，还会欺负哄骗西域。西域离匈奴很近，归附汉朝之心受到干扰破坏，内附汉家之意涣散，这必然会造成大祸。因此，皇上想把匈奴彻底消灭，而这又要耗费国库财富。从早到晚追逐禽兽，现在因疲劳而放弃追猎，放走猎物，这不是好主意。从前舜继承了尧的治水事业，直到大禹才获得成功。现在朝廷想用《军兴》兵法抗击匈奴，诸位认为怎么样？

文学曰：异时，县官修轻赋，公用饶，人富给。其后，保胡、越，通四夷，费用不足。于是兴利害①，算车舡②，以訾助边③，赎罪告缗④，与人以患矣。甲士死于军旅⑤，中士罢于转漕⑥，仍之以科适⑦，吏征发极矣。夫劳而息之，极而反本，古之道也，虽舜、禹兴，不能易也。

注释

①兴利害：指实行盐、铁官营、酒类专卖、均输等政策。利害，偏义复词，偏义在“利”。

②算车舡：征收车船税。算，征税。舡，同“船”。

③訾（zī）：通“资”，钱财，经费。助边：支持边境作战。

④赎罪：允许罪犯用钱赎罪。告缗（mín）：汉武帝时向民众征收财产税，鼓励知情者揭发隐瞒不报或自报不实者，叫作“告缗”。缗，成串的钱，一千钱为一缗。

⑤甲士：穿盔甲的兵士。

⑥中士：与“甲士”相对，指不穿盔甲的兵士。转漕：水陆运输。转：陆运。漕：水运。

⑦仍：继续。科适：因触犯科条律令而遭贬谪。科，科条。适，通“谪”，贬谪。

翻译

文学说：过去，朝廷征税较少，国家费用充足，百姓人人富裕。后来，由于要守卫胡、越的地方，打开通往四周少数民族的道路，国家费用就不足了。于是实行盐、铁官营等政策，通过加倍征收商人车、船税来资助边境征战，还发布了用钱赎罪的条文和告缗令，这些措施给百姓带来祸患。前线的士兵死在战场上，后方的士兵疲于水陆运输，再加上因触犯朝廷科条律令而被贬谪，官吏征收赋税、发送兵力频繁到了极点。人劳累了就要休息，事物发展到极点就要返回根本，这是自古以来的道理。即使是舜、禹再生，也是不能改变的。

大夫曰：昔夏后底洪水之灾①，百姓孔勤②，罢于笼臿③，及至其后，咸享其功。先帝之时，郡国颇烦于戎事，然亦宽三陲之役。语曰："见机不遂者陨功。"一日违敌，累世为患。休劳用供④，因弊乘时⑤。帝王之道，圣贤之所不能失也。功业有绪，恶劳而不卒，犹耕者倦休而困止也。夫事辍者无功，耕怠者无获也。

注释

①夏后：即夏禹。底：作动词，制止、平定。

②孔：很，非常。

③罢：同"疲"，疲惫。笼：用竹子、柳条编成的筐。臿：即锸，铁锹。

④休劳：让劳者休息。用供：用以供来日行动。

⑤因弊：借敌人疲弊。乘时：抓住有利时机。

翻译

大夫说：从前，夏禹治理洪水灾害，老百姓非常勤劳，疲于抬筐挖土，而后代却享受到成果。已故的武帝的时候，各个郡国都为外伐四夷战事而烦恼，但后来放宽了东、南、西三面边境的徭役。俗话说："见到机会不利用，就会前功尽弃。"一旦放走了敌人，就构成数世祸患。让劳者休息是用以供来日行动，在敌人疲敝之际要趁时动手。这是帝王完成事业的道理，是圣贤所不能丢掉的。建立功业要不断继承下去，害怕劳苦而不完成伐胡大业，就如同耕种的人因困倦而停止劳动一样。做事情半途而废的人不会成功，种地偷懒的人不会有收获。

文学曰：地广而不德者国危，兵强而凌敌者身亡。虎兕相据①，而蝼蚁得志。两敌相抗，而匹夫乘闲②。是以圣王见利虑害，见远存近。方今为县官计者，莫若偃兵休士，厚币结和亲③，修文德而已。若不恤人之急，不计其难，弊所恃以穷无用之地，亡十获一，非文学之所知也。

注释

①兕（sì）：犀牛。

②乘闲：乘机钻空子。闲，通"间"。

③厚币：指丰厚的礼物。结和亲：与敌国讲和而缔结为姻亲。

翻译

文学说：土地广阔而不实行德政就有危险，兵力强大却欺凌敌国就会灭亡。猛虎和犀牛斗得相持不下，蝼蛄和蚂蚁得行其志。两个强敌相互抗衡，匹夫就会趁虚而入。因此，圣明的君主看到利益就会考虑害处，看到远方也不会忘记近处。现在我们为朝廷着想，不如停止用兵，让战士们休息，用厚礼去和与匈奴缔结和亲，施行礼乐教化。如果不体恤老百姓的疾苦，不考虑后方的灾难，把国家依仗的人力物力用来争夺那些无用的土地，那就是丢失十分收获一分，这不是我们文学所能理解的。

卷八

结和第四十三

导读

结和，即修好讲和。本篇就与匈奴是和是战展开辩论。大夫认为匈奴根本没有诚意与汉家修好，征讨匈奴是朝廷唯一的选择；文学则肯定和亲政策，主张与匈奴修好。

大夫曰：汉兴以来，修好，结和亲，所聘遗单于者甚厚[①]；然不纪重质厚赂之故改节[②]，而暴害滋甚。先帝睹其可以武折，而不可以德怀，故广将帅，招奋击，以诛厥罪。功勋粲然，著于海内，藏于记府[③]，何命“亡十获一”乎[④]？夫偷安者后危，虑近者忧迩。贤者离俗，智士权行。君子所虑，众庶疑焉。故民可与观成，不可与图始。此有司所独见，而文学所不睹。

注释

①聘：此处指陪嫁财物。遗（wèi）：赠送。

②纪：通“记”，念记。重质：庄重的盟约。厚赂：优厚的

财物。赂，财物。

③藏于记府：即载入史册。记府：古代朝廷收藏文书史册的地方。

④命：名，说。

翻译

大夫说：汉家建国以来，与匈奴修好讲和，缔结姻亲，派使者给单于送去很多礼物。然而匈奴不念记汉家的贵重礼品和优厚财物，不改变其侵略本性，反而越来越厉害地残暴骚扰汉朝边境。已故的武帝认识到对匈奴只能以武力折服而不能以“仁德”去感化，所以广泛选派将帅，征召勇敢的士兵，来讨伐匈奴的罪行。武帝的功勋灿烂辉煌，为海内所著称，载入史册。怎么能说是“伤亡十个获取一个”呢？苟且偷安会有危险的后果，只顾眼前必有灾祸来临。贤明的人脱离世俗，智慧的人善于权变。君子所考虑的问题，普通人是不能理解的。因此民众可以和他们一起看到成功，而不可同他们图谋开始。这些道理是我们管理政事的官员的独到见识，而你们文学是看不到的。

文学曰：往者，匈奴结和亲，诸夷纳贡，即君臣外内相信，无胡、越之患。当此之时，上求寡而易赡，民安乐而无事。耕田而食，桑麻而衣。家有数年之稸①，县官余货财，闾里耆老，咸及其泽。自是之后，退文任武，苦师劳众，以略无用之地。立郡沙石之间②，民不能自守，发屯乘城③，挽辇而赡之④。愚窃见其亡，不睹其成。

注释

①稸：同“蓄”，积蓄。

②立郡沙石之间：指汉武帝在边塞沙漠之地设置武威、敦煌、朔方等郡。

③发屯：征发人到边疆屯田。乘城：守城。

④挽辇：拉车运输粮食。

翻译

文学说：以前，汉家与匈奴缔结和亲，其他周边邦国都向汉朝缴纳贡品，君臣之间、内地和外族之间互相信任，没有胡、越骚扰的祸患。那时候，朝廷索求很少且容易充足，百姓安居乐业，没有兵灾祸事。人们依靠种田吃饭，通过种植桑麻穿衣，家家都有多年的积蓄，朝廷财物充足有余，连乡间老年人都蒙受朝廷的恩泽。从那以后，朝廷不用文治而任武功，兴师动众，去掠夺毫无用处的土地。在沙漠里设郡，边民不能自卫，只能派兵屯田戍边，运送大量物资供应边防。我私下只看到损失，而没有看到成功。

大夫曰：匈奴以虚名市于汉而实不从①，数为蛮貊所绐②，不痛之，何故也？高皇帝仗剑定九州，今以九州而不行于匈奴。闾里常民，尚有枭散③，况万里之主与小国之匈奴乎？夫以天下之力勤何不摧？以天下之士民何不服？今有帝名，而威不信于长城之外，反赂遗而尚踞敖，此五帝所不忍，三王所毕怒也④。

注释

①虚名：虚假的名义。市：交易。

②蛮貊：蛮荒落后地区，此处指匈奴。绐（dài）：欺骗。

③枭散：古代的一种棋戏。刻枭鸟形为主棋，此外皆为散棋。散棋杀了枭棋，就算胜了。

④毕：同“必”，一定的意思。

翻译

大夫说：匈奴以虚假名义与汉家做交易，实际上并不顺从汉家，国家屡次被其所欺骗，而你们对此不感到愤怒，这是为什么？从前高祖皇帝持剑平定天下，如今汉家政令仅限于九州，而不能推行到匈奴。乡里百姓之间，尚且有主次之分，何况是万里江山之主与小国匈奴呢？如果以全国的物力去对付，有什么敌人不可以摧毁？以全国的力量去对待，有什么敌人不可以征服呢？现在，我们的天子虽有帝王的名望，但威望却不能伸张到长城之外，反而馈赠匈奴财物，助长了他们的骄横傲慢，这是五帝所不能容忍、三王必定感到愤怒的事情。

文学曰：汤事夏而卒服之，周事殷而卒灭之。故以大御小者王[①]，以强凌弱者亡。圣人不困其众以兼国[②]，良御不困其马以兼道[③]。故造父之御不失和，圣人之治不倍德[④]。秦摄利衔以御宇内[⑤]，执修箠以笞八极，骖服以罢[⑥]，而鞭策愈加，故有倾衔遗箠之变。

士民非不众，力勤非不多也，皆内倍外附而莫为用。此高皇帝所以伏剑而取天下也。夫两主好合，内外交通，天下安宁，世世无患，士民何事？三王何怒焉？

注释

①以大御小：周文王时期，三分天下有其二，仍然侍奉殷朝。御，侍奉。

②兼国：兼并他国，吞并别人的国家。

③良御：善于赶车的人。兼道：加倍赶路。

④倍：通“背”，违反。

⑤衔：马嚼子。

⑥骖服：驾车的马。两侧的马叫“骖”，居中驾辕的马叫“服”。以：通“已”，已经。罢：同“疲”，疲惫。

翻译

文学说：成汤先做夏的臣子而最终征服了夏朝，周侍奉殷朝而最终消灭了殷朝。因此，以势力强大的身份侍奉弱小王朝的最终称王天下，以自己的强盛去欺负弱小的国家必然导致灭亡。圣明的君主不会困乏一国之众去兼并他国，善于赶车的人不会困乏马匹来加快赶路。所以造父驾车不失和谐，圣人治理国家不违背仁德。秦王朝攥紧便利的马嚼来统治天下，挥动长鞭抽打八方，驾车的马匹已经疲惫不堪了，可是鞭子仍然抽打得越来越厉害，所以才有嚼毁鞭丢（国家灭亡）的事故发生。不是军民不众，也不是力量不强，但人心都背离朝廷，归附反叛势力，没有人为秦朝出力。这就是高祖皇帝持剑取得天下的原因。汉家天子与匈奴单于和解和好，双方互通有无，天下安宁无事，世世代代没有战争的祸患，这样，军民还有什么战事？三王又能有什么愤怒呢？

大夫曰：伯翳之始封秦①，地为七十里。穆公开霸②，孝公广业③。自卑至上，自小至大。故先祖基之，子孙成之。轩辕战涿鹿，杀两皞、蚩尤而为帝。汤、武伐夏、商，诛桀、纣而为王。黄帝以战成功，汤、武以伐成孝，故手足之勤，腹肠之养也。当世之务，后世之利也。今四夷内侵，不攘，万世必有此长患。先帝兴义兵以诛强暴，东灭朝鲜，西定冉、駹④，南擒百越，北挫强胡。追匈奴以广北州，汤、武之举，蚩尤之兵也。故圣主斥地，非私其利，用兵，非徒奋怒也，所以匡难辟害⑤，以为黎民远虑。

注释

①伯翳：又作“伯益”、“大费”，曾佐禹治水，有功，舜赐姓嬴氏，是秦人始祖。

②穆公：秦穆公，春秋时秦国国君，曾称霸西戎。

③孝公：秦孝公，战国时秦国国君，名渠梁，重用商鞅实行变法，奖励耕战，为秦国富强打下基础。

④冉、駹：汉时西南地区两个部族。

⑤匡难：匡救危难。辟：通“避”，除。

翻译

大夫说：伯益最开始受封于秦地时，土地面积仅为方圆七十里。以后秦穆公称霸，秦孝公扩大发展了他的霸业，使秦国地位从低到高，势力从小到大。所以祖先创立基业，子孙取得最后成功。黄帝与蚩尤大战于涿鹿，杀死太皞、少皞和蚩尤，成为帝王。商汤伐夏，武王伐商，诛讨夏桀、殷纣王而称帝王。黄帝以打仗获得成功，成汤和周武王也是通过作战完成祖先的事业。这就像手脚的劳动是为了填饱肚子一样。当代人的战事，可以成为后人的利益。如今四夷不断侵扰内地，如果不外攘四夷，那么后代万世必定有长久祸患。已故的武帝发动正义的战争以讨伐凶暴强大的敌人，东边灭掉朝鲜，西边打下冉、駹，南边攻取百越，北边挫败强胡。追击匈奴，扩大北方国土，这是类似于商汤伐桀、武王伐纣的举动，类似于黄帝打败蚩尤的战争。所以圣明的君主开辟疆域，不是为了私利，对外用兵，也不是仅仅为了发泄愤怒，而是为了匡救危难，远避祸害，为老百姓作长远打算。

文学曰：秦南禽劲越[1]，北却强胡，竭中国以役四夷[2]，人罢极而主不恤[3]，国内溃而上不知；是以一夫倡而天下和，兵破陈涉，地夺诸侯，何嗣之所利[4]？《诗》云："雍雍鸣鸦，旭日始旦[5]。"登得前利[6]，不念后咎[7]。故吴王知伐齐之便，而不知干遂之患[8]。秦知进取之利，而不知鸿门之难。是以知一而不知十也。周谨小而得大，秦欲大而亡小。语曰："前车覆，后车戒。""殷鉴不远，在夏后之世"矣。

注释

①禽：同“擒”，制服。劲：强劲，实力强大。

②役：役：兵役，这里用作动词，是攻打、征讨的意思。

③罢极：疲惫不堪。罢，同“疲”。

④嗣：继承人。

⑤旦：日出，天明。

⑥登得：贪得。前利：眼前利益。

⑦后咎：后来的危害。

⑧干遂之患：吴王夫差被越王勾践击败后在干遂自杀。干遂，一作“干隧”。

翻译

文学说：秦国打败南方强大的越人，击退北方强大的胡人，用尽国家的人力物力去与四夷作战，人民疲惫不堪而君主却不加体恤，国内已经崩溃而君主却不知情；因此，一个人号召起义而天下的人都响应，军队被陈胜打败，土地被诸侯夺去，这对秦王子孙有什么好处呢？《诗经》上说：“鸿雁雍雍鸣，旭日始东升。”（不可）只贪求眼前利益，而不念及后来灾难。因此吴王夫差只知道北伐齐国的便利，而没有料到在干遂的灭顶之灾；秦朝只知道进攻夺取的好处，而没有想到鸿门宴上的江山新主。这是只知其一而不知其十啊！周朝在弱小时谨慎行德，后来变得十分强大，秦朝欲望太大而亡于小民之手。书上说：“前面的车子翻倒了，后面的车子要引以为戒。”“殷朝的镜子并不远，夏朝就是它的榜样啊。”

诛秦第四十四

导读

诛，责罚。本篇以“诛秦”为题，但双方不止讨论了秦朝功罪的问题，还探讨了对四夷的政策问题。大夫认为只有像秦皇汉武那样武力征讨，才能征服四夷。文学则认为应该用德治使四夷归附，达到不劳而王的效果。

大夫曰：秦、楚、燕、齐，周之封国也。三晋之君[①]，齐之田氏，诸侯家臣也[②]。内守其国，外伐不义，地广壤进，故立号万乘，而为诸侯。宗周修礼长文，然国翦弱[③]，不能自存，东摄六国[④]，西畏于秦，身以放迁，宗庙绝祀[⑤]。赖先帝大惠，绍兴其后[⑥]，封嘉颍川，号周子男君。秦既并天下，东绝沛水[⑦]，并灭朝鲜，南取陆梁，北却胡、狄，西略氐、羌，立帝号，朝四夷。舟车所通，足迹所及，靡不毕至。非服其德，畏其威也。力多则人朝，力寡则朝于人矣。

注释

①三晋：赵、魏、韩。三家本为晋国之卿，后瓜分晋国成为诸侯，赵、魏、韩三国被人称为三晋。

②家臣：春秋时诸侯的臣属。

③翦弱：削弱。翦，同“剪”。

④摄：通“慑”，恐惧，害怕。

⑤绝祀：宗庙里断了香火，指国家灭亡。

⑥绍兴其后：使的后代又振兴起来。

⑦绝：横渡。

翻译

大夫说：秦、楚、燕、齐，都是周天子封的诸侯国。魏、赵、韩国的君主，齐国的田氏，他们最初都是晋、齐两国诸侯的家臣。由于他们对内能很好地治理国家，对外讨伐不义，领土不断扩大，所以都号称为拥有万辆兵车的大国，成为诸侯。周王室讲究礼义，提倡仁德，但国家削弱，以至不能存在下去，东边畏惧齐、楚、燕、赵、魏、韩六国，西边害怕强秦，最后君主被放逐，周王室宗庙就这样断了香火。后来承蒙已故的武帝的恩惠，才使周的后代又兴盛起来，封一位名叫姬嘉的后人于颍川，号为“周子男君”。秦国兼并天下，东边渡过沛水，灭朝鲜，南边攻取了陆梁地区，北方击退了胡、狄的进犯，西边攻占了氐、羌，立了皇帝的称号，使四方的民族都来朝贡。凡是车船所能通达的地方，人的足迹所至之处，人们没有不来归附的。这并不是人们信服秦朝的德政，而是畏惧秦王朝的威势。威力强大就会有人前来朝贡，威力弱小就会向别人朝贡。

文学曰：禹、舜，尧之佐也，汤、文，夏、商之臣也。其所以从八极而朝海内者，非以陆梁之地、兵革之威也。秦、楚、三晋号万乘，不务积德而务相侵，构兵争强而卒俱亡①。虽以进壤

广地，如食莿之充肠也[2]，欲其安存，何可得也？夫礼让为国者若江、海[3]，流弥久不竭，其本美也。苟为无本，若蒿火暴怒而无继，其亡可立而待，战国是也。周德衰，然后列于诸侯，至今不绝。秦力尽而灭其族，安得朝人也？

注释

①构兵：两国交战。

②莿（cè）：一种有毒的植物。

③礼让为国：用礼让来治理国家。

翻译

文学说：禹、舜是帝尧的助手，成汤、周文王是夏朝、商朝的臣子。他们之所以能够使八方顺从、海内朝拜，并不是依靠疆土广大和军队的威力。秦、楚、赵、魏、韩号称万乘大国，不致力于施行仁政而是互相侵犯，彼此交战争强，最后都遭到灭亡。虽然他们能够拓展疆土，增广地盘，但这些行为如同吃进有毒的莿子一样，要使国家长期存在下去，又怎么可能呢？用礼让来治理国家就像滔滔的江海之水一样，源远流长，永远不会枯竭，这是因为江海本身富饶美好啊！如果不以礼让来治国，就好像蒿草着火，虽然火力一时猛烈，但很快就会草尽火灭，火势熄灭可以立等而待，战国时期的国家就是这样的。周王室用德政治理国家，虽然衰落了，但周室后裔仍然列于诸侯，国脉至今没有断绝。秦王朝势力散尽之后，被人灭族，又怎么谈得上使别人朝拜呢？

大夫曰：中国与边境，犹支体与腹心也①。夫肌肤寒于外，腹心疾于内，内外之相劳，非相为赐也？唇亡则齿寒，支体伤而心憯怛。故无手足则支体废，无边境则内国害。昔者，戎狄攻太王于邠，逾岐、梁而与秦界于泾、渭，东至晋之陆浑，侵暴中国，中国疾之。今匈奴蚕食内侵，远者不离其苦②，独边境蒙其败。《诗》云："忧心惨惨，念国之为虐。"不征备，则暴害不息。故先帝兴义兵以征厥罪，遂破祁连、天山，散其聚党，北略至龙城，大围匈奴，单于失魂，仅以身免，乘奔逐北③，斩首捕虏十余万。控弦之民，旃裘之长④，莫不沮胆⑤，挫折远遁，遂乃振旅。浑耶率其众以降⑥，置五属国以距胡，则长城之内，河、山之外，罕被寇灾。于是下诏令，减戍漕，宽徭役。初虽劳苦，卒获其庆。

注释

①支：同"肢"，手、脚、胳膊、腿等的总称，即四肢。腹心：肠胃和心脏。

②离：通"罹"，遭受。

③逐北：追赶败逃的敌人。

④旃裘：匈奴人穿的毡袍。"控弦"、"旃裘"，在文中是匈奴的代称。

⑤沮胆：丧胆。

⑥浑耶率其众以降：匈奴浑邪王率其众向汉朝投降，被汉武帝封为漯阴侯。浑耶，即浑耶王，匈奴王公。

翻译

大夫说：中原与边境的关系，就像人的四肢和内脏一样。外部肌肉皮肤受到寒冷的刺激，内部的肠胃和心脏就会闹病，内脏和外部是互相效劳的，这不是内外互动吗？嘴唇没有了，牙齿就会感到寒冷，四肢受到伤害，心里就忧伤哀痛。所以人失去手脚，整个身体便残废了，没有边境，国内就会受害。从前，戎狄进攻居于邠地的太王，太王率部越过梁山来到岐山之下定居，与秦国以泾水、渭水为界，戎狄往东一直到晋地的陆浑，残害内地，中原诸侯为此非常痛恨。如今匈奴蚕食汉朝的土地，不断向内地进犯，距离匈奴遥远的地区可以免遭其苦，唯独边境上的人们不断遭到他们的残害。《诗经》上说："忧思满怀愁不已，想到国家蒙受虐政。"不进行征伐、防备，匈奴的进犯就不会停止。所以已故的武帝发动正义战争讨伐匈奴的罪恶，于是攻破祁连山和天山，冲散匈奴聚集的党羽，向北一直打到龙城，汉家大军合围匈奴，单于丧魂落魄，独自逃跑了，汉军乘胜向北追逐，杀掉和俘虏匈奴十几万人。匈奴引弓的民众，身穿毡袍的君长，没有不闻风丧胆的，节节败退而逃得远远的，于是汉军凯旋。匈奴浑耶王率领他的部下来投降，汉家将其部属安置在五个属国，以抵御匈奴。这样，长城以内、黄河以外的地区，从此很少再遭受匈奴侵害。于是武帝下诏书，命令减少边防粮饷运输，放宽了徭役。开始虽然劳苦，但终于得到了安定和幸福。

文学曰：周累世积德，天下莫不愿以为君，故不劳而王，恩

施由近而远，而蛮、貊自至。秦任战胜以并天下，小海内而贪胡、越之地[①]，使蒙恬击胡，取河南以为新秦，而忘其故秦[②]，筑长城以守胡，而亡其所守。往者，兵革亟动，师旅数起，长城之北，旋车遗镞相望[③]。及李广利等轻计——计还马足，莫不寒心；虽得浑耶，不能更所亡[④]。此非社稷之至计也。

注释

①小海内：认为海内小。小，意动用法，认为……小。

②故秦：与"新秦"相对，指秦国原有土地。

③旋车：翻倒了的车子。遗镞：遗落了的箭头。相望：到处可见。

④更：抵偿。

翻译

文学说：周王朝世世代代积德，天下没有人不愿意以周王为君主，所以周不必费多大力气就能称王，周王朝施行恩德由近而远，蛮、貊等边远地区少数民族自动归服。秦王朝凭借战争胜利吞并天下，嫌自己统治的地方小而贪图胡、越的地方，派蒙恬进攻匈奴，夺取了黄河以南的地方建立新秦，反而忘记秦国故有的土地，修筑长城以防备匈奴的进攻，结果丢掉了本来最应该守住的中原土地人民。过去，汉家多次进行战争，频繁调动军队，长城以北，到处都可以看到翻倒的战车和丢弃的箭头。李广利等人轻率地使用计谋攻伐大宛，只夺回许多良马，但是没有人不为此而感到寒心的；即使有浑邪王的归降，也不能抵偿所遭受的损失。

这不是国家最好的计策啊！

伐功第四十五

导读

“伐功”，就是夸耀功绩的意思。本篇题为“伐功”，但并不是自夸功绩，而是评价汉家征伐匈奴四十多年的功效。大夫主张继续伐胡，认为如今汉家久久未能彻底征服匈奴，是因为朝野上下不能同心协力。文学则予以驳斥，认为大夫佐帝无功，讥刺大夫给汉武帝出谋划策，导致国库空虚，生民凋敝。

大夫曰：齐桓公越燕伐山戎，破孤竹，残令支①。赵武灵王逾句注②，过代谷，略灭林胡、楼烦。燕袭走东胡，辟地千里，度辽东而攻朝鲜。蒙公为秦击走匈奴③，若鸷鸟之追群雀④。匈奴势慑⑤，不敢南面而望十余年。及其后，蒙公死而诸侯叛秦，中国扰乱，匈奴纷纷，乃敢复为边寇。夫以小国燕、赵，尚犹却寇虏以广地，今以汉国之大，士民之力，非特齐桓之众，燕、赵之师也；然匈奴久未服者，群臣不并力，上下未谐故也。

注释

①残：翦残，翦灭。令支：又作“离枝”，山戎属国。

②赵武灵王：战国时赵国国君，名雍，曾提倡胡服骑射。

③蒙公：即秦国大将蒙恬。

④鸷鸟：凶猛的鸟，如鹰、雕等。

⑤势慑：为蒙恬之势所威慑。

翻译

大夫说：齐桓公率兵越过燕国，讨伐山戎，攻破孤竹，翦灭令支。赵武灵王越过句注山，跨过代谷，夺取林胡和楼烦。燕国派兵奇袭，赶走东胡，开辟了千里疆域，又跨过辽东攻打朝鲜。蒙恬为秦国驱逐匈奴，像凶猛的鸟追逐群雀一样，匈奴畏惧秦朝的势力，十几年不敢南下侵犯。到了后来，蒙恬被胡亥赐死，诸侯反叛秦朝，中原大乱，匈奴纷纷南下，又成为侵扰中原的敌人。过去像燕、赵这样的小国，尚且能够击退来犯之敌而扩大土地，如今凭借如此强大的汉国，军队、百姓的力量如此雄厚，这绝不是齐桓公和燕、赵的军队所能比拟的；然而匈奴久未征服，这是由于群臣不通力合作，朝野上下不和谐的缘故啊！

文学曰：古之用师，非贪壤土之利，救民之患也。民思之，若旱之望雨，箪食壶浆①，以逆王师②。故忧人之患者，民一心而归之，汤、武是也。不爱民之死，力尽而溃叛者，秦王是也。孟子曰："君不乡道③，不由仁义，而为之强战，虽克必亡。"此中国所以扰乱，非蒙恬死而诸侯叛秦。昔周室之盛也，越裳氏来献，百蛮致贡④。其后周衰，诸侯力征，蛮、貊分散，各有聚党，莫能相一。是以燕、赵能得意焉。其后，匈奴稍强，蚕食诸侯，故破走月氏，因兵威，徙小国，引弓之民，并为一家，一意

同力，故难制也。前君为先帝画匈奴之策："兵据西域，夺之便势之地以候其变。以汉之强，攻于匈奴之众，若以强弩溃痈疽[5]；越之禽吴[6]，岂足道哉？"上以为然，用君之义，听君之计，虽越王之任种、蠡不过[7]。以搜粟都尉为御史大夫，持政十有余年[8]，未见种、蠡之功，而见靡弊之效[9]，匈奴不为加俛[10]，而百姓黎民以敝矣[11]。是君之策不能弱匈奴，而反衰中国也。善为计者，固若此乎？

注释

①箪食壶浆：用竹筐装饭，用壶装米汤。箪，竹筐。浆，米汤。

②逆：迎接。

③乡：通"向"，向往，追求。

④百蛮：泛指南方少数民族。

⑤强弩：强弓硬弩。弩，一种利用机械力量射箭的弓。痈疽：毒疮。

⑥禽：同"擒"，擒获。

⑦越王：春秋末年越王勾践。种、蠡：越大夫文种、范蠡，两人都是勾践重要的谋臣。

⑧搜粟都尉为御史大夫，持政十有余年：桑弘羊于汉武帝元封元年（前110年）任搜粟都尉，兼大司农，天汉四年（前97年）贬为搜粟都尉。后在后元二年（前87年）升为御史大夫。从天汉四年到始元六年（前81年）召开盐铁会议，共有17年的时间，所以儒生说他"以搜粟都尉为御史

大夫，持政十有余年。”

⑨靡弊：浪费钱财，政治衰败。

⑩加俛：降服。俛，通“俯”，俯首。

⑪以：通“已”。敝：破败。

翻译

文学说：古代用兵，不是为了贪图土地，而是为了拯救百姓的苦难。百姓思念王师，如同大旱之年盼望及时雨，用竹筐装着饭，用壶装着米汤，去欢迎君主的军队。因此，为百姓苦难而忧虑的人，百姓便全心全意地归附他，成汤、周武王就是这样的君主。不怜惜百姓死活，以致百姓被折磨得精疲力竭而进行反叛，秦始皇就是这样的君主。孟子说：“君主不向往圣贤之道，不行仁义，而硬要人民为他作战，即使一时战胜了，最终也会灭亡。”这就是秦末天下动乱不安的原因，并不是蒙恬身死而导致诸侯反叛秦朝。从前，周朝兴盛时，越裳氏来献礼，周边少数民族纷纷敬献贡物。后来，周朝衰弱，诸侯互相交战，那些蛮荒部落分崩离析，各自聚有党羽，不能互相统一起来，因此燕、赵能够取得胜利。后来，匈奴逐渐强大，蚕食各诸侯国，赶走月氏国，用武力迫使小国迁移，使北方善于骑射的牧民，合并为匈奴一家，他们同心合力，所以就难以制服了。从前，您为已故的武帝制定讨伐匈奴的政策：“派兵屯驻西域，夺取有利地势，以静候时局变化。以汉朝的强大，攻击匈奴的军队，如同以强弓硬弩击溃毒疮一样；好比越国擒灭吴国，哪里值得一谈呢？”武帝认为正确，用您的建议，听您的计策，即使是当年越王勾践任用大夫文种、范蠡也不能超过。

可您从搜粟都尉升为御史大夫，持政十几年，没有见到你有文种、范蠡那样的功劳，只看见浪费钱财、朝政弊坏的效果，匈奴并没有被降服，老百姓却被搞得家业破败了。这说明您的计策不仅没有削弱匈奴，反而使我国衰败。善于替国家策划的人，难道就是这样的吗？

西域第四十六

导读

本篇讨论的是汉朝对西域的政策。大夫充分肯定汉家的西域政策，希望汉家在西域乘胜追击，彻底令匈奴臣服。文学则不以为然，并进一步指出征伐四夷已经激化了社会矛盾，导致山东农民起义反叛，反对继续征伐四夷。

大夫曰：往者，匈奴据河、山之险[①]，擅田牧之利，民富兵强，行入为寇，则句注之内惊动，而上郡以南咸城。文帝时，虏入萧关，烽火通甘泉，群臣惧，不知所出，乃请屯京师以备胡。胡西役大宛、康居之属[②]，南与群羌通。先帝推让斥夺广饶之地[③]，建张掖以西[④]，隔绝羌、胡，瓜分其援。是以西域之国，皆内拒匈奴，断其右臂，曳剑而走，故募人田畜以广用[⑤]，长城以南，滨塞之郡，马牛放纵，蓄积布野，未睹其计之所过也。夫以弱越而遂意强吴[⑥]，才地计众非钧也[⑦]，主思臣谋，其往必矣。

注释

①河、山：黄河、阴山。

②大宛：西汉时西域国名，以产马闻名。

③推让：驱逐。让，通“攘”。斥夺：夺回。“斥”意为排斥、驱逐，“夺”意为夺回，此处用做偏义复词，偏义在“夺”。

④建张掖以西：汉武帝时为加强同西域的联系，曾在张掖以西到新疆轮台之间建立郡和都护府，以保护交通和联络。

⑤募人田畜以广用：汉武帝时经常迁移大量中原人口到边疆地区屯垦，对边疆地区经济、文化的发展和保护内地起了很大作用。

⑥遂意：满足心意。

⑦才地：估算土地。才，通“裁”。计众：计算人口。众，这里指人口。非钧：并非均衡。钧，通“均”。

翻译

大夫说：以前匈奴占据黄河、阴山的险要位置，独占田猎、畜牧的便利，民富兵强，不时侵入关内抢掠，雁门关以内为之惊动，上郡以南地区都筑城防守。文帝时，匈奴侵入萧关，烽火烧到甘泉宫，群臣畏惧，不知所措，于是请求在京师驻兵来防备匈奴。匈奴西边奴役大宛、康居等国，南边与羌族勾结。已故的武帝抗击匈奴，夺取了大片富饶的领土，在张掖以西建置州郡，把羌和匈奴隔开，使他们不能互相援助。所以西域各国纷纷抗拒匈奴，这相当于砍断了匈奴的右臂，迫使他们拖剑逃走。汉家招募老百姓到边疆屯垦以供给边防费用，长城以南地区，靠近边塞的郡县，民众可以随意牧马放牛，蓄积的物资遍地散布，看不到我们的计策有什么过错。从前弱小的越国能够满足心意战胜强大的吴国，估算土地，计算人众，吴越并非均等，越王勾践苦思灭吴，名臣范蠡、文种为之谋划，越人出征灭吴就势在必行了。

文学曰：吴、越迫于江、海，三川循环之①，处于五湖之间②，地相迫，壤相次，其势易以相禽也。金鼓未闻，旌旗未舒，行军未定，兵以接矣③。师无辎重之费，士无乏绝之劳，此所谓食于厨仓而战于门郊者也。今匈奴牧于无穷之泽，东西南北，不可穷极，虽轻车利马，不能得也，况负重赢兵以求之乎！其势不相及也，茫茫乎若行九皋，未知所止，皓皓乎若无网罗而渔江、海④，虽及之，三军罢弊⑤，适遗之饵也。故明王知其无所利，以为役不可数行，而权不可久张也，故诏公卿大夫、贤良、文学，所以复枉兴微之路。公卿宜思百姓之急，匈奴之害，缘圣主之心⑥，定安平之业。今乃留心于末计，摧本议，不顺上意，未为尽于忠也。

注释

①三川：吴江、钱塘江、浦阳江。一说，三江是松江、钱塘江和浦阳江。循环：环绕。

②五湖：指太湖、长荡湖、射贵湖、上湖、滆湖。

③兵：兵器。以：通“已”。接：接触，格杀。

④皓皓：通“浩浩”，广阔辽远的样子。

⑤罢：同“疲”。

⑥缘：遵循。

翻译

文学说：吴国和越国为江河湖海所局限，松江、钱塘江和浦阳江三江环绕，地处五湖之间，国土相连，互相交错，这种形势使吴越很容易发生冲突。战鼓还没有敲响，军旗还没有展开，行军部署尚未决定，双方兵器已经交接了。军队不需要运输军需品的费用，士兵也没有长途跋涉的劳苦，这就是人们所说的在厨房吃完饭再到门外近郊去作战。现在，匈奴在广阔无边的水草地游牧，东西南北，漫无边际，即使你有轻捷的战车和飞快的战马，也不能追得上他们，何况汉军带着大量军需，背着沉重的兵器去追赶呢！从情势来看汉兵是赶不上的。就像奔波在茫茫无际的水泽草原上，不知该停在哪儿，如同在浩渺无边的江海上徒手捕鱼，即使追上匈奴，军队疲惫而难以作战，恰好成为送到匈奴口边的食物。所以圣明的君主知道这样做没有好处，懂得战争不能频繁进行，不能无限制地扩张权威，因此诏令公卿大夫、贤良、文学们商讨，提出纠正弯曲、从细微处复兴汉家的路径。公卿应当考虑百姓的疾苦，匈奴的危害，遵循圣主的心意，奠定天下太平的基业。如今你们却注重于战争这样的下策，摧败与民休息的根本大计，不顺从皇上心意，这不能称是尽忠啊。

大夫曰：初，贰师不克宛而还也①，议者欲使人主不遂忿②，则西域皆瓦解而附于胡，胡得众国而益强。先帝绝奇听，行武威，

还袭宛，宛举国以降，效其器物，致其宝马。乌孙之属骇胆[3]，请为臣妾。匈奴失魄，奔走遁逃，虽未尽服，远处寒苦硗埆之地[4]。壮者死于祁连、天山，其孤未复。故群臣议以为匈奴困于汉兵，折翅伤翼，可遂击服。会先帝弃群臣，以故匈奴不革[5]。譬如为山，未成一篑而止。度功业而无继成之理，是弃与胡而资强敌也。辍几沮成，为主计若斯，亦未可谓尽忠也。

注释

①贰师：即贰师将军李广利。

②遂忿：发泄愤恨。

③乌孙：西汉时西域国名。

④硗埆：土地贫瘠。

⑤不革：没有变化，这里指匈奴仍未被彻底打败。

翻译

大夫说：当初贰师将军李广利未能攻克大宛而返回时，朝廷议政的公卿想让皇上不要为发泄愤恨而继续伐宛，认为这样会使有心归汉的西域各国意志瓦解，转而依附匈奴，而匈奴控制了那些国家后就会更加强大。已故的武帝拒绝听从这些奇谈怪论，施展军威又一次袭击大宛，大宛全国投降，献出宝器礼物，送上汗血宝马。乌孙等西域各国闻风丧胆，甘愿臣服。匈奴丢魂落魄，四散奔逃，虽然没有完全顺服，但他们都住在寒苦贫瘠之地，青壮年都战死在祁连山、天山一带，他们的后代还没有恢复元气。所以群臣议论，认为匈奴被汉兵围困，损兵折将，可以立即征服。

恰逢武帝弃群臣而去，因而匈奴方面的战事没有什么变化。好像积土为山，还差一筐土却停止了。可你们这些儒生却认为建立功业没有进一步成功的道理，这就等于把西域送给匈奴而资助强敌。中止接近成功的事业，败坏事业的成功，像这样去为君主出主意，也不能说是尽忠吧！

文学曰：有司言国外之事，议者皆徼一时之权，不虑其后。张骞言大宛之天马汗血[①]，安息之真玉大鸟，县官既闻如甘心焉，乃大兴师伐宛，历数期而后克之。夫万里而攻人之国，兵未战而物故过半[②]，虽破宛得宝马，非计也。当此之时，将卒方赤面而事四夷，师旅相望，郡国并发。黎人困苦[③]，奸伪萌生，盗贼并起。守尉不能禁，城邑不能止。然后遣上大夫衣绣衣以兴击之[④]。当此时，百姓元元，莫必其命[⑤]，故山东豪杰，颇有异心。赖先帝圣灵斐然。其咎皆在于欲毕匈奴而远几也[⑥]。为主计若此，可谓忠乎？

注释

①天马汗血：即大宛所产的汗血宝马，武帝得此马后改名为“天马”。

②物故：死亡。

③黎人：即黎民，老百姓。

④衣绣衣：穿着绣花衣，这是汉朝派去镇压农民起义的使者的服饰。兴击：以军兴之法而讨击。

⑤莫必其命：生命没有保障。必其命，保障生命。

⑥毕匈奴：完成征服匈奴大业。远几：远离庶几可以休战的大计。

翻译

文学说：你们官吏讲对外政策，都追求暂时的权宜之计，而不考虑后果。张骞对武帝说，大宛国的天马流汗般红如血，安息国的真玉鸵鸟，朝廷听说之后，便想得到这些异物以快心意，便兴师动众征伐大宛，经历几年之后才战胜大宛。到万里之外的地方去攻打别的国家，军队还没有交战就死亡了一大半，即使攻破大宛得到宝马，但这绝非国之良计。那时，将士们同四方的敌人激烈地作战，道路上的军队一队接一队，各地都在征兵。黎民百姓困苦不堪，奸诈之徒开始出现，盗贼四处作乱，地方官不能禁止，城镇也不得安宁。此后朝廷派遣上大夫穿着特使的绣花衣，用军兴之法去讨伐。在那个时候，老百姓没有人能够保障自己的生命，所以山东起义军都有反叛的企图。依靠已故的武帝至高无上的智慧，才使其安定下来。其罪祸全在于你们一心想完成征服匈奴大业，不考虑庶几可以休战的大计。这样为君主谋划，可以说是忠吗？

世务第四十七

导读

“世务”，即“当世之务”的意思。本篇讨论的是汉朝当世要务，双方就如何对待匈奴的侵扰问题展开辩论。大夫主张加强军事防备，讨伐匈奴；文学则反对抗击匈奴，主张汉家去武行文，废力尚德，以德服人。

大夫曰：诸生妄言！议者令可详用，无徒守椎车之语①，滑稽而不可循。夫汉之有匈奴，譬若木之有蠹②，如人有疾，不治则浸以深③。故谋臣以为击夺以困极之。诸生言以德怀之，此有其语而不可行也。诸生上无以似三王，下无以似近秦，令有司可举而行当世，安蒸庶而宁边境者乎④？

注释

①守椎车之语：比喻说过时的没有用的话。椎车，一种原始的独轮车。

②蠹：蛀虫。

③浸以深：渐渐加深。

④蒸庶：广大庶民，众多百姓。蒸，众。

翻译

大夫说：诸位儒生的话太荒谬了！议政的人所提的意见应该让人可以具体落实，不要只是说一些过时的话，圆转自如而不可遵循。汉家受有匈奴的侵扰，就好像树木长了蛀虫，人有疾病一样，不赶快医治就会逐渐恶化。因此，谋臣认为汉家应该出击取胜，使匈奴陷入极端的困境。诸位儒生说以仁德怀柔匈奴，这只能嘴上说说，实际上是行不通的。你们这些儒生上没有类似于三王那样治国安邦的策略，下没有类似近代秦朝富国强兵的方法，却还要让官吏推荐你们并在当世实行你们的主张，这怎么能安定百姓并使边境安宁呢？

文学曰：昔齐桓公内附百姓，外绥诸侯，存亡接绝①，而天下从风②。其后，德亏行衰，葵丘之会③，振而矜之，叛者九国。《春秋》刺其不崇德而崇力也。故任德，则强楚告服④，远国不召而自至；任力，则近者不亲，小国不附。此其效也。诚上观三王之所以昌，下论秦之所以亡，中述齐桓所以兴，去武行文，废力尚德，罢关梁，除障塞，以仁义导之，则北垂无寇虏之忧⑤，中国无干戈之事矣。

注释

①存亡接绝：存亡国，继绝世。前者如保存邢、卫、杞等国，后者如平定鲁国庆父之乱，立僖公为君。存亡，挽救将要灭亡的国家。接绝，接继已灭亡的国家。

②从风：像风一吹草就倒下般顺从，比喻服从之快，这里指各诸侯尊齐桓公为霸主。

③葵丘之会：齐桓公建立霸权后，公元前 651 年在葵丘和诸侯会盟，历史上称为葵丘之会。

④强楚告服：指公元前 656 年齐楚召陵会盟。告服，表示服从。

⑤北垂：北部边境。垂，通“陲”，边陲。

翻译

文学说：从前齐桓公对内亲附百姓，对外安抚诸侯，存亡国，继绝世，天下诸侯像风一吹草就倒下一般迅速顺从。后来他的仁德衰败，在葵丘和诸侯会盟时，骄傲自夸，由此多国诸侯叛离齐国。《春秋》上指责他不崇尚仁德而崇尚武力。因此，当齐桓公崇尚仁德的时候，连强大的南楚也宣告服从，远方的国家也不召而来；当他凭借武力时，附近的诸侯也不会亲近他，就连小国也不会归附。这就是任德和任力的不同效果啊。如果朝廷真正向上观察夏、商、周三王政治为什么会昌盛，向下研究近代秦朝是怎样灭亡的，中间阐述齐桓公为什么会兴起，如果朝廷放弃武力施行文教，废除暴力崇尚仁德，撤销关卡，除掉屏障要塞，用仁义去引导天下，那么北部边境就没有匈奴侵扰的忧患，中原地区也就没有战事了。

大夫曰：事不豫辨[①]，不可以应卒[②]。内无备，不可以御敌。《诗》云：“诰尔民人，谨尔侯度，用戒不虞。”故有文事，必有武备。昔宋襄公信楚而不备[③]，以取大辱焉，身执囚而国几亡。

故虽有诚信之心，不知权变，危亡之道也。《春秋》不与夷、狄之执中国，为其无信也。匈奴贪狼，因时而动，乘可而发，飙举电至④。而欲以诚信之心，金帛之宝，而信无义之诈，是犹亲跖、跻而扶猛虎也⑤。

注释

①豫辨：事先辨别。豫，通“预”。

②应卒：应对猝然变化。卒，通“猝”，突然。

③宋襄公信楚而不备：春秋时，宋国国君宋襄公与楚成王会盟于盂，不带军队，毫无防备，结果被楚俘虏，国家几乎灭亡。

④飙举：像狂飙一样行动。飙，狂风。电至：像闪电一样突然到来。

⑤跖、跻：古代传说中的两个大盗。

翻译

大夫说：事情如果不事先辨识，就不可以应付猝然变化。国内不做好军事防备，就不能抵御敌人的进攻。《诗经》上说：“告诉你们的老百姓，要谨慎地遵守诸侯的法度，以便警戒意外的事情发生。”因此国家有文治，也必须要有动用武力的准备。从前宋襄公盲目相信楚国而不预为防备，以至于蒙受极大的耻辱，自身被囚，连国家也几乎灭亡。因而即使有诚信之心，但不知道权变，这就是走向危险和灭亡的道路。《春秋》上不赞许身为夷、狄的楚国俘虏中原诸侯宋襄公的行动，就是因为他们不讲信用。匈奴像狼那样贪得无厌，等待时机发动进攻，像狂飙一样而来，如闪电一般而去。而你们却想用诚信之心，赠给他们黄金丝绸宝物，相信他们毫无信义的诈骗，这就好像亲近盗跖、庄跻这样的人而扶助猛虎一样。

文学曰：《春秋》“王者无敌”，言其仁厚，其德美，天下宾服，莫敢交也[1]。德行延及方外，舟车所臻，足迹所及，莫不被泽[2]。蛮、貊异国，重译自至[3]。方此之时，天下和同，君臣一德，外内相信，上下辑睦[4]。兵设而不试，干戈闭藏而不用。老子曰：“兕无所用其角，螫虫无所输其毒。”故君仁莫不仁，君义莫不义。世安得跖、跻而亲之乎？

注释

①交：通“较”，较量。

②被泽：蒙受恩泽。

③重译：经过多次翻译，意思是远隔几国。

④辑睦：和睦。

翻译

文学说：《春秋》说“实行王道的人是无可匹敌的”，意思是天子的仁义深厚，道德纯美，天下人都服从，没有人敢和他较量交锋。天子的德行影响到国境之外，凡是舟车所到的地方，足迹所至之处，没有不蒙受他的恩泽的。就是蛮、貊这些风俗不同的民族，也会通过几重翻译自己前来归附。那时候，天下太平，君臣同德，内外互相信任，上下彼此和睦。建立军队但不需作战，武器收藏起来而不使用。老子说："犀牛没有地方用它的角，蛇蝎没有地方放它的毒。"因此，如果君主仁，没有人不仁；如果君主讲义，就没有人不义。世上哪里有盗跖、庄蹻可去亲近呢？

大夫曰：布心腹，质情素①，信诚内感，义形乎色。宋华元、楚司马子反之相睹也②，符契内合③，诚有以相信也。今匈奴挟不信之心，怀不测之诈，见利如前④，乘便而起，潜进市侧，以袭无备。是犹措重宝于道路而莫之守也，求其不亡，何可得乎？

注释

①质情素：表达出真实感情。质，披露，表达。

②宋华元、楚司马子反之相睹：公元前594年，楚庄王率兵包围宋国都城，五个月没有攻克，宋国城内无粮草了，楚军也只有几天军粮，为了解对方情况，楚庄王让司马子反乘楼车窥视宋城。这时，正巧遇到出来瞭望楚军的宋国华元，两人真诚相谈，互相告诉本国的困难，因此两国同意结束战争。华元，春秋时宋大夫。子反，春秋时楚大夫。相睹，相见，相晤。

③符契内合：如同契约凭证相合，这里指两家心意投合。古代契约凭证一分为二，当事双方各执一半，兑约时以契约相合为据。

④如：而。

翻译

大夫说：推心置腹地说心里话，表达出真实的感情，内心满怀着真实诚恳之心，脸上就会带着正义的表情。过去宋国的华元和楚国的司马子反在战场上会面，倾心相谈，就像符契合在一起一样，确实都有诚意而可以信任。但是现在匈奴怀着不可相信的险恶之心和不可推测的诡计，他们见利就想上前掠夺，抓住方便机会就发动进攻，偷偷地潜入市场旁边，乘我们没有准备时就进行袭击。这就好像把贵重的财宝放在路上而没有人看守一样，要想东西不丢失，那怎么可能呢？

文学曰：诚信著乎天下，醇德流乎四海，则近者哥讴而乐之[①]，远者执禽而朝之[②]。故正近者不以威，来远者不以武，德义修而任贤良也。故民之于事也，辞佚而就劳[③]，于财也，辞多而就寡。上下交让，道路雁行[④]。方此之时，贱货而贵德，重义而轻利，赏之不窃，何宝之守也？

注释

①哥讴：歌颂，赞美。哥，通“歌”。

②执禽：古代初次拜见时所送的礼物。禽，鸟类的总称，这里指禽贽。

③辞佚：不图安逸。佚，通“逸”。

④道路雁行：比喻路上行人像大雁飞行一样有秩序。

翻译

文学说：如果君主以诚信之心著称天下，醇厚的美德流传四海，那么近处的人就会通过歌颂而使他快乐，远方的人就会手执见面礼而来朝贡。因此，纠正近处的人不靠威势，招徕远处的人归附不用武力，而是靠修德行义和任用贤良的人。因而民众对于事务，就会不贪图安逸而乐于勤劳，对于财物，不要多而求少。上下互相谦让，道路上行人像雁行一样有序。那个时候，人们都轻视财物而重视德行，重视仁义而轻视财利，即使用奖赏的办法让他盗窃他也不会干，还有什么财宝需要看守呢？

和亲第四十八

导读

本篇就和亲问题展开辩论，但所论不局限于“和亲”，而是汉家对匈奴的政策。大夫认为匈奴向来不讲信用，主张采取战备措施，决不能放弃军事防备而侈谈仁义。文学则认为“为政务以德亲邻”，边境征伐使百姓难以安宁，应致力于仁德教化。

大夫曰：昔徐偃王行义而灭，鲁哀公好儒而削。知文而不知武，知一而不知二。故君子笃仁以行，然必筑城以自守，设械以自备，为不仁者之害己也。是以古者蒐狝振旅而数军实焉①，恐

民之愉佚而亡戒难②。故兵革者国之用，城垒者国之固也；而欲罢之，是去表见里，示匈奴心腹也。匈奴轻举潜进，以袭空虚，是犹不介而当矢石之蹊③，祸必不振。此边境之所惧，而有司之所忧也。

注释

①蒐（sōu）：指古代春天打猎。狝（xiǎn）：指古代秋天打猎。振旅：整治军队。数军实：统计军队的器械、人员、粮饷及俘获物。军实，指战车、兵器等。

②佚：通“逸”，安逸。亡戒难：忘记戒备灾难。亡，通“忘”，忘记，遗忘。

③介：通“甲”，盔甲。

翻译

大夫说：从前徐偃王行仁义而亡了国，鲁哀公好儒术而引起国家衰败。他们只知文治而不知武功，只知道一而不知道二。所以，君子一方面实行仁德，另一方面还必须修筑城墙来自我守卫，设置器械来自我防备，这是为了防备那些不仁义的人伤害自己。所以在古代，春秋打猎，整顿军队，检查车马士卒器械，怕的是民众只顾苟且偷安而忘记戒备灾难。所以，兵器、盔甲是用来保卫国家的，城池和堡垒是安全的保障；现在你们却想把这些都取消，这是撤销边防，暴露内地，把自己的心腹要害暴露在匈奴面前。匈奴人轻装行动，秘密前进，来偷袭国防空虚之处，这就像不穿盔甲而站在箭矢乱飞的路上，灾祸必定不能避免。这是边境所恐惧的，也是朝廷官员所担心的。

文学曰：往者，通关梁[1]，交有无，自单于以下，皆亲汉内附，往来长城之下。其后，王恢误谋马邑，匈奴绝和亲，攻当路塞，祸纷拏而不解[2]，兵连而不息，边民不解甲弛弩，行数十年，介胄而耕耘[3]，钽耰而候望，燧燔烽举，丁壮弧弦而出斗，老者超越而入葆[4]。言之足以流涕寒心，则仁者不忍也。《诗》云：“投我以桃，报之以李。”未闻善往而有恶来者。故君子敬而无失，与人恭而有礼，四海之内，皆兄弟也。故内省不疚，夫何忧何惧！

注释

①关梁：关卡和桥梁。

②纷拏：纠缠联接，这里是互相纷争的意思。

③介胄：此处用做动词，穿着铠甲，戴着头盔。介，甲。胄，头盔。

④超越：快速。葆：通“堡”，塞堡。

翻译

文学说：从前，汉家与匈奴开通关卡桥梁，互通有无，匈奴从单于到老百姓，都亲附汉家，来往于长城之下。后来，王恢错误地谋划马邑之役，使匈奴和我们断了和亲，攻取交通要塞，灾祸纠缠连结而难解，战争连年不停，边疆百姓身不解甲，不敢放松弓弩。几十年来，他们穿着铠甲、戴着头盔耕种，手里拿着锄、耰而着守望观察敌情，一旦烽火燃起，年轻力壮的人拿起武器出去战斗，年老的人躲入堡垒。说起这些，足以使人伤心落泪，仁义的人是不忍心这样做的。《诗经》上说："人家馈赠我桃子，我便答谢以李子。"我从来没有听说过以善交往而招来以恶来回报的。因此君子恭敬严肃而没有失礼之处，对人恭谨而合乎礼节，那么四海之内的人都是兄弟。所以自我内心反省而无愧疚，还有什么好担心害怕的呢？

大夫曰：自春秋诸夏之君会聚相结，三会之后，乖离相从，伐战不止；六国从亲[①]，冠带相接[②]，然未尝有坚约。况禽兽之国乎！《春秋》存君在楚[③]，诘鼬之会书公，绐夷狄也[④]。匈奴数和亲，而常先犯约，贪侵盗驱，长诈谋之国也。反复无信，百约百叛，若朱、象之不移[⑤]，商均之不化[⑥]。而欲信其用兵之备，亲之以德，亦难矣。

注释

①从亲：即合纵，指战国时齐、楚、燕、赵、韩、魏联合起来对抗秦国。

②冠带：戴帽束带，指官吏服饰，此处指山东六国派出的合纵使者。

③《春秋》存君在楚：在楚强鲁弱时，鲁襄公到楚国参加会盟，正好赶上楚康王病逝，鲁襄公遂赴楚吊唁。存，存问，慰问。

④绐：通"殆"，欺骗。

⑤朱：丹朱，尧之不肖子丹朱。象：舜的弟弟，为人骄傲，曾欲谋杀舜。

⑥商均：舜之不肖子。不化：不能感化。

翻译

大夫说：自春秋以来，中原各诸侯国君主，会盟结约，多次会盟之后，彼此乖异怀疑随之而来，彼此征伐不停；战国时期，六国合纵抗秦，使者冠带相望于道，但是从来就不曾有坚定的盟约。中原尚且如此，更何况像匈奴这样的禽兽之国呢！《春秋》上记载了慰问羁留在楚国的鲁襄公，诘鼬之会记载鲁定公出场，是为了欺骗夷、狄。匈奴屡次与汉家和亲，常常首先撕毁和约，贪婪侵扰，盗掠得手后撤走，是擅长欺诈的国家。他们反复无常，毫无信用，无数次订和约，无数次背叛，就像丹朱、象一样劣性难移，像舜的儿子商均一样不可教化。如果听信匈奴作用兵的准备，而还想依靠仁义道德去感化他们，这是很困难的。

文学曰：王者中立而听乎天下，德施方外，绝国殊俗，臻于阙廷。凤皇在列树[①]，麒麟在郊薮，群生庶物，莫不被泽。非足行而仁办之也，推其仁恩而皇之，诚也。范蠡出于越，由余长于胡，皆为霸王贤佐。故政有不从之教，而世无不可化之民。《诗》云："酌彼行潦，挹彼注兹。"故公刘处戎、狄，戎、狄化之。太王去豳，豳民随之。周公修德，而越裳氏来。其从善如影响[②]。为政务以德亲近，何忧于彼之不改？

注释

①皇：通“凰”。列树：成行的树。

②如影响：如影随形，如响随声。

翻译

文学说：天子居于天下之中而听天下之政，他的恩德远达国境之外，使相隔很远、风俗不同的国家都来朝拜。凤凰栖身于丛林，麒麟生活在郊泽，万物都蒙受它们的恩泽。这并不是天子亲自跑路经办的，而是天子推广仁恩而加以扩大，这是出于天子的诚心啊。范蠡生在越国，由余长在胡地，但两人都成了霸主的得力助手。所以世上虽有不可遵从的教令，但没有不可教化的百姓。《诗经》上说：“舀起那路上的积水，灌注到这边来。”因此公刘居于戎狄之间，戎狄被公刘所感化。太王离开豳这个地方时，豳地民众跟随他迁到岐下。周公修德行义，越裳氏前来朝拜。人们从善如流，如同影之随形，响之随声。主持朝政只要以仁德去亲近别人，还怕对方的本性不能改变吗？

卷九

繇役第四十九

导读

“繇”通“徭”，“繇役”即“徭役”。本篇就由于反抗匈奴侵扰战争而带来的徭役——即动员人力的问题，展开辩论。大夫强调备边的重要性，认为这是不可避免的。文学则主张“偃武修文”，认为“徭役远而外内烦”。

大夫曰：屠者解分中理，可横以手而离也；至其抽筋凿骨，非行金斧不能决①。圣主循性而化，有不从者，亦将举兵而征之。是以汤诛葛伯，文王诛犬夷。及后戎、狄猾夏②，中国不宁，周宣王、仲山甫式遏寇虐③。《诗》云：“薄伐猃狁，至于太原。”“出车彭彭，城彼朔方。”自古明王不能无征伐而服不义，不能无城垒而御强暴也。

注释

①金斧：金属刀斧。斧刃纵，斤刃横，都是砍东西用的工

具。

②猾：扰乱。夏：指中原诸侯国。

③周宣王：姬姓，名静，西周第十一任君主，曾派兵征讨四夷并取得胜利，史称“宣王中兴”。仲山甫：周宣王卿士，辅佐宣王理政，谥曰穆仲。式：文言发语词。遏：阻止。

翻译

大夫说：屠夫按照肌肉的纹理解剖，用手就可以把牲畜的皮肉扯断分开，至于抽筋砍骨，不用斧头是不能解决问题的。贤明的君主依照人性进行教化，有不服从统治的，就派兵去征服，因此商汤诛讨葛伯，文王诛讨犬夷。后来，西方的戎人和北方的狄人骚扰华夏，使中原不得安宁，周宣王、仲山甫遏止戎狄侵扰。《诗经》上说：“出兵讨伐猃狁，一直打到太原。”“战车浩荡，到那北方筑城。”自古以来，圣明的君主不能不用战争去征服敌人，不能不修筑城堡来防御强暴。

文学曰：舜执干戚而有苗服，文王底德而怀四夷。《诗》云：“镐京辟雍，自西自东，自南自北，无思不服。”普天之下，惟人面之伦[①]，莫不引领而归其义[②]。故画地为境，人莫之犯。子曰：“白刃可冒，中庸不可入。”至德之谓也。故善攻不待坚甲而克，善守不待渠梁而固。武王之伐殷也，执黄钺[③]，誓牧之野，天下之士莫不愿为之用。既而偃兵，搢笏而朝[④]，天下之民莫不愿为之臣。既以义取之，以德守之。秦以力取之，以法守之，本末不得，故亡。夫文犹可长用，而武难久行也。

注释

①人面之伦：所有的人。人面，长有人的形状。伦，类，辈。

②引领：伸长脖子。

③黄钺：金斧，古代兵器名。

④搢（jìn）：插。笏：古代大臣朝见帝王时拿的手板，一般用玉、象牙或竹片做成，用以记事。

翻译

文学说：帝舜让人手执盾牌大斧跳武舞而有苗驯服，周文王修仁德来感化四方民族。《诗经》上说："镐京设有学堂，从西方到东方，从南方到北方，无人想到不服。"普天之下，只要是人，没有人不伸长脖子而归顺道义。所以，那时只要划地为界限，便没有人敢来侵犯。孔子说："雪白利刃可以冒犯，中庸之道不可触动。"说的就是最高道德啊。所以，善于进攻的人不穿盔甲而可以攻克敌人，善于防御的人不需要护城沟渠而能固守。周武王为了征伐商纣王，手执黄钺，在牧野誓师，天下的人没有不愿为他效劳的。不久休兵，大臣们插笏上朝，天下的人没有不愿意做他的臣民的。周王朝用仁义取得天下，又用仁德来守卫政权。秦朝以武力夺得天下，以严刑峻法来巩固统治，本末倒置，因而灭亡。因此，用仁义道德可以长久统治国家，依靠武力则难以长久。

大夫曰：《诗》云："猃狁孔炽，我是用戒。""武夫潢潢，经营四方。"故守御征伐，所由来久矣。《春秋》大戎未至而豫御之。

故四支强而躬体固[①]，华叶茂而本根据[②]。故饬四境所以安中国也，发戍漕所以审劳佚也。主忧者臣劳，上危者下死。先帝忧百姓不赡，出禁钱[③]，解乘舆骖，贬乐损膳[④]，以赈穷备边费。未见报施之义，而见沮成之理，非所闻也。

注释

①四支：即四肢，手足。支，同“肢”。躬体：身体，躯干。

②华：花。据：粗壮，坚固。

③禁钱：皇帝私人仓库里所藏的钱，即皇家金钱。

④贬乐：减少音乐娱乐。损膳：降低伙食标准。

翻译

大夫说：《诗经》上说：“猃狁来势很猛，我们紧急出征。”“将士威武雄壮，转战四面八方。”因此守御边疆，征伐四夷，是由来已久的。《春秋》记载入侵的戎人还未到，鲁国就事先做好了防御。因而四肢强壮就会身体强健，植物花叶茂盛而根就牢固。因此整治四方的边防，是为了安定中原内地，征发戍边漕运是为了求得安逸。君主有忧虑，臣子就要尽心操劳，主上有危难，臣下就要拼死拯救。已故的武帝担忧百姓生活不富足便拿出皇家经费，削减自己乘坐的车马，减少音乐娱乐，降低伙食标准，以救济贫穷的百姓和补充边防费用。没有看到你们表达报答先皇施恩的意思，反而看到你们诋毁君主功德的歪理，这是我从来没有听到过的。

文学曰：周道衰，王迹熄，诸侯争强，大小相凌。是以强国务侵，弱国设备。甲士劳战阵，役于兵革，故君劳而民困苦也。今中国为一统，而方内不安①，徭役远而外内烦也。古者无过年之繇，无逾时之役。今近者数千里，远者过万里，历二期②。长子不还，父母愁忧，妻子咏叹。愤懑之恨发动于心③，慕思之积，痛于骨髓。此《杕杜》《采薇》之所为作也④。

注释

①方内：国境以内。

②二期：两年。

③懑：烦闷。

④《杕杜》：《诗经·小雅》中的篇名，大意是讲出征将士的妻子日夜思念丈夫归来的情景。《采薇》：《诗经·小雅》中的篇名，大意是说兵士们在归途中追述戍边作战时的艰苦。

翻译

文学说：周朝衰亡时，圣王事迹消亡，诸侯争强称霸，大诸侯欺凌小诸侯。因此强国致力侵犯弱国，弱国设防备战。士兵艰苦地在战场上战斗，百姓又为战争服劳役，因而君主辛劳，民众困苦。如今国家已经统一，但是国境以内还是不能安定，因为民众所服徭役的地方很远，境外境内都让人烦心。古时候没有超过一年的劳役，也没有超过时限的兵役。如今服徭役近的要到数千里外的地方，远的徭役甚至超过万里，历时两年之久。大儿子不回来，父母忧愁，妻子哀叹，心里产生愤懑之恨，思念的痛苦深入骨髓。这就是《杕杜》《采薇》创作的原因啊。

险固第五十

导读

本篇就围绕国家依靠什么来设险固边的问题展开辩论。大夫认为地理险要、战略防备很重要，坚持“有备则制人，无备则制于人”的主张。文学则认为“在德不在固”，仁义道德才是保证国家长治久安的根本手段。

大夫曰：虎兕所以能执熊罴、服群兽者，爪牙利而攫便也①。秦所以超诸侯、吞天下、并敌国者，险阻固而势居然也。故龟猖有介，狐貉不能禽；蝮蛇有螫，人忌而不轻。故有备则制人，无备则制于人。故仲山甫补衮职之阙②，蒙公筑长城之固③，所以备寇难而折冲万里之外也④。今不固其外，欲安其内，犹家人不坚垣墙，狗吠夜惊。而暗昧妄行也。

注释

①攫：用爪抓取。

②衮职：天子之职。衮，天子的龙袍。阙，通“缺”，缺失。

③蒙公：即蒙恬。

④折冲：使敌人战车折回。冲，战车。

翻译

大夫说：老虎犀牛之所以能够抓捕熊罴、镇服群兽，是因为它们爪牙锐利，便于捕捉。秦国之所以能够超越山东六国诸侯、吞并天下、兼并敌国，是由于它占有险要坚固的地形，地理位置有利。因此乌龟、刺猬有甲壳，狐貉不能捕捉它们；蝮蛇能咬人，人就害怕而不敢轻易伤害它。所以，有军事防备就能制服敌人，没有军事防备就受制于人。因而仲山甫能够弥补天子履职的缺失，蒙恬修筑坚固的长城，是用来防备敌寇入侵带来的灾难，从而退敌于万里之外。如今不加强边防，却想要安定国内，就如同老百姓不去修筑坚固的院墙，夜间一听到狗叫便惊醒一样，在黑暗中乱跑躲灾。

文学曰：秦左殽、函，右陇阺，前蜀、汉，后山、河，四塞以为固[①]，金城千里。良将勇士，设利器而守陉隧[②]，墨子守云梯之械也[③]。以为虽汤、武复生，蚩尤复起，不轻攻也。然戍卒陈胜无将帅之任，师旅之众，奋空拳而破百万之师，无墙篱之难[④]。故在德不在固。诚以仁义为阻，道德为塞，贤人为兵，圣人为守，则莫能入。如此则中国无狗吠之警，而边境无鹿骇狼顾之忧矣[⑤]。夫何妄行而之乎？

注释

①山：泛指群山。河：黄河。

②利器：锐利的兵器。陉隧：山口，隧道。陉，山路关隘。隧，深险之处的小道。

③墨子守云梯之械：战国时，公输般为楚制造攻城器械云梯，墨子为此专门设计了破解云梯的方案。

④墙篱：垣墙和篱笆。墙，围墙。篱，篱笆。

⑤鹿骇：鹿胆小，易于受惊，这里形容人惶恐不安。狼顾：狼性怯，行走时常回头看，这里形容人有后顾之忧。

翻译

文学说：秦国东边有崤山和函谷关，西边有陇山，前面是蜀郡和汉中郡，后面是群山和黄河，四面要塞形成坚固堡垒，如同千里铜墙铁壁，加上良将勇士，拿着锐利的武器把守在山口要道，这就像墨子防备敌人用云梯攻城一样。秦人认为，即使是商汤、周武王再世，蚩尤重生，也不敢轻易进攻秦国。然而，戍卒陈胜既无将帅身份，也没有率领众多军队，却凭赤手空拳打败了秦国的百万军队，仿佛连围墙、篱笆这样的障碍都没有遇到。所以，保卫国家的关键在于施行仁德，而不在于边塞的坚固。如果真正把实行仁义作为险阻，以道德为要塞，以贤人为兵器，以圣人为守将，那么就没有人能够入侵。这样，内地就不会有狗叫的惊扰，边境也没有像鹿受惊骇、狼行回顾那样的担忧。又怎么会在黑夜中乱跑躲灾呢？

大夫曰：古者，为国必察土地、山陵阻险、天时地利，然后可以王霸。故制地城郭，饬沟垒，以御寇固国。《春秋》曰：“冬

浚洙[1]。”修地利也。三军顺天时，以实击虚，然困于阻险，敌于金城。楚庄之围宋[2]，秦师败崤嵚崟[3]，是也。故曰：“天时不如地利。”羌、胡固，近于边，今不取，必为四境长患。此季孙之所以忧颛臾，有句践之变而为强吴之所悔也[4]。

注释

①冬浚洙：齐桓公即位之初，击败鲁国后杀了齐公子纠，鲁国为了防备齐国再次来侵而有浚洙之举。浚，深挖河道，使水疏通。洙，河流名。

②楚庄之围宋：公元前595年至前594年，楚庄王派兵围攻宋国都城睢阳。前后长达九个月，最终宋楚结盟，楚国退兵。

③秦师败崤嵚崟：公元前627年，秦军攻打郑国，晋兵在崤山设伏，全歼秦军。嵚崟，高大险峻的样子。

④句践之变：指勾践灭吴。句践，即勾践。

翻译

大夫说：古时候，治理国家一定要考察土地、山陵、阻险、天时、地利，然后才能称王称霸。因此要根据地理形势建造内城外郭，修治沟渠堡垒，用以抵御敌寇，巩固边防。《春秋》上说：“鲁国冬天挖深洙水。”这就是修整地利啊。军队顺应天时，以强击弱，理应所向无敌吧，然而也会被山河险要所困阻，被坚固城防所阻挡。楚庄王围攻宋国不能攻克，秦军在险峻的崤山惨败，就属于这种情形。所以说：“天时不如地利。”羌人、匈奴都很强大，又靠近边境，如果现在不把它们打下来，必然造成边境的长期忧患。这就是鲁国季孙氏所以忧虑颛臾，勾践变强而为强吴所懊悔的原因啊。

文学曰：地利不如人和，武力不如文德。周之致远，不以地利，以人和也。百世不夺，非以险，以德也。吴有三江、五湖之难，而兼于越。楚有汝渊、两堂之固，而灭于秦。秦有陇阺、崤塞，而亡于诸侯。晋有河、华、九阿，而夺于六卿。齐有泰山、巨海，而胁于田常。桀、纣有天下，兼于滈、亳[①]。秦王以六合困于陈涉[②]。非地利不固，无术以守之也。释迩忧远，犹吴不内定其国，而西绝淮水与齐、晋争强也；越因其罢，击其虚。使吴王用申胥[③]，修德，无恃极其众，则句践不免为藩臣海崖[④]，何谋之敢虑也？

注释

①滈：通“镐”，周文王都城。亳：商汤都城。

②六合：上下和东南西北，指天下。

③申胥：即伍子胥，为吴国大夫，曾力谏夫差释齐伐越，夫差不听。

④藩臣：属国的臣子。

翻译

文学说：地利不如人和，武力不如文德。周朝招抚远方不是凭地利，靠的是人和。百代相传，政权不被人所夺取，不是依靠江河险阻，而是依靠德政。吴国有三江、五湖的有利地势，却被越国灭掉。楚国有汝渊、两棠的险要，却被秦国消灭。秦国有陇山、崤山这样的险阻，结果被山东六国诸侯推翻。晋国有黄河、华山和九阿险塞，政权却被六家公卿瓜分。齐国有泰山、大海之险，却被田成子夺权。夏桀、殷纣王拥有天下，却被商汤、周文王所取代。秦王拥有天下，却被戍卒陈胜打败。这不是地形不坚固，而是没有正确的防守办法。舍近求远，像吴国一样，不去对内安定国家，而西渡淮河，与齐国、晋国争强；结果，越国趁吴国疲惫不堪，乘虚攻入。假使吴王能够重用伍子胥，实行德政，勾践还敢搞什么阴谋呢？

大夫曰：楚自巫山起方城，属巫、黔中，设扞关以拒秦。秦包商、洛、崤、函以御诸侯。韩阻宜阳、伊阙，要成皋、太行，以安周、郑。魏滨洛筑城，阻山带河，以保晋国①。赵结飞狐、句注、孟门，以存邢、代。燕塞碣石，绝邪谷，绕援辽。齐抚阿、甄，关荣、历，倚太山，负海、河②。关梁者，邦国之固，而山川者，社稷之宝也。徐人灭舒，《春秋》谓之“取”。恶其无备，得物之易也。故恤来兵③，仁伤刑④。君子为国，必有不可犯之难。《易》曰：“重门击拓，以待暴客。”言备之素修也⑤。

注释

①以保晋国：这里指保卫魏国，因魏原属晋国。

②负：依仗。海：大海。河：黄河。

③恤来兵：体恤招来战争。

④仁伤刑：仁义伤害刑罚。

⑤素：平常。修：指防备。

翻译

大夫说：楚国从巫山起到方城山，连接巫山和黔中，设立扞关来抗拒秦国。秦国占有商山、洛水、崤山、函谷关等险要地势，以此防御六国诸侯。韩国以宜阳、伊阙为险阻，以成皋、太行山为要塞，以此来安定韩国。魏国在洛水之滨筑城，以华山为险阻，以黄河为纽带，以此来保卫魏国。赵国把飞狐关、句注山、孟门山连接起来，以此来保存赵国。燕国以碣石山为关塞，以邪谷为绝险，围绕辽水来保卫燕国。齐国据有东阿、甄城，在荣成山、历山设立关塞，依仗泰山、背靠大海与黄河。关隘要塞是国家的坚固屏障，高山大川是社稷的珍宝。徐国灭掉舒国，《春秋》称之为顺手而取，就是厌恶舒国没有战略防备，徐国轻易得胜。因此体恤他人会招致外敌来侵，仁义道德会伤害刑罚。君子治理国家，一定要设有敌人不可侵犯的防御工事。《易经》上说："设置双重大门，派人敲梆巡更，为的是防范盗贼。"说的是平常就要加强防备啊。

文学曰：阻险不如阻义[①]，昔汤以七十里，为政于天下，舒以百里，亡于敌国。此其所以见恶也。使关梁足恃，六国不兼于秦；河山足保，秦不亡于楚、汉。由此观之：冲隆不足为强[②]，高城不足为固。行善则昌，行恶则亡。王者博爱远施，外内合同，四海各以其职来祭，何击拓而待？《传》曰[③]："诸侯之有关

梁，庶人之有爵禄，非升平之兴，盖自战国始也。”

注释

①阻险：以地理险要为关塞。阻义：以仁义为关塞。

②冲隆：古时一种兵车。

③传：解释经典的著作被称为“传”或“记”。

翻译

文学说：以地理险要为关塞，不如以仁义为关塞。从前商汤以七十里封地起家，最终作为天子执政天下。舒国有方圆百里的地盘，却被敌国灭掉。这就是舒国被《春秋》厌恶的原因啊。假使边境上的关口要塞可以依赖，那么六国就不至于被秦国吞并；若是依靠河山足以保护国家，那么秦国就不会被楚、汉灭亡。由此可见：战车高大不足以称为强盛，城垒高耸不足以称为稳固。行善则昌盛，行恶就灭亡。君主对远方的人实行博爱，朝野内外同心同德，四海诸侯各以自己的职份前来助祭，还要敲梆子防备敌人干什么呢？经典上说：“诸侯有关口要塞，庶人拥有爵禄，这不是太平兴旺的象征，而是战国乱世的开始。”

论勇第五十一

导读

本篇就关于抗击匈奴战争的问题继续展开辩论。大夫主张继续使用武力，甚至认为可以通过勇士刺杀单于的方法来制服匈奴。文学则坚决反对动用刺客，主张通过圣贤治国来怀柔远方异族。

大夫曰：荆轲怀数年之谋而事不就者[①]，尺八匕首不足恃也。秦王惮于不意，列断贲、育者[②]，介七尺之利也。使专诸空拳[③]，不免于为禽[④]；要离无水[⑤]，不能遂其功。世言强楚劲郑，有犀兕之甲，棠溪之铤也[⑥]。内据金城，外任利兵，是以威行诸夏，强服敌国。故孟贲奋臂，众人轻之；怯夫有备，其气自倍。况以吴、楚之士，舞利剑，蹶强弩[⑦]，以与貉虏骋于中原？一人当百，不足道也！夫如此，则貉无交兵，力不支汉，其势必降。此商君之走魏[⑧]，而孙膑之破梁也[⑨]。

注释

①荆轲：战国末期刺客，受燕太子丹之托刺秦王，失败后被杀。

②列：同“裂”，裂断，分成两断。贲、育：战国勇士孟贲、夏育的并称，此处以孟贲、夏育指代荆轲。

③专诸：春秋末年吴国刺客，曾受公子光之托刺杀吴王僚，

使公子光夺得吴国王位。

④禽：同“擒”。

⑤要离：春秋末年吴国刺客，阖闾派他刺杀庆忌。无水：庆忌乘船伐吴，要离在船头上刺杀庆忌。

⑥棠溪之铤：棠溪以生产宝剑著称。铤，本指未经冶铸的铜铁，后人将铜铁铸成的兵器也叫做铤。

⑦蹶：踏，踩。

⑧商君之走魏：商鞅在公元前340年用计战胜魏军，俘魏公子卬，迫使魏国迁都。

⑨孙膑之破梁：公元前341年，孙膑采用围魏救赵战略，在桂陵大破梁军。后在马陵道上伏击魏将庞涓，再破梁军。

翻译

大夫说：荆轲多年谋算刺杀秦王，但没有成功，是因为他的一尺八寸匕首不足依赖。秦王虽然面对意外刺杀而惊恐万状，但他最终斩杀了勇如孟贲、夏育的荆轲，这是因为他凭借七尺长的利剑。假使专诸赤手空拳去刺杀吴王僚，免不了被抓住；如果要离没有水上乘船的便利，那么也不能成功行刺庆忌。世人都说楚国强大，郑国也很有力量，这是因为楚国、郑国有犀牛皮制作的铠甲和锋利的棠溪宝剑。两国国内有坚固的城墙，对外打仗依赖锐利的兵器，因此威震中原，强迫敌国降服。因此孟贲挥动空拳，众人都会轻视；胆小的人如果有防备，他的勇气自然倍增。何况以吴地楚地的勇士，挥舞利剑，脚踩强弩，与匈奴在中原驰骋作战呢？一人抵挡百人，这是不消说了！如果这样，那么匈奴就不能与汉家交战，兵力敌不过汉家，其情势一定会向汉家投降。这就像商鞅迫使魏国迁都，孙膑两次击破魏军一样。

文学曰：楚、郑之棠溪、墨阳，非不利也，犀冑兕甲，非不坚也。然而不能存者，利不足恃也。秦兼六国之师，据崤、函而御宇内，金石之固，莫耶之利也[①]。然陈胜无士民之资，甲兵之用，钽耰棘橿[②]，以破冲隆，武昭不击[③]，乌号不发[④]。所谓金城者，非谓筑壤而高土，凿地而深池也。所谓利兵者，非谓吴、越之铤，干将之剑也。言以道德为城，以仁义为郭[⑤]，莫之敢攻，莫之敢入。文王是也。以道德为冑，以仁义为剑，莫之敢当，莫之敢御。汤、武是也。今不建不可攻之城，不可当之兵，而欲任匹夫之役，而行三尺之刃，亦细矣！

注释

①莫耶：又作“莫邪”，宝剑名。

②棘：酸枣树木棍。橿：锄柄。

③武昭：汉人习用语，形容军容盛大，此处指代秦兵。

④乌号：传说是黄帝乘龙上天时遗落的良弓。

⑤郭：在城的外围加筑的一道城墙。

翻译

文学说：楚国、郑国的棠溪和墨阳造的兵器，不是不锋利，用犀牛皮制作的盔甲，并非不坚固。但是，楚国、郑国并没有保存下来，这说明利剑是不足以依赖的。秦国兼并六国的军队，依靠崤山、函谷关的险要地势而统治天下，如同金石一般坚固，莫耶宝剑一般锋利。然而陈胜没有统治民众的资本，没有坚甲利兵的装备，只用锄头、木耰、棘棍、锄柄，就冲破了秦国的兵车。秦兵军容甚盛，但不堪一击，乌号良弓也不起作用。所谓坚固的防御，并不是用土把城墙修得高高的，把护城河挖得深深的。所谓锋利的兵器，不是指吴、越兵器和干将宝剑。而是要用道德造城，用仁义造郭，这样就没有人敢于进攻，没有人敢于入侵。周文王就是这样的啊。以道德为盔甲，以仁义为剑戟，就没有人敢阻挡，没有人敢抵御，商汤和周武王就是这样的啊。现在不去建造攻不破的道德之城、不可抵挡的仁义之师，却想依靠一两个匹夫刺客，施行三尺之刃，这种谋略也太细小了！

大夫曰：荆轲提匕首入不测之强秦，秦王惶恐失守备，卫者皆惧。专诸手剑摩万乘，刺吴王，尸孽立正[①]，镐冠千里[②]。聂政自卫[③]，由韩廷刺其主，功成求得，退自刑于朝，暴尸于市。今诚得勇士，乘强汉之威，凌无义之匈奴，制其死命，责以其过，若曹刿之胁齐桓公，遂其求。推锋折锐，穹庐扰乱，上下相遁，因以轻锐随其后[④]。匈奴必交臂不敢格也[⑤]。

注释

①尸：这里作动词用，陈尸。孽：庶子，指吴王僚。立正：立真正王嗣公子光。

②镐冠：吊丧戴的白色的帽子。镐，通“缟”，白色丝。

③聂政：战国刺客，受严仲子之托刺杀韩相侠累。

④轻锐：轻装精锐的部队。

⑤交臂：反缚，指束手就擒。格：格斗，抵抗，抗拒。

翻译

大夫说：荆轲手持匕首，进入祸福难测的强秦，秦王当时惊慌失措，来不及防备，秦王的卫士们也都很害怕。专诸手持利剑，接近万乘之君，刺杀吴王，使庶子吴王僚陈尸于朝，立真正王嗣公子光为吴王，穿着丧服为专诸送葬的人绵延千里。聂政从卫国出发，到韩国丞相府刺死侠累，达到目的后，退下来在朝廷上自我施刑，被韩国暴陈尸体于市。现在如果真能得到勇士，凭借强大汉朝的威势，凌驾于不讲信义的匈奴，控制他们的生死，惩罚他们的罪过，就会像曹刿用匕首威胁齐桓公从而满足他的要求一样。打击匈奴的锋芒，挫折他们的锐气，这样那些住在穹庐的匈奴人就会乱作一团，上下一起逃跑，我们接着以轻装精锐军队跟随匈奴之后。匈奴必定束手被擒，不敢抵抗。

文学曰：汤得伊尹，以区区之亳兼臣海内[①]，文王得太公，廓酆、鄗以为天下[②]。齐桓公得管仲以霸诸侯，秦穆公得由余，西戎八国服。闻得贤圣而蛮、貊来享[③]，未闻劫杀人主以怀远也。《诗》云："惠此中国，以绥四方。"故"自彼氐羌，莫敢不来王"。非畏其威，畏其德也。故义之服无义，疾于原马良弓；以之召远，疾于驰传重驿[④]。

注释

①区区：微小的样子。亳：商汤都城，在今河南商丘。

②廓：开拓，扩大。酆：即“丰”，周文王都城。鄗：即“镐”，周武王都城。

③享：进贡。

④驰传：古代用来传递朝廷文书或接送重要官吏的一种马车。重驿：沿途各站，依次轮驰。

翻译

文学说：商汤王得到伊尹后，从小小的亳地扩展到统治整个天下；周文王得到姜太公后，疆域由丰、镐而扩大到天下；齐桓公得到管仲后称霸诸侯；秦穆公得到由余后，使西戎八个国家归服了秦国。我们只听说国家有了圣贤的人，落后边远邦国前来进贡，没有听说过劫杀人家的君主可以达到怀柔远人的目标。《诗经》上说：“惠爱京师民众，来安定中原诸侯国。”所以“远自西方氐、羌，没有人不来朝拜我王”。这并非他们害怕强大的武力，而是畏惧天子的仁德。所以，用仁义征服不义的人，比跑马射箭的速度还快；用仁义招来远方的人，比飞奔的驿马传车还要迅速。

论功第五十二

导读

本篇仍然围绕征讨匈奴的问题展开辩论。大夫力证汉家征伐匈奴之易，充分肯定了汉武帝征讨匈奴的功绩，并坚持应该继续征讨匈奴，以杜绝国家外患。而文学则强调征讨匈奴之难，认为应该以道德感化远人，修仁义，反对穷兵黩武。

大夫曰：匈奴无城廓之守[1]，沟池之固，修戟强弩之用，仓廪府库之积，上无义法，下无文理[2]，君臣嫚易[3]，上下无礼，织柳为室，旃廗为盖[4]。素孤骨镞[5]，马不粟食。内则备不足畏，外则礼不足称。夫中国，天下腹心，贤士之所总[6]，礼义之所集，财用之所殖也。夫以智谋愚，以义伐不义，若因秋霜而振落叶。《春秋》曰："桓公之与戎、狄，驱之尔。"况以天下之力乎？

注释

①廓，通"郭"，在城的外围加筑的一道城墙。

②文理：文教理规。

③嫚易：互相欺侮。

④旃廗为盖：用毡席做屋顶。旃，通"毡"。廗，通"席"。

⑤素孤：不加修饰的木弓。骨镞：用兽骨制造的箭头。

⑥总：聚集，集中。

翻译

大夫说：匈奴没有内城外郭的防守，没有护城河的固垒，也没有长戟强弩的武器，更没有粮仓和国库的蓄积，他们上无礼义法则，下无文教理规，君臣互相欺侮，上下无礼。他们用柳条编造房屋，用毡席做屋顶。军队用的是木弓和兽骨箭头，马不喂粮食。在国内他们的防备不足畏惧，在国外他们的礼俗不足称道。现在汉朝是天下的中心，人才集中，礼义完备，财用富足。以智慧的中国谋伐愚蠢的匈奴，以仁义的中国讨伐不义的匈奴，就像秋霜打落叶一样。《春秋》上说："齐桓公攻打戎、狄，不过是驱逐他们罢了。"何况我们是以天下之力征讨匈奴呢？

文学曰：匈奴车器无银黄丝漆之饰，素成而务坚。丝无文采裙袆曲襟之制[①]，都成而务完。男无刻镂奇巧之事，宫室城郭之功。女无绮绣淫巧之贡，纤绮罗纨之作。事省而致用，易成而难弊。虽无修戟强弩，戎马良弓；家有其备，人有其用，一旦有急，贯弓上马而已。资粮不见案首，而支数十日之食，因山谷为城郭，因水草为仓廪。法约而易辨，求寡而易供。是以刑者而不犯，指麾而令从[②]。嫚于礼而笃于信，略于文而敏于事。故虽无礼义之书，刻骨卷木，百官有以相记，而君臣上下有以相使。群臣为县官计者，皆言其易而实难，是以秦欲驱之而反更亡也。故兵者凶器，不可轻用也。其以强为弱，以存为亡，一朝尔也[③]。

注释

①文：同“纹”，花纹。采：色彩。裙：裙子。袆：本指古代男人遮蔽膝盖的东西，这里指男子的下衣。曲襟：弯曲而互相交叠的衣襟，这里指男女上衣。

②指麾：即指挥。

③一朝：顷刻之间。尔：语气词，罢了。

翻译

文学说：匈奴的车辆器具没有用金银丝绸油漆来装饰，但朴素完整结实。穿的衣服没有花纹、色彩、上下衣和男女服制的区别，但力求完好。他们男的没有雕刻奇巧物品的事，也没有宫室和内城外郭之类的建筑工程。女子没有刺绣花纹图案之类的过于精巧的贡品，也没有纺织花纹丝绢的劳作。他们做的东西少但足以应用，容易做成难于用坏。虽然没有长戟强弩，但他们有战马良弓；家家有准备，人人有事做，一旦有紧急情况，弯弓上马就可以作战。他们虽然没有盛粮食的器具，但有可支持几十天的口粮，他们凭借山谷作为自己的城郭，凭借天然的水草作为自己的仓廪。法律简单，容易辨别，上边税收少，下边容易供给。因此匈奴刑罚减省，人们却不违犯。上边指挥，下边服从命令。他们轻视礼节，却厚于信用，文字简单，但做事敏捷。所以，虽然没有讲礼节的书，只是在兽骨上刻符记事，卷起木简为书，但是百官有记事的工具，并且君臣之间有传达信息的方法。现在，群臣中为朝廷出主意的人，都说讨伐匈奴很容易，然而实际上很困难，因此秦朝想驱逐匈奴，结果反而自己灭亡。因此战争是凶器，不可以随便动用。如果轻易动用，就会使自己的国家由强变弱，由生存变为灭亡，这是顷刻之间的事情。

大夫曰：鲁连有言①："秦权使其士，虏使其民。"故政急而不长。高皇帝受命平暴乱，功德巍巍，惟天同大焉。而文、景承绪润色之②。及先帝征不义，攘无德，以昭仁圣之路，纯至德之基，圣王累年仁义之积也。今文学引亡国失政之治，而况之于今，其谓匈奴难图，宜矣！

注释

①鲁连：战国齐人鲁仲连，以排难解纷不求报偿著称，曾说服赵国平原君不要尊秦国为帝。

②承绪：继承未竟的事业。润色：增加色彩，此处指发展功业。

翻译

大夫说：鲁仲连说过："秦国用权诈之术对待士人，把民众当做奴虏使用。"所以朝政苛刻，国家就不会长久。高祖皇帝受天命，平定秦朝暴乱，功德巍巍高耸，只有天与他的功德同样高大。而文帝、景帝又继承和发展了他的功业。到了已故的武帝时，征讨不义的夷狄，击退无德蛮夷的骚扰，以彰显仁德圣明的道路，使最高道德基业纯洁，这些都是圣明君主多年施行仁义的积累。现在，你们文学征引亡国失政的政治，拿当今政治作比，得出难以战胜匈奴的结论，那是当然的了！

文学曰：有虞氏之时，三苗不服，禹欲伐之。舜曰："是吾德未喻也。"退而修政，而三苗服。不牧之地，不羁之民[1]，圣王不加兵，不事力焉，以为不足烦百姓而劳中国也，今明主修圣绪，宣德化，而朝有权使之谋，尚首功之事[2]，臣固怪之[3]。夫人臣席天下之势，奋国家之用，身享其利而不顾其主，此尉佗、章邯所以成王[4]，秦失其政也。孙子曰："今夫国家之事，一日更百变，然而不亡者，可得而革也。逮出兵乎平原广牧[5]，鼓鸣矢流[6]，虽有尧、舜之知，不能更也。"战而胜之，退修礼义，继三代之迹，仁义附矣。战胜而不休，身死亡国者，吴王是也。

注释

①不羁：马不上笼头，比喻人民不受约束。羁，马的笼头，引申为约束、驯服。

②尚：崇尚。首功：根据杀敌斩首数量来记功。首，头颅。

③固：本来。这里有坚决的意思。

④尉佗：即赵佗，本为秦朝将领，受命平定南越，秦末趁内地战乱，建立南越国，自称南越武王。章邯：秦朝将领，被项羽打败后投降，被项羽封为雍王。

⑤逮：及，等到。广牧：广阔的牧野。

⑥鼓鸣：擂响战鼓。矢流：万箭齐发。

翻译

文学说：过去舜的时代，三苗不顺服，禹想征伐他们。帝舜说："这是我的仁德还没有感化他们。"于是帝舜退身加强政治教化，结果三苗归服天子。那些不能放养牲畜的地方，不受约束的百姓，圣明的君主是不用兵征讨、不动用武力的，认为这不足以麻烦老百姓而劳顿中国。现在贤明的君主继承圣人的事业，提倡仁德教化，而朝廷却有人使用权诈谋略，崇尚斩首计功之事，我对此感到奇怪。有的大臣凭借国家的权力，滥用国家的钱财，身享国家利益却不顾其君主，这就是尉佗、章邯称王，秦朝失去权柄的原因。孙子说："现在国家的事情，一日之内有上百种变化，然而不会亡国，这是因为可以得到变革的机会。一旦发生战争，叛军遍布原野，战鼓齐鸣，箭矢如雨，此时即使有尧、舜的智慧，也无法挽救了。"打仗取胜后，就要退兵回来修整礼义，按照夏、商、周的王道传统去走，仁义就随之而来。战胜之后却不知休止，导致身死国亡，吴王夫差就是例子。

大夫曰：顺风而呼者易为气，因时而行者易为力。文、武怀余力，不为后嗣计，故三世而德衰。昭王南征，死而不还[①]。凡伯囚执而使不通，晋取郊、沛，王师败于茅戎。今西南诸夷，楚庄之后；朝鲜之王，燕之亡民也。南越尉佗起中国，自立为王，德至薄，然皆亡天下之大[②]，各自以为一州，倔强倨敖[③]，自称老夫[④]。先帝为万世度，恐有冀州之累，南荆之患[⑤]，于是遣左将军楼船平之，兵不血刃，咸为县官也。七国之时，皆据万乘，

南面称王，提珩为敌国累世⑥，然终不免俛首系虏于秦。今匈奴不当汉家之巨郡，非有六国之用，贤士之谋。由此观难易，察然可见也。

注释

①昭王南征，死而不还：周昭王在位期间，多次出征南方，最终死在回来的路上。

②亡：通“忘”。

③敖：同“傲”。

④老夫：南越王尉佗答汉文帝书中的自称，意即尉佗不承认他和汉文帝有君臣关系。

⑤南荆之患：指前文中的“昭王南巡，死亡不还”。

⑥提珩（héng）：平衡，相当。珩，通“衡”，势均力敌。累世：很多年代。

翻译

大夫说：顺风呼喊的人容易运用声气，见机行事的人容易借力发挥。周文王、周武王怀有余力，可是他们不为后代继承人考虑去征讨四夷，致使三代以后就朝政衰败。周昭王南征过汉水，死于江中而不复还。凡伯出使途中被戎人囚禁，结果夷夏信使不通。晋国军队夺取了周王室的郊、柳二邑。周王室军队被茅戎打败。现在西南的少数民族，是楚庄王的后代；朝鲜君王满是燕国的亡民。南方的尉佗来自中原，自立为南越武王，德行最为浅薄，全然忘记天下之大，独自占据一州，态度倔强，倨傲不敬，自称

“老夫”。已故的武帝为万世考虑，怕后代再有“凡伯囚执”的牵累和昭王南征不还之类的祸患，因此派遣左将军荀彘和楼船将军杨仆等人南北讨伐。兵不血刃，四夷都归附朝廷。战国时，七国都有上万辆兵车，各自称王，势均力敌，互为敌国，经年累世，然而山东六国君主最终不免俯首做了秦国俘虏。现在匈奴抵不上汉家一个大郡，没有六国那样的物力和出谋划策的贤士。由此来观察，战胜匈奴的难易是昭然可见的。

文学曰：秦灭六国，虏七王，沛然有余力①，自以为蚩尤不能害，黄帝不能斥。及二世弑死望夷②，子婴系颈降楚，曾不得七王之俯首③。使六国并存，秦尚为战国，固未亡也。何以明之？自孝公以至于始皇，世世为诸侯雄，百有余年。及兼天下，十四岁而亡。何则？外无敌国之忧，而内自纵恣也。自非圣人，得志而不骄佚者④，未之有也。

注释

①沛然：充沛强盛的样子。

②望夷：秦朝宫殿名。

③曾：与“不”连用，相当于“连……都……”。

④骄佚：骄奢淫逸。佚，通“逸”。

翻译

文学说：秦灭掉六国，俘虏了七位君王，有着充沛的余力，自以为连蚩尤也不能加害，黄帝也不能打败他。等到秦二世在望夷宫被杀，子婴把王印吊在脖子上投降楚国，连当年战国七位君王俯首就擒的境遇都得不到。假使山东六国仍然并存，那么秦国今天还是战国七雄之一，本来是不会灭亡的。怎么来证明这一点呢？从秦孝公到秦始皇，世世代代称雄于诸侯，百年有余，等到秦朝兼并天下，十四年就灭亡了。这是什么原因呢？因为外面没有敌国侵略的忧虑，在内自我恣意放纵。自己不是圣人，得志而不骄奢淫逸的人，是从来没有过的。

论邹第五十三

导读

本篇围绕如何评价战国阴阳家邹衍“大九州说”而展开论辩。大夫盛赞邹衍学说境界弘阔，借此批评贤良、文学眼界狭陋。文学则认为邹衍学会导致诸侯亡国破家，并指出要以是否有利于治理国家来衡量思想学说。

大夫曰：邹子疾晚世之儒墨[①]。不知天地之弘，昭旷之道，将一曲而欲道九折[②]，守一隅而欲知万方，犹无准平而欲知高下，无规矩而欲知方圆也。于是推大圣终始之运，以喻王公，先列中国名山通谷，以至海外。所谓中国者，天下八十一分之一，名曰赤县神州[③]，而分为九州。绝陵陆不通，乃为一州，有大瀛海圜其外。此所谓八极，而天地际焉。《禹贡》亦著山川高下原隰，

而不知大道之径。故秦欲达九州而方瀛海④，牧胡而朝万国⑤。诸生守畦亩之虑⑥，闾巷之固，未知天下之义也。

注释

①邹子：邹衍，战国阴阳家，提出“大九州”地理学说和“五德终始”的历史哲学。邹，一作“驺”。疾：痛恨。晚世：近代。

②曲：河湾。道：通。九折：多个迂回曲折的河湾。

③赤县神州：邹衍给中国取的名称。

④方：指航行。

⑤牧：统治。胡：指匈奴。朝：使动用法，使……朝贡。

⑥畦（qí）亩之虑：指境界狭小、不知变通的思维方式。畦亩，有土埂围着的排列整齐的田亩。虑，思虑，谋划。

翻译

大夫说：邹衍憎恨近代儒、墨之徒，认为他们不知道天地的广阔，不明白深远的道理，看到一个河湾就想通达所有河湾，守着一个墙角就想知道所有方向，这就如同没有水平仪而想知道高低，没有圆规、曲尺而想知道方和圆一样。于是邹衍推论《大圣终始》的气运，以此来晓喻王公大人，他先排列了中国的名山大谷，以此推论到海外情形。他认为儒、墨之徒所谓中的国，只占天下的八十一分之一，邹衍把中国取名叫赤县神州，中国之内被大禹分为小九州。丘陵陆地隔绝不通，才可称为一州，外边有大海围绕着。这就是我们说的八方极远的地方，九州的边际就与天地接壤了。《尚书·禹贡》也记载了山川高低和平原沼泽，但不能像邹衍那样明白天下至道。因此秦王朝根据邹衍之说，试图通达天下九州，渡过大海，统治殊方异族，让万国来朝。你们儒生只知道拘执于一田一亩的狭小思维方式，困守着一闾一巷的陋见，不知道天下的大道理啊。

文学曰：尧使禹为司空①，平水土，随山刊木②，定高下而序九州③。邹衍非圣人，作怪误，荧惑六国之君以纳其说。此《春秋》所谓“匹夫荧惑诸侯”者也。孔子曰：“未能事人，焉能事鬼神？”近者不达，焉能知瀛海？故无补于用者，君子不为；无益于治者，君子不由④。三王信经道，而德光于四海；战国信嘉言⑤，而破亡如丘山。昔秦始皇已吞天下，欲并万国，亡其三十六郡，欲达瀛海，而失其州县。知大义如斯⑥，不如守小计也。

注释

①司空：古代官名，掌管土木水利工程。

②刊：砍削。

③高下：指高山大川。序：次序，此处指划定、安排。

④由：实行。

⑤嘉言：好听的话，指蛊惑人心的言论。

⑥大义：此处为反语，指蛊惑人心的言论。如斯：如此。

翻译

文学说：尧任用禹做司空平治水土，随行山之形状，砍削树木作为路标，根据高山大河确定九州分界。邹衍不是圣人，他发表怪诞欺人的奇谈，蛊惑六国君主，以求诸侯采纳他的邪说。这正是《春秋》上所说的“小人迷惑诸侯”的情形。孔子说：“尚且未能侍奉活人，怎么能侍奉鬼神呢？”近的都不通达，怎么能知道远方大海的情形？所以，无益于实用的事，君子是不做的；无益于治国的事，君子不为。夏、商、周三王遵信常道，因此他们的恩德广布四海；战国诸侯听信蛊惑人心的动听言论，结果国破家亡像丘山倒塌一样。从前秦始皇已经吞并天下，还想吞并万国，结果丢掉了秦朝的三十六郡；他想到大海以外去，结果失掉了自己的州县。像秦始皇这样知道邹衍的“大义”，还不如恪守儒家的“小计”。

论菑第五十四

导读

本篇主要讨论天人感应学说中的灾异问题。大夫向文学提出两个关于天人感应学说的尖锐问题：一是金与火按照五行理论相克，而按十二地支理论却相配，如何解释这自相矛盾的说法？二是按照春生、夏长、秋收、冬藏的理论，德政与刑罚二者不可偏废，为什么文学只片面强调德政而不谈刑罚？文学没有正面回答第一个问题；关于第二个问题，文学认为德占据主导地位，刑罚对德政仅起到辅佐作用。

大夫曰：巫祝不可与并祀，诸生不可与逐语[①]，信往疑今，非人自是。夫道古者稽之今，言远者合之近。日月在天，其征在人，灾异之变，夭寿之期[②]，阴阳之化，四时之叙[③]，水火金木，妖祥之应，鬼神之灵，祭祀之福，日月之行，星辰之纪，曲言之故，何所本始？不知则默，无苟乱耳[④]。

注释

①逐语：随声附和。逐，追随。

②夭：夭折，未成年的人死去。寿：长寿。

③叙：通“序”，次序。

④苟：随便。乱耳：乱人听闻。

翻译

大夫说：巫与祝不可以一起参与祭祀，你们这帮儒生不能随声附和。他们迷信往古圣王，怀疑当今明君，否定他人，自以为是。要谈论古代的事必须考察当今，说远处的事必须联系眼前实际。日月在天上，其征兆却在人间。灾异的变化，短命长寿的期限，阴阳的变异，春夏秋冬四时的顺序，水火金木土运行的终始，凶吉的报应，鬼神的灵验，祭祀的福祥，日月的运行，星辰的运转，片面言论的缘故，诸如此类，它们的起始在什么地方？如果不知道答案就不要作声，不要随便乱人听闻。

文学曰：始江都相董生推言阴阳，四时相继，父生之，子养之，母成之，子藏之。故春生，仁；夏长，德；秋成，义；冬藏，礼。此四时之序，圣人之所则也。刑不可任以成化，故广德教。言远必考之迩，故内恕以行[①]。是以刑罚若加于己，勤劳若施于身。又安能忍杀其赤子以事无用，罢弊听恃而达瀛海乎？盖越人美蠃蚌而简太牢，鄙夫乐咋唶而怪韶濩。故不知味者以芬香为臭，不知道者以美言为乱耳。人无夭寿，各以其好恶为命。羿、敖以巧力不得其死，智伯以贪狠亡其身。天灾之证，祯祥之应，犹施与之望报，各以其类及。故好行善者，天助以福，符瑞是也。《易经》曰："自天祐之，吉无不利。"好行恶者，天报以祸，妖灾是也。《春秋》曰："应是而有天灾。"周文、武尊贤受谏，敬戒不殆[②]，纯德上休[③]，神祇相况[④]。《诗》云："降福穰穰，降福简简。"日者阳，阳道明；月者阴，阴道冥[⑤]；君尊臣卑之义。故阳光盛于上，众阴之类消于下；月望于天[⑥]，蚌蛤盛于渊。故臣不臣，则阴阳不调，日月有变；政教不均，则水旱不时，螟螣生[⑦]。此灾异之应也。四时代叙而人则其功，星列于天而人象其行。常星犹公卿也[⑧]，众星犹万民也。列星正则众星齐[⑨]，常星乱则众星坠矣。

注释

①内恕：设身处地为别人考虑。恕，推己及人之谓恕。

②殆：通“怠”，懈怠，松懈。

③纯德上休：纯粹道德，无上美好。休，喜欢。

④神祇相况：天神地祇赐福。况，通“贶”，恩赐。

⑤冥：昏暗。

⑥望：满月，农历每月十五日。

⑦螟螣：田间害虫，这里指虫灾。

⑧常星：即恒星。汉朝避汉文帝刘恒讳，改“恒”为“常”。

⑨列星：即恒星。

翻译

文学说：当初江都国相董仲舒推论阴阳之道，认为春夏秋冬四时相继，就像父生子，子养父，母亲抚育儿子，儿子孝养母亲一样。因此春天萌生，为仁；夏天成长，为德；秋天收获，为义；冬天收藏，为礼。这四季的次序是圣人所效法的。刑法不能用来形成教化，所以要广泛进行仁德教育。讨论远方的事情一定要考察近处的事，因此要用推己及人的方法。对他人施加刑罚，就如同把刑罚加在自己身上，使别人劳苦就像自己去辛勤劳动一样。又怎么能忍心杀害赤子般的民众，来从事无用的征伐，消耗国家所依仗的人力物力到遥远的海外去开拓疆土呢？南方越人认为螺蚌味美而轻视猪牛羊盛宴，粗鄙的人喜欢大呼小叫而以汤乐韶濩为怪音。所以，不知味道的人，把芳香当作腐臭，不知大道的人，以美妙言论为扰乱视听的奇谈。人的寿命长短，是由各自行为的善、恶来决定的。羿和敖都是因为具有巧力而不得好死，智伯由于贪婪狠毒而葬送了自己。天灾的验证，吉祥的报应，就像施恩而得到报答一样，各自按照它们的不同类别而得到回报。所以，好行善的人，老天爷就帮助他得到福报，这就是吉祥的符瑞。《易经》上说："上天保佑，只有吉祥，没有不利。"好行恶的人，上天用灾祸来回报他，这就是妖灾。《春秋》上说："上天对此产生感应，才有天灾报应。"周文王和周武王尊重贤人，接受别人的意见，严肃戒惧，毫不懈怠，他们道德纯粹，无上美好，天地之神就赐福给他们。《诗经》上说："天降的福很多，天降的福广大。"日为阳，阳是光明的；月为阴，阴是昏暗的；日月象征着君尊臣卑的意义。所以阳光在天上普照，而众阴就消失于下；圆圆的月亮挂在天上，在水中的蚌蛤就受感应而丰实。因此当大臣的不尽臣道，阴阳就会不调和，日月运行就会生变；政治教化不协调，水旱之灾就会不时降临，害虫也会遍地孳生。这就是灾异感应啊。春夏秋冬四时按照顺序更替，人类就效法四时之功，星星在天上分布、运行，人们就模拟它们来行动。恒星好像公卿，众星好像万民。恒星端正则众星整齐，恒星乱了众星就会坠落。

大夫曰：文学言刚柔之类，五胜相代生①。《易》明于阴阳，《书》长于五行。春生夏长，故火生于寅木，阳类也；秋生冬死，故水生于申金，阴物也。四时五行，迭废迭兴，阴阳异类，水火不同器。金得土而成，得火而死；金生于巳②，何说何言然乎？

注释

①五胜相代生：即五行相胜，金胜木，木胜土，土胜水，水胜火，火胜金。胜，克。代，替代。

②金生于巳：代表秋的金生于代表夏的巳。前面说金得土而成，得火则死，是就五行相生而言；此处说金生于巳，是就五行与十二地支相配而言。前者说火胜金，后者说火生金，这两种说法相互矛盾，故大夫提出疑问。

翻译

大夫说：文学谈了阴阳的变化和五行相生相克的事情。《易经》长于阴阳学说，《尚书》长于五行学说。春天草木出生，夏天草木成长，因此代表夏季的火生于代表春季的寅木，火属于阳类；秋天植物成熟，冬天植物死亡，因此代表冬季的水生于代表秋季的申金，水属于阴类。一年四季和五行金木水火土，时衰时兴不断更替，按照顺序交替兴废，阴阳是相互对立的，就像水火不能放在同一个容器里一样。金遇到土才能生成，遇到火就会死亡；然而代表秋季的金又生于代表夏季的巳（属火），对此你们又如何解释呢？

文学曰：兵者，凶器也，甲坚兵利，为天下殃。以母制子[①]，故能久长。圣人法之，厌而不阳[②]。《诗》云：“载戢干戈，载櫜弓矢，我求懿德，肆于时夏。”衰世不然。逆天道以快暴心，僵尸血流以争壤土，牢人之君[③]，灭人之祀，杀人之子若绝草木，刑者肩靡于道[④]。以己之所恶而施于人。是以国家破灭，身受其殃，秦王是也。

注释

①母：比喻火，指德。子：比喻金，指兵。

②厌：通“压”，抑制。不阳：不使阴变为阳。

③牢：囚禁。

④肩靡：肩与肩互相摩擦，形容人很多。靡，通“摩”。

翻译

文学说：兵器是凶器，坚实的盔甲，锋利的兵刃，会成为天下人的祸殃。只有使用道德制止兵灾，国家才能长久存在。圣人效法这个以母制子的法则，不使阴变为阳。《诗经》上说：“收藏盾戟，装起弓箭，周王追求美德，他要恩满中原。”而衰落的朝代却不是这样，他们违反天道来使残暴之心快乐，僵尸遍地，血流成河，争夺疆土。把别国的君主囚禁在牢狱之中，毁灭别人的祖庙祭祀，杀害别人的后代，就像砍伐草木一样，受刑的人在路上一个挨一个。把自己所厌恶的东西强加于别人。因此造成国家灭亡，自己遭殃，秦王就是这样的人啊。

大夫曰：金生于巳，刑罚小加[①]，故荠麦夏死。《易》曰：“履霜，坚冰至。”秋始降霜，草木陨零[②]，合冬行诛[③]，万物毕藏。春夏生长，利以行仁。秋冬杀藏，利以施刑。故非其时而树[④]，虽生不成。秋冬行德，是谓逆天道。《月令》：“凉风至，杀气动，蜻蛚鸣，衣裘成。天子行微刑，始貙蒌，以顺天令。”文学同四时，合阴阳，尚德而除刑。如此，则鹰隼不鸷，猛兽不攫，秋不

搜狝[5]，冬不田狩者也[6]。

注释

①小加：逐渐执行。

②陨零：凋谢零落。

③合：适合。行诛：执行死刑。

④树：种植。

⑤搜：本指春天打猎，此处与“狝”构成偏义复词，重点在“狝”上。狝：秋天打猎。

⑥田：同“畋”，打猎。狩：古时指冬天打猎。

翻译

大夫说：秋由夏孕育而生，此时刑罚就逐步执行，所以荠菜和麦子一到夏天就死了。《易经》上说：“踩着了霜，坚冰就要到来。”秋天开始降霜，草木凋谢零落，冬天适合执行死刑，万物全部收藏起来。万物在春夏季节生长，此时利于施行仁政。万物在秋冬季节肃杀收藏，此时利于施加刑罚。所以不按季节种植，即使苗儿生出来也不会成长。在秋天、冬天施行仁政，就是违背自然界变化的道理。《礼记·月令》上记载：“凉风到，寒气来，蟋蟀叫，做皮袄。天子施行轻微刑罚，开始秋祭，以此顺应自然节令。”你们文学混淆四时政令，不分阴阳，一味崇尚仁德而废除刑罚。这样的话，鹰隼就变得不凶猛，猛兽就不会抓取猎物，秋天不再搜捕野兽，冬天不再打猎。

文学曰：天道好生恶杀，好赏恶罚。故使阳居于实而宣德施，阴藏于虚而为阳佐辅。阳刚阴柔，季不能加孟①。此天贱冬而贵春，申阳屈阴。故王者南面而听天下，背阴向阳，前德而后刑也。霜雪晚至，五谷犹成。雹雾夏陨，万物皆伤。由此观之：严刑以治国，犹任秋冬以成谷也。故法令者，治恶之具也，而非至治之风也。是以古者明王茂其德教，而缓其刑罚也。网漏吞舟之鱼，而刑审于绳墨之外②，及臻其末，而民莫犯禁也。

注释

①季：排行末尾。孟：排行开始。兄弟排行，有时用孟、仲、叔、季作次第，孟是开始的，季是末尾的，所以说“季不能加孟”。

②绳墨：木匠画直线用的工具，这里比喻规矩或法度。

翻译

文学说：上天喜欢生长，厌恶杀人；喜欢赏赐，厌恶加罪于人。因而上天让阳居于实处，广宣仁德恩惠；让阴隐藏在虚处，对阳起辅助作用。阳刚阴柔，排序最末的不能居于排序最前的之上。这是上天以冬为贱，以春为贵，伸阳屈阴的原因。所以君主面向南倾听国事，背靠阴、面向阳，这意味着将德放在前面，把刑放在后面。霜雪来得晚一些，五谷还能成熟。可要是夏天降落冰雹大雾，万物就要受到伤害。由此看来：用严刑治理国家，就像依靠在秋冬季节种植庄稼一样。所以法律只是制止邪恶的工具，而不是达到天下大治的风化境界。因此，自古以来圣明的君主都是重德教育而缓用刑罚。法网会漏掉吞舟大鱼，判刑时往往要比法律条文宽松，到了后来，人们不再违反禁令。

卷十

刑德第五十五

导读

本篇围绕究竟是以刑治国还是以德治国，即“法治”还是“礼治”，展开辩论。大夫倡导以严刑峻法来治国，通过法令的威慑使民众不敢犯罪。文学则坚持“礼治”，主张通过道德教化来实现治国目标。

大夫曰：令者所以教民也，法者所以督奸也。令严而民慎，法设而奸禁。网疏则兽失，法疏则罪漏。罪漏则民放佚而轻犯禁。故禁不必[①]，怯夫徼幸。诛诚[②]，跖、蹻不犯。是以古者作五刑，刻肌肤而民不逾矩[⑥]。

注释

①必：果断。

②诛诚：坚决惩罚。诚，意同“必”，指坚决执行。

③刻肌肤：泛指各种肉刑。

翻译

大夫说：禁令是用来教育民众的手段，法律是用来督察奸邪的工具。政令严明百姓就会谨慎，法律完善坏人就能禁绝。罗网疏漏就会失掉野兽，法律松弛罪犯就会漏网。罪犯如果漏网，人们就要胡作非为，轻易犯法。因此，禁令执行如果不坚决，胆怯的人也会抱着侥幸的心理去犯罪；如果惩罚坚决，即使像跖、跻那样的大盗也不敢犯罪。正因为这样，古代才制定了五种刑罚，还有各种肉刑，民众因此不敢逾越规矩。

文学曰：道径众，人不知所由；法令众，民不知所辟[①]。故王者之制法，昭乎如日月，故民不迷；旷乎若大路，故民不惑。幽隐远方，折乎知之，室女童妇，咸知所避。是以法令不犯，而狱犴不用也[②]。昔秦法繁于秋荼，而网密于凝脂，然而上下相遁，奸伪萌生，有司治之，若救烂扑焦而不能禁；非网疏而罪漏，礼义废而刑罚任也。方今律令百有余篇，文章繁[③]，罪名重，郡国用之疑惑，或浅或深，自吏明习者不知所处，而况愚民！律令尘蠹于栈阁[④]，吏不能遍睹，而况于愚民！此断狱所以滋众，而民犯禁滋多也。“宜犴宜狱，握粟出卜，自何能穀？”刺刑法繁也。亲服之属甚众[⑤]，上杀下杀[⑥]，而服不过五[⑦]。五刑之属三千，上附下附，而罪不过五。故治民之道，务笃其教而已[⑧]。

注释

①辟：通“避”，躲避。

②犴：古代乡亭一级基层单位监禁囚犯的地方。

③文章：法律章程。

④蠹：生虫。栈阁：存放图书、文件、档案的阁架。

⑤亲服：为亲属服丧。

⑥上杀下杀：指亲疏关系的差别的主张。杀，差别。

⑦服不过五：丧服不过五等。

⑧笃：厚。教：教化。

翻译

文学说：道路多了，人们不知道该走哪条路；法令多了，百姓不知怎样避免犯法。因此，君主制定的法律，应该像日月那样明亮，这样百姓就不会迷惘；应该像大路一样宽广，这样百姓就不会疑惑。无论是昏暗之处还是远处，都清晰地知道法令，愚昧无知的妇女儿童，也都知道怎样避免犯法。这样，没人犯法，监狱也就没有用处了。从前，秦朝的法律比秋天的茅草还多，法网比凝结的油脂还细密，然而上下互相包庇，奸诈虚伪的事层出不穷，即使官吏严加惩处，也像去救已经腐烂和烧焦的东西一样，是无法制止的；这不是法网疏漏导致罪人脱逃，而是因为废弃礼义而任用刑罚。现在制定的法律、政令有一百多篇，法令条文繁杂，罪名众多，各郡施行起来也感到疑惑不解，定罪时或者过轻或者过重，就连通晓法律的官吏也不知道该怎么处理案件，何况无知的百姓呢！法律禁令文件布满灰尘，生出蛀虫，被放在藏书阁架之上，连官吏都不能全部过目，又何况无知的百姓呢！这就是官员断狱案越多，而民众触犯禁令的人也越多的原因。《诗经》上说："要被囚系要入狱，手拿小米去占卜，如何才能得大吉？"这就是讽刺刑法繁苛。穿丧服的亲属很多，无论是向上减杀还是向下减杀，也不会超出五服。五刑的条例多达三千条，无论是向上比附还是向下比附，也不过五种刑法。所以，治理百姓的方法，不过是务求厚于教化罢了。

大夫曰：文学言王者立法，旷若大路。今驰道不小也[①]，而民公犯之，以其罚罪之轻也。千仞之高，人不轻凌，千钧之重，人不轻举。商君刑弃灰于道，而秦民治。故盗马者死，盗牛者加[②]，所以重本而绝轻疾之资也。武兵名食[③]，所以佐边而重武备也。盗伤与杀同罪，所以累其心而责其意也。犹鲁以楚师伐齐，而《春秋》恶之。故轻之为重[④]，浅之为深，有缘而然。法之微者[⑤]，固非众人之所知也。

注释

①驰道：天子所行的道路。

②加：通"枷"，枷锁。

③武兵名食：是说边防军士兵威武、粮秣大盛的意思。武兵，军队。名，大。

④轻之为重：轻罪重判。

⑤微：微妙，精微。

翻译

大夫说：文学说君王立法，像大路一样宽广。现在的法令像驰道一样并不狭窄，可是人们却公然犯法，这是因为罚罪太轻。千仞的高山，人们并不轻易去攀登，千钧的重鼎，人们也不敢轻易去抓举。正因为商鞅把在路上倒灰也定为一条罪，所以才把秦国的百姓治理得很好。盗马的人处死，盗牛的人枷锁囚禁，这是用来重视农耕根本、杜绝民众乘轻车快马游冶的手段。边防军队士兵威武、粮秣大盛，是为了加强边防、重视战备。偷盗时伤人与杀人同罪，是为了使犯罪的人从内心感到害怕，并对他的邪念加以谴责。这就像鲁国借用楚国的军队去讨伐齐国，而被《春秋》所憎恶一样。所以轻罪重判，浅罪深究，是有原因的。法令的精微，本来就不是众人所能了解的。

文学曰：《诗》云："周道如砥，其直如矢。"言其易也。"君子所履，小人所视。"言其明也①。故德明而易从，法约而易行。今驰道经营陵陆，纡周天下②，是以万里为民阱也。罻罗张而县其谷③，辟陷设而当其蹊④，矰戈饰而加其上⑤，能勿离乎⑥？聚其所欲，开其所利，仁义陵迟，能勿逾乎？故其末途至于攻城入邑，损府库之金，盗宗庙之器，岂特千仞之高、千钧之重哉！《管子》曰："四维不张⑦，虽皋陶不能为士。"故德教废而诈伪行，礼义坏而奸邪兴，言无仁义也。仁者，爱之效也；义者，事之宜也。故君子爱仁以及物，治近以及远。《传》曰："凡生之物，莫贵于人；人主之所贵，莫重于人。"故天之生万物以奉人也，

主爱人以顺天也。闻以六畜禽兽养人，未闻以所养害人者也。鲁厩焚，孔子罢朝，问人不问马，贱畜而重人也。今盗马者罪死，盗牛者加。乘骑车马行驰道中，吏举苛而不止[8]，以为盗马，而罪亦死。今伤人持其刀剑而亡，亦可谓盗武库兵而杀之乎？人主立法而民犯之，亦可以为逆而轻主约乎？深之可以死，轻之可以免，非法禁之意也。法者，缘人情而制，非设罪以陷人也。故《春秋》之治狱，论心定罪。志善而违于法者免，志恶而合于法者诛。今伤人未有所害，志不甚恶而合于法者，谓盗而伤人者耶？将执法者过耶？何于人心不厌也！古者，伤人有创者刑，盗有臧者罚[9]，杀人者死。今取人兵刃以伤人，罪与杀人同，得无非其至意与？

大夫俯仰未应对。

注释

①砥：磨刀石，这里是平坦的意思。

②纡周：迂回环绕。

③罻罗：罗网。县：同“悬”。

④辟陷：陷阱。

⑤矰弋：即系着绳子的箭。矰，一种射鸟的短箭。

⑥离：通“罹”，遭到，遭受。

⑦四维：指礼、义、廉、耻。

⑧苛：同“呵”，禁止。

⑨臧：通“赃”，赃物。

翻译

文学说：《诗经》上说："大路像磨刀石一样平坦，像箭杆一样笔直。"说的是大路平易。又说："大路为君子所走，为小人所注视。"说的是大路明显。因而道德标准明确，人们就容易遵从，法律简要，人们就容易实行。现在天子的驰道通达丘陵平地，遍布天下，所以万里江山都成为民众的陷阱。张开的罗网吊挂在山谷之口，隐蔽的陷阱设在路当中，经过伪饰的短箭安在山上，百姓能不遭殃吗？聚集了人们的私欲，为他们谋取财利大开门路，而仁义日益衰败，百姓能不越轨犯法吗？所以最后百姓起来造反，攻打城镇，抢劫国库金银，盗窃宗庙里的祭器，岂止千仞之高、千钧之重呢！《管子》上说："不提倡礼、义、廉、耻，即使皋陶也当不了法官。"所以废弃了道德教化就会导致奸诈作伪盛行，礼义崩坏奸猾邪恶就要流行，说的是没有仁义的后果。仁，就是爱的体现；义，就是办事适宜。因此君子爱好仁义，推仁及物，从治理近处推广到远处。传记上说："凡是有生命的事物，没有比人更珍贵；君主所珍视的，没有比人才更贵重。"因此天生万物是为了养活人，帝王爱人是顺从天意的。我们只听说用各种家禽、家畜供人役使和食用，从来没听说过饲养家禽、家畜是用来害人的。鲁国马厩失火，孔子罢朝回家，只问伤人没有，却不问马怎么样，这是看重人而不看重畜生。现在偷马的人要判处死刑，偷盗牛的人枷锁囚禁。乘车骑马行于驰道，官吏加以呵斥，他不停下就认为是偷马的，同偷马的一样判处死刑。如今要是有人伤害别人后，拿着伤人的刀剑逃走了，也能说他盗窃武库兵器而杀死他吗？君主定的法律而百姓违犯了，也能说他叛逆轻视君主法令吗？判罪从严可以处死，判罪从宽可以赦免，这不是法律禁令的本意。法律是根据人之常情制定的，而不是设下罪名去坑害人的。所以依照《春秋》的要求来审理案件，是根据罪人内心动机的好坏定罪。本意善良而违反法令的人可以免罪，本意邪恶而合于法令规定的人被诛杀。想伤人而没有伤人，动机不太坏而又没有犯法的人，能说他是强盗而伤人了吗？或者说是不是执法的人太过分了呢？为何如此让人不能心服口服呢！古时候伤害他人且致人重伤的要受刑，偷盗有赃物的要受罚，杀了人的处死。如今夺取他人兵刃自卫而伤及他人，与杀人同罪，这恐怕不是立法的本意吧？

大夫把头低下，又抬起头来，没有回答。

御史曰：执法者国之辔衔①，刑罚者国之维楫也②。故辔衔不饬，虽王良不能以致远③；维楫不设，虽良工不能以绝水④。韩子疾有国者不能明其法势⑤，御其臣下，富国强兵，以制敌御难，惑于愚儒之文词，以疑贤士之谋，举浮淫之蠹，加之功实之上，而欲国之治，犹释阶而欲登高，无衔橛而御捍马也⑥。今刑法设备，而民犹犯之，况无法乎？其乱必也！

注释

①辔衔：缰绳和马嚼子。辔，驾马的缰绳。衔，马嚼子。

②维楫：缆绳和桨。维：系船的绳子。楫：船桨。

③王良：春秋时晋国人，善于驾驶车马。

④绝水：渡河。

⑤韩子疾有国者不能明其法势：韩非痛恨拥有国家的诸侯不能明了法令和权势。韩子，韩非。疾，痛恨。法，法制，法令。势，权势。

⑥橛：马衔。捍：通“悍”，暴烈不驯。

翻译

御史说：执行法令的人是国家的缰绳和马嚼子，刑罚是国家驾船的缆绳和桨。因此如果马缰绳和马嚼子不齐备，即使是最好的车夫王良也不能驾车到达远方；没有缆绳和桨，就是再好的船工也无法驾船渡河。当年韩非痛恨拥有国家的诸侯不能明了法令和权势，不能用法律治理他的臣民，做到富国强兵，克敌制胜，抵御外患，反而被那些愚昧儒生的文辞所迷惑，怀疑贤人的计谋，举用轻浮不实像蛀虫一样的坏人，凌驾于有实际功劳的人之上，用这种办法，要想治理好国家，就好像撤掉梯子登高，不用马嚼子而驾驭烈马一样，是根本办不到的。现在刑法完备而人们尚且犯法，何况没有法律呢？必定会导致社会大乱！

文学曰：辔衔者，御之具也，得良工而调。法势者，治之具也，得贤人而化。执辔非其人，则马奔驰。执轴非其人[①]，则船覆伤。昔吴使宰嚭持轴而破其船[②]，秦使赵高执辔而覆其车[③]。今废仁义之术，而任刑名之徒[④]，则复吴、秦之事也。夫为君者法三王，为相者法周公，为术者法孔子，此百世不易之道也。韩非非先王而不遵，舍正令而不从，卒蹈陷阱，身幽囚，客死于秦。

夫不通大道而小辩，斯足以害其身而已。

注释

①执轴：掌舵。轴，通“舳”，舵。

②宰嚭：吴国太宰伯嚭。他接受越国贿赂，说服吴王释越，谗害忠臣伍子胥。吴灭后被越人杀死。

③赵高：秦朝宦官。秦始皇死后，赵高与李斯私改诏书，拥立秦二世胡亥。运用阴谋手法架空胡亥，谋杀李斯，进而逼胡亥自杀，另立子婴。后被子婴设计杀死。

④刑名之徒：指信奉法家学派的人。

翻译

文学说：缰绳和马嚼子是驾驭车马的用具，得到优秀车手才会协调。法律和权势是治理国家的工具，只有贤人才能很好地运用它。执马缰绳的如果不是优秀车夫，马就不听使唤而奔驰不止。掌舵的人如果不是优秀舵手，船就会倾覆或毁坏。从前，吴国让伯嚭掌舵，结果船破人亡。秦国让赵高执掌缰绳，结果车覆国灭。现在废弃以仁义治国的方法，而任用那些主张严刑峻法的人，这是重蹈吴、秦灭亡的覆辙啊。做君主的人应该效法夏禹、商汤、周文王，当丞相的要效法周公，研究思想学说的人应该效法孔子，这是千古不变的道理。韩非诋毁先王，不遵从先王之道，舍弃正统的教令而不听从，最后终于掉进陷阱，被囚在大牢，死在异乡秦国。不学习大道，只是掌握小的辩术，这样足以危害自己。

申韩第五十六

导读

申，即申不害，战国法家代表人物，在韩国施行变法，与韩非并称申韩。本篇以“申韩”为题，就“礼治”和“法治”的问题展开辩论。御史认为，治国必须设明法，陈严刑，防非矫邪，依靠法令和权势来威慑民众，使他们不敢犯罪。文学则认为法令不能治本，治国应该从根本清除致乱之源，用道德教化取代严刑峻法。

御史曰：待周公而为相，则世无列国。待孔子而后学，则世无儒、墨。夫衣小缺，憏裂可以补①，而必待全匹而易之；政小缺，法令可以防，而必待《雅》《颂》乃治之②；是犹舍邻之医，而求俞跗而后治病③，废污池之水④，待江海而后救火也。迂而不径，阙而无务⑤，是以政令不从而治烦乱。夫善为政者，弊则补之，决则塞之。故吴子以法治楚、魏⑥，申、商以法强秦、韩也。

注释

①憏（chì）裂：即小块的布。憏，残帛。裂，缯余。

②《雅》《颂》：《诗经》中的《小雅》《大雅》和《颂》，这里指礼治。

③俞跗：上古良医。

④污池：水停聚的地方，即蓄水池。

⑤阙：通“缺”，缺陷。务：措施。

⑥吴子：战国前期法家先驱人物吴起。曾受魏文侯重用，担任魏国西河守，屡次破秦。后为楚悼王相，在楚国实施变法。楚悼王死后，吴起被楚国宗室大臣射杀。

翻译

御史说：如果一定要等到周公来做宰相，那么世上就不会有那么多国家了。如果一定要等到孔子为师而后学习，那么世上就不会有儒家和墨家了。衣上有了小缺口，一小块布就可以把它缝补起来，却一定要等到用整匹布来换；政事上出现小问题，用法律和禁令就可以弥补，却一定要用《雅》《颂》那些诗里面讲的礼义来治理；这如同舍弃邻近医生，而往远处去找名医俞跗治病一样；（失火后）弃置不用附近池塘里的水，而一定要等到运来长江、大海之水然后再救火。宁绕弯路而不走捷径，有缺点不务修补，所以人们不服从法令，秩序越来越混乱。善于执政的人，有了弊政就加以弥补，有了决口就予以堵塞。所以吴起用法令把魏、楚治理得很好，申不害、商鞅用法令使韩、秦强盛起来。

文学曰：有国者选众而任贤，学者博览而就善，何必是周公、孔子！故曰法之而已[①]。今商鞅反圣人之道，变乱秦俗，其后政耗乱而不能治，流失而不可复，愚人纵火于沛泽[②]，不能复振；蜂虿螫人[③]，放死不能息其毒也[④]。烦而止之，躁而静之，上下劳扰，而乱益滋。故圣人教化，上与日月俱照，下与天地同流[⑤]，岂曰小补之哉！

注释

①法：效法。

②沛泽：水草积聚的沼泽地。

③虿（chài）：蝎子一类毒虫。螫（shì）：毒虫刺人，毒蛇咬人。

④放死：放跑弄死。

⑤同流：一起运转。

翻译

文学说：掌握国家的君主要从很多人当中选用贤能的人，学者都会博览群书择善而从，何必一定等着周公、孔子呢！不过效法他们罢了。商鞅违反圣人之道，变乱秦国良善风俗，后来秦国朝政昏乱而不可治理，礼崩乐坏而无法恢复，这就如同一个愚蠢的人在沼泽地放火，这片土地就再也不能恢复原貌了；人被毒蜂、蝎子蜇了，虽把蜂、蝎放跑弄死，也不能消除它们的毒害。烦扰之后加以制止，焦躁之后让其安静，上下辛劳烦扰，混乱越来越厉害。所以说圣人的教化，上与日月一起光照宇宙，下与天地一同流转，怎么能说是小补呢！

御史曰：衣缺不补，则日以甚，防漏不塞，则日益滋。大河之始决于瓠子也[①]，涓涓尔[②]，及其卒，泛滥为中国害。灾梁、楚，破曹、卫，城郭坏沮[③]，蓄积漂流，百姓木栖，千里无庐，令孤寡无所依，老弱无所归。故先帝闵悼其灾，亲省河堤[④]，举禹之功，河流以复，曹、卫以宁。百姓戴其功，咏其德，歌“宣

房塞，万福来”焉[5]，亦犹是也。如何勿小补哉？

注释

①瓠子：地名，公元前132年，黄河在此决口。

②涓涓：细小的水流。尔：而已。

③坏沮：毁坏。

④省：视察。

⑤歌“宣房塞，万福来”焉：汉武帝创作《瓠子歌》，歌中有“宣房塞兮万福来”语。宣房，宫名，为汉武帝塞瓠子之后所建。

翻译

御史曰：衣服破了不补，就会破得一天比一天厉害，河堤漏水不去堵塞，漏洞就一天比一天大。黄河在瓠子那地方决口时，开始不过是涓涓细流，到最后竟泛滥成灾，成为中原的祸害，使梁、楚受淹，曹、卫受害，城墙被毁坏，财物四处漂流，老百姓爬到树上栖息，千里之内不见房舍，孤儿寡妇无所依靠，老弱的人无处归依。因此已故的武帝同情百姓受灾，亲自视察河堤，像大禹那样致力治水，黄河决口因此得以修复，曹、卫等地才得到安宁。百姓爱戴他的功绩，歌颂他的恩德，歌唱“宣房堵塞，万福来临”。其他政事也像这样，怎么不要在细小之时弥补呢？

文学曰：河决若瓮口而破千里，况礼决乎？其所害亦多矣！

今断狱岁以万计，犯法兹多①，其为灾岂特曹、卫哉！夫知塞宣房而福来，不知塞乱原而天下治也②。周国用之，刑错不用③，黎民若四时各终其序，而天下不孤。《颂》曰：“绥我眉寿，介以繁祉④。”此夫为福亦不小矣。诚信礼义如宣房，功业已立，垂拱无为，有司何补，法令何塞也？

注释

①兹：同“滋”，增益。

②原：同“源”，根源。

③刑错不用：民不犯法，刑无所用。错，通“措”，搁置。

④绥我眉寿，介以繁祉：保佑我平安长寿，赐我多福。绥，安抚。眉寿，长寿。介，给予。祉，福。

翻译

文学说：黄河开始决口时只有瓮口那样大小，最后却冲破千里河堤，何况礼义决口呢？它的危害必然更大了！现在每年审理的案件数以万计，犯法的越来越多，它所侵害岂止是曹、卫一带呢！你们只知道堵塞宣房决口而万福来，却不知道堵塞致乱之源就会天下大治。周朝用礼治国，国家不用刑罚长达四十多年，黎民如果像春夏秋冬四时交替那样自然走完生命历程，那么普天下就没有孤寡的人。《诗经》上说：“保佑我平安长寿，赐我多福。”这样的赐福也不算小了。如果朝廷信仰礼义像对待宣房那样真诚努力，那么功业早已建立，皇上可以垂衣拱手无为而治，官吏还需要补救什么，法令还需要堵塞什么呢？

御史曰：犀铫利鉏[①]，五谷之利而间草之害也。明理正法，奸邪之所恶而良民之福也。故曲木恶直绳，奸邪恶正法。是以圣人审于是非，察于治乱，故设明法，陈严刑，防非矫邪，若隐括辅檠之正弧刺也[②]。故水者火之备，法者止奸之禁也。无法势，虽贤人不能以为治；无甲兵，虽孙、吴不能以制敌[③]。是以孔子倡以仁义而民不从风，伯夷遁首阳而民不可化。

注释

①犀铫：犀利的大锄。犀，锋利。铫，古代一种大锄。鉏：通“锄”。

②隐括：矫正弯曲木材的工具。辅檠：调整弓弩的工具。弧刺：指弯曲不正的样子。

③孙、吴：春秋战国时期的孙子（孙武）、吴起。

翻译

御史说：犀利的大锄，锋利的锄头，对于五谷禾苗有利，而对于苗间的杂草有害。明确的审理，公正的法令，是奸邪之徒所厌恶的，但对人民有好处。因此弯曲的树木厌恶取直的绳墨，奸邪的人厌恶公正的法律。因此圣人明辨是非，详察治乱，制定严明的法令，设置严厉的刑法，防止为非作歹的现象，矫正奸邪之人，正如用隐括和辅檠去矫正那些不直的木材和弓弩一样。所以水是用来防备火的，法是用来禁止奸邪的。没有法律和权力，即使是贤人也不能进行治理；没有盔甲兵器，即使是孙子、吴起也不能克敌制胜。所以孔子提倡仁义，而人民并不听从，伯夷死守仁义逃亡到首阳山，而民众并没有被感化。

文学曰：法能刑人而不能使人廉，能杀人而不能使人仁。所贵良医者，贵其审消息而退邪气也①，非贵其下针石而钻肌肤也。所贵良吏者，贵其绝恶于未萌，使之不为，非贵其拘之囹圄而刑杀之也②。今之所谓良吏者，文察则以祸其民，强力则以厉其下，不本法之所由生，而专己之残心。文诛假法③，以陷不辜④，累无罪，以子及父，以弟及兄。一人有罪，州里惊骇，十家奔亡。若痈疽之相泞⑤，色淫之相连，一节动而百枝摇。《诗》云："舍彼有罪，既伏其辜，若此无罪，沦胥以铺。"痛伤无罪而累也。非患铫耨之不利，患其舍草而芸苗也。非患无准平⑥，患其舍枉而绳直也⑦。故亲近为过不必诛，是锄不用也；疏远有功不必赏，是苗不养也。故世不患无法，而患无必行之法也。

注释

①审消息：审察脉象阴阳盛衰。审，详察，诊断。消息，指人身上气脉盛衰。

②囹圄：监狱。

③文诛：深文罗致。假法：假借法令名义。

④不辜：无罪。

⑤痈疽：毒疮。泞：烂泥，此处指毒疮溃烂。

⑥准平：测量水平的器具，这里指标准。

⑦舍枉绳直：舍弃弯曲，纠正直木。绳，作动词用，纠正。

翻译

文学说：法律可以给人判刑，但不能使人廉洁；法律能够判人死罪，但不能使人讲仁义。良医之所以可贵，在于他能够准确把握脉象的阴阳盛衰，祛除致病的邪气，而不在于用石针去刺皮肉。好的官吏之所以可贵，在于他能够在罪恶尚未萌生之际斩断恶念，使人不去为非作歹，而不在于把犯人监禁起来，判刑或杀死。可是现在所谓好的官吏，动用严法祸害百姓，使用强权暴力残害下属，不根据法律的本意，而是专凭自己残酷的心意行事。深文周纳，假借法令名义，陷害无辜民众，连累无罪的亲属，儿子牵连父亲，弟弟连累哥哥。一人受罪，一州一里都恐惧，许多家庭为之逃亡。如同毒疮持续溃烂，好色淫乱互相影响，一个枝节动摇，百根枝条都晃动起来。《诗经》上说："一人有罪，受到惩办，他人无罪，受到牵连。"这是在怨恨无罪而受连累啊。不怕锄头不锋利，怕的是舍弃杂草而锄掉禾苗。不怕没有测量水平的标准，只怕舍弃弯曲的木头反而去纠正直木。因此，关系亲近的人犯错不坚决处罚，就等于不锄杂草；关系疏远的人有功劳不坚决给予奖赏，就等于不去培育禾苗。因而世上不怕没有法令，就怕没有坚决执行的法律。

周秦第五十七

导读

周朝实行“礼治”，秦朝实行“法治”，所以本篇以“周秦”为篇名，辩论礼治与法治问题。御史坚持以严刑峻法治国，文学则坚持“礼治”，运用礼乐教化治国。

御史曰：《春秋》无名号，谓之云盗，所以贱刑人而绝之人伦也[①]。故君不臣，士不友，于闾里无所容。故民耻犯之。今不轨之民，犯公法以相宠[②]，举弃其亲，不能伏节死理[③]，遁逃相连，自陷于罪。其被刑戮，不亦宜乎？一室之中，父兄之际，若身体相属，一节动而知于心。故今自关内侯以下，比地于伍[④]，居家相察，出入相司[⑤]，父不教子，兄不正弟，舍是谁责乎？

注释

①人伦：这里指人类。

②相宠：互相以为光荣。

③伏节死理：伏法认罪。伏节，服罪。

④比地于伍：古时将百姓相邻的五家编为“一伍”，五家互相监督，如有一家犯罪，其他家不告发，也要受处罚。

⑤相司：相互监督。“司”，通“伺”，窥察。

翻译

御史说：《春秋》上不书写犯罪者的姓名与位号，称他们为“盗”，是为了鄙视犯罪受刑的人，不把他们视为人类。君主不以他们为臣民，士不把罪人视为朋友，罪人在家乡都无藏身之处。因此民众耻于犯罪。现在不守法规的人犯了国法反以为荣耀，完全抛弃亲属，不肯伏法认罪，不断地逃窜，自己陷进了罪恶的深渊，这种人受到刑罚杀头，难道不应该吗？一家之中，父兄之间的关系，就像身体各个部位相连一样，一个关节触动，心里都会知道。所以如今从关内侯以下，实行五家连坐，各家互相窥察，进出互相监督，做父亲的不教育自己的儿子，做兄长的不规劝自己的弟弟，除了父兄，还能追究谁的责任呢？

文学曰：古者，周其礼而明其教，礼周教明，不从者然后等之以刑。刑罚中，民不怨。故舜施四罪而天下咸服，诛不仁也。轻重各服其诛，刑必加而无赦，赦惟疑者。若此，则世安得不轨之人而罪之？今杀人者生，剽攻窃盗者富[①]。故良民内解怠[②]，辍耕而陨心[③]。古者，君子不近刑人，刑人非人也，身放殛而辱后世，故无贤不肖，莫不耻也。今无行之人，贪利以陷其身，蒙戮辱而捐礼义，恒于苟生。何者？一日下蚕室[④]，创未瘳[⑤]，宿卫人主，出入宫殿，由得受奉禄[⑥]，食大官享赐[⑦]，身以尊荣，妻子获其饶。故或载卿相之列，就刀锯而不见闵[⑧]，况众庶乎？夫何耻之有！今废其德教，而责之以礼义，是虐民也。《春秋传》曰：“子有罪，执其父。臣有罪，执其君，听失之大者也。”今以子

诛父，以弟诛兄，亲戚相坐，什伍相连⑨，若引根本之及华叶⑩，伤小指之累四体也。如此，则以有罪反诛无罪，无罪者寡矣。臧文仲治鲁，胜其盗而自矜。子贡曰："民将欺，而况盗乎！"故吏不以多断为良，医不以多刺为工。子产刑二人，杀一人，道不拾遗，而民无诬心⑪。故为民父母，以养疾子⑫，长恩厚而已。自首匿相坐之法立⑬，骨肉之恩废，而刑罪多矣。父母之于子，虽有罪犹匿之，其不欲服罪尔。闻子为父隐，父为子隐，未闻父子之相坐也。闻兄弟缓追以免贼，未闻兄弟之相坐也。闻恶恶止其人，疾始而诛首恶，未闻什伍而相坐也。老子曰："上无欲而民朴，上无事而民自富。"君君臣臣，父父子子。比地何伍，而执政何责也？

注释

①剽攻：抢劫，掠夺。

②解：通"懈"。

③陨心：丧失信心，灰心丧气。

④蚕室：古代受宫刑者为防感染发炎所居的温暖的囚房，这种囚室如同养蚕小屋，故称蚕室。

⑤瘳：痊愈。

⑥由得受奉禄：还领到俸禄。由，通"犹"，仍然，还。奉，通"俸"，俸禄。

⑦食大官：秦汉有大官令丞，主管皇帝膳食。宦官由于宿卫宫廷，故能有机会吃到皇帝赏赐的御厨食物。

⑧刀锯：古代刑具，刀用于割刑，锯用于刖刑。闵：同

“悯”，怜悯，引申为伤心。

⑨什伍：古代五家为“伍”，两伍为“什”。

⑩华：同“花”。

⑪诬心：欺骗的心理，欺骗的念头。

⑫疾子：有病的儿子。

⑬首匿：首谋藏匿罪人。汉时有首匿连坐的法令，武帝时执行最严。

翻译

文学说：古时候，规定周全的礼仪，明确地实施教化。礼仪周密，教化严明，然后对不听从的人按照不同等级施行刑罚。刑罚恰当，百姓没有怨言。所以帝舜惩办了四个坏人，天下都信服，这是因为帝舜诛讨的是不仁之人。根据罪行的轻重分别处以不同的刑罚，应受刑罚的决不宽赦，所赦免的只有那些证据不足的嫌疑犯。这样做，世间哪能找到不守法规的人来判罪呢？现在杀人犯反而活着，抢劫盗窃的人成了富翁，因此良民百姓内心懈怠，放弃耕作而失去信心。古时候，君子不接近受过刑的人，受过刑的人不被当作人，他们或被流放，或被杀死，给他们的后代带来羞辱，所以不论贤或不贤的人，没有不以犯法为耻的。现在品行不好的人，贪得财利以致身陷牢狱之灾，蒙受刑罚耻辱而抛弃礼义，还能长期地苟且偷生。为什么呢？因为有的人受了宫刑，伤未痊愈，就到皇宫值班守卫君主，出入宫殿之中，还享受朝廷俸禄，得到大官的膳食享受，自己本身尊贵荣耀，妻室儿女也获得富裕的生活。因此有人身居卿相之位，蒙受刀锯之刑却不见伤心，何况普通的百姓呢？哪有什么羞耻！如今废除了道德教化，却以礼仪来苛责民众，这是残害老百姓啊。《春秋公羊传》上说："儿子犯罪，抓他的父亲。臣犯了罪，追究他的国君，这是听讼断案过程中最大的失误。"现在因儿子犯了罪而制裁父亲，因弟弟犯了罪而惩办兄长，亲戚之间互相牵连，十家五家之间互相连坐，好比拔树根累及花和叶子，伤害小指而拖累四肢一样。像这样因为一人犯罪而惩办那些无罪的人，天底下无罪的人就太少了。臧文仲在鲁国执政时，战胜盗贼之后自我夸耀。子贡就说："百姓都要欺骗你了，更何况盗贼呢？"所以对执法官员吏来说，不能因为他断案多就称他为好官，对于医生来说，不能因为他针灸多就称他为良医。子产治理郑国，只对两个罪人施刑，杀掉一人，结果出现了道不拾遗的景象，民众也没有欺骗之心。所以身为民众父母官，对民众就要像抚养生病的孩子一样，多多施恩惠罢了。自从施行首匿相坐之法以后，父子兄弟骨肉的恩情废掉了，受刑定罪的人增多了。父母对于儿子，即使有罪仍然将他们藏匿起来，只是不愿服连坐之罪罢了。只听说过儿子为父亲隐瞒罪恶，父亲为儿子隐瞒罪恶的事，从来没听说过父子互相连坐的事情。只听说过兄弟之间放缓追究以便让贼人逃脱，从来没听说过兄弟互相连坐的道理。只听说憎恨坏人，只恨坏人本人，痛恨带头作恶的人而惩办那些首恶之徒，没有听说十家五家互相连坐。老子说："在上位者没有过多欲望，民风自然会淳朴；在上位者不要管得太宽，民众自然会富裕。"做君主的要像个做君主的样子，做臣子的要像个做臣子的样子，做父亲的要像个做父亲的样子，做儿子的也要像个做儿子的样子。如果能这样，邻居何必要编为什、伍？而执政的官员又何必责令什、伍相互监督呢？

御史曰：夫负千钧之重，以登无极之高，垂峻崖之峭谷，下临不测之渊，虽有庆忌之捷①，贲、育之勇②，莫不震慑悼栗者③，知坠则身首肝脑涂山石也。故未尝灼而不敢握火者，见其有灼也。未尝伤而不敢握刃者，见其有伤也。彼以知为非④，罪之必加，而戮及父兄，必惧而为善。故立法制辟⑤，若临百仞之壑，握火蹈刃，则民畏忌，而无敢犯禁矣。慈母有败子，小不忍也，严家无悍虏，笃责急也。今不立严家之所以制下，而修慈母之所以败子，则惑矣。

注释

①庆忌：春秋末年吴国王子，以勇武著称，被公子光的刺客要离所杀。

②贲、育：孟贲、夏育，两人皆是古代著名勇士。

③震慑悼栗：胆战心惊。栗，通“慄”。

④以：通“已”，已经。

⑤制辟：立法。辟，法律。

翻译

御史说：背着千钧重物，来攀登望不到顶的高峰，站在悬崖峭壁上，下临深不可测的深渊，即使有庆忌那样的敏捷，孟贲、夏育那样的勇敢，也没有不胆战心惊的，这是因为他们深知一旦掉下去，就会摔得粉身碎骨，肝脑涂地。所以没有被火烧伤过的人，也不敢用手去抓火，是因为他看到过有人被灼伤。没有被刀子伤过的人，也不敢用手抓刀刃，是因为他看到过有人被割伤。人们已经知道做了坏事一定会被判罪，而且连累到他们的父兄，必然感到害怕因而弃恶从善。所以，制定法律，就好似面临百仞深谷，如同手握炭火，脚踩刀刃，这样民众就会畏惧忌惮，就没有人敢于违犯禁令了。慈善的母亲之所以有不成器的儿子，是因为她不忍心对孩子的小错误进行惩罚。严厉的家庭中没有蛮横的奴仆，是因为管教严格。如今不制定像严厉的家庭那样管制下面人的措施，却采取慈母培养败家子的方法，那就糊涂了。

文学曰：纣为炮烙之刑[1]，而秦有收帑之法[2]。赵高以峻文决罪于内，百官以峭法断割于外。死者相枕席[3]，刑者相望，百姓侧目重足[4]，不寒而栗。《诗》云："谓天盖高？不敢不局。谓地盖厚，不敢不蹐。哀今之人，胡为虺蜥！"方此之时，岂特冒蹈刃哉？然父子相背，兄弟相嫚，至于骨肉根残，上下相杀。非刑轻而罚不必，令太严而仁恩不施也。故政宽则下亲其上，政严则民谋其主。晋厉以幽，二世见杀。恶在峻法之不犯[5]，严家之无悍虏也？圣人知之，是以务和而不务威。故高皇帝约秦苛法，以慰怨毒之民，而长和睦之心，唯恐刑之重而德之薄也。是以恩施无穷，泽流后世。商鞅、吴起以秦、楚之法为轻而累之，上危其主，下没其身，或非特慈母乎！

注释

①炮烙之刑：一种酷刑，将犯人绑在烧红的铜柱之上。

②帑：通“孥”，妻子和儿女。

③枕席：枕藉，交错地倒或躺在一起，这里指尸体横七竖八躺在一起。

④侧目重足：侧目而视，重足而立，形容害怕得很。侧目，不敢正视。重足，叠足而立，不敢前进。

⑤恶：通“乌”，怎么，哪里。

翻译

文学说：商纣王设有炮烙的酷刑，秦朝有收录罪人妻子儿女为官府奴婢的法律，赵高在朝廷之内以苛刻的法律定罪，百官们在各郡县以严酷的刑法斩断刺割民众的身体。死尸纵横，受刑的人一个接着一个，百姓侧目而视，重足而立，真是不寒而栗。《诗经》上说：“天空是何等的高，却不敢不弯下身子。大地是何等的厚，却不敢不小步走路。哀叹世上人们，为何都成毒蛇蜥蜴！”在那时候，岂止是抓火、踩刀刃呢？但是父子互相背弃，兄弟互相欺骗，甚至于骨肉相残，上下之间互相残杀。不是刑罚轻和该惩罚而没有惩罚，而是因为法令太严厉而不施仁义恩德。所以政令宽松就会下亲其上，法律苛刻就会导致百姓谋害君主。晋厉公被大夫囚禁而死，秦二世被赵高所杀。怎么说在严峻的刑法之下就没有犯罪的人，严厉的家庭就没有蛮横的奴仆呢？圣人懂得这个道理，所以务求和谐而不求威严。过去高祖皇帝简化了秦国的苛刻刑法，安慰那些怨恨秦朝的百姓，培养民众的和睦之心，唯恐刑罚太重而恩德太薄。所以恩德无穷，流传后代。商鞅、吴起认为秦国、楚国的法律太轻而增设法令，结果对上危害君主，对下殃及自身，或许不是慈母不教育孩子而造成的后果吧！

诏圣第五十八

导读

“诏”是“告”的意思，“诏圣”就是告以圣人之道。本篇继续就“礼治”和“法治”的问题进行辩论。御史强调执行法治，认为法令应随时代变化而变化，因此不能以上古法令简单来否定当代法令繁多；文学则以成康之治“赏无所施，法无所加”来反驳法治，坚持用礼义治国。

御史曰：夏后氏不倍言，殷誓，周盟，德信弥衰。无文、武之人，欲修其法，此殷、周之所失势，而见夺于诸侯也。故衣弊而革才[①]，法弊而更制。高皇帝时，天下初定，发德音，行一切之令，权也，非拨乱反正之常也。其后，法稍犯，不正于理。故奸萌而《甫刑》作，王道衰而《诗》刺彰，诸侯暴而《春秋》讥[②]。夫少目之网不可以得鱼，三章之法不可以为治[③]。故令不得不加，法不得不多。唐、虞画衣冠非阿[④]，汤、武刻肌肤非故[⑤]，时世不同，轻重之务异也。

注释

①衣弊而革才：衣服破了，重新裁制新衣。才，通“裁”。

②诸侯暴而《春秋》讥：儒家认为《春秋》是孔子在王道衰微之后讥刺时政的作品。

③三章之法：刘邦灭秦后与民众约法三章——杀人者死，伤人及盗抵罪。

④唐、虞画衣冠：传说唐尧、虞舜时人犯了法，只在衣帽上写字或画图以示惩罚。阿：徇私，偏袒。

⑤刻肌肤：指肉刑。非故：并非主观故意如此。

翻译

御史说：夏朝人从不违背诺言，殷朝人立誓，周朝人会盟定约，原来的道德信义逐渐衰落。没有像周文王、周武王那时的人，却要推行他们那时的法律，这就是殷、周失去权势，而被诸侯夺去天下的原因。因此衣服破了才去裁制新衣，法律出了毛病就要重新制定。高祖皇帝时期，天下刚刚安定，他发布仁德政策，推行一时的法令，这是权宜之计，不是治乱归正的典法。后来，犯法的逐渐多了，讼事不能得到正确治理。因此，作奸犯科事件萌生，就有了《尚书·甫刑》的产生，随着王道衰落就有了《诗经》中讽刺宗旨的彰显，由于诸侯暴乱才出现《春秋》的讥刺。渔网的网眼不密，就无法捕到更多的鱼，高祖临时制定的三章之法不能长期用来治民。所以法令不得不增加，法律条文不得不增多。唐尧、虞舜时期在犯人衣冠上画图不是出于袒护，商汤、周武王时用肉刑也不是故意严惩犯人，这是因为时代不同了，治国任务的轻重也就不一样了。

文学曰：民之仰法，犹鱼之仰水。水清则静，浊则扰。扰则不安其居，静则乐其业。乐其业则富，富则仁生，赡则争止。是以成、康之世，赏无所施，法无所加。非可刑而不刑，民莫犯禁也；非可赏而不赏，民莫不仁也。若斯，则吏何事而理？今之治民者，若拙御之御马也，行则顿之，止则击之。身创于箠，吻伤于衔①，求其无失，何可得乎？乾谿之役土崩②，梁氏内溃，严刑不能禁，峻法不能止。故罢马不畏鞭箠③，罢民不畏刑法。虽曾而累之④，其亡益乎⑤！

注释

①吻：嘴角。衔：马嚼子。

②乾谿之役：楚灵王为修章华宫而激发民怨，公子弃疾乘机立公子比为楚王，楚灵王饿死于乾谿。乾谿，春秋时楚国地名。

③罢：同“疲”。

④曾：通“增”，增加。

⑤亡：通“无”，没有。

翻译

文学说：老百姓依赖法律，就像鱼依赖水一样。水清鱼就安静，水浊鱼就惊扰。同样，社会秩序混乱，百姓就不能安居，社会稳定，百姓就安居乐业。安居乐业就会富裕，富裕则仁义产生，富足了就会停止争夺。所以，周朝成、康时代，想奖赏无所施行，法令也无处施加。并不是应当判刑的没有被判刑，而是百姓没有犯法的；也不是应当奖赏的没有获得奖赏，而是百姓没有不讲仁义的。像这样，官吏有何事需要处理？今天的官吏，像笨拙的车夫驾驭马车，马在行走却要它停下，马停下了又要鞭打它。马身上被鞭子打伤，嘴角被马嚼子勒破，在这种情形下要求马没有失误，怎么可能呢？楚灵王因修建乾谿之台，使国家土崩瓦解；梁国内部自行崩溃，严刑峻法也不能禁止。因此疲乏的马不怕鞭打，累垮了的人不怕刑罚，即使是增加法律，大概是没有益处吧？

御史曰：严墙三刃①，楼季难之②；山高于云，牧竖登之③。故峻则楼季难三刃，陵夷则牧竖易山巅④。夫铄金在炉，庄跻不顾；钱刀在路，匹妇掇之⑤。非匹归贪而庄跻廉也，轻重之制异，而利害之分明也。故法令可仰而不可逾，可临而不可入。《诗》云："不可暴虎，不敢冯河。"为其无益也。鲁好礼而有季、孟之难⑥。燕哙好让而有子之之乱⑦。礼让不足禁邪，而刑法可以止暴。明君据法，故能长制群下，而久守其国也。

注释

①严墙：即岩墙，也就是高峻的墙。严，通"岩"。刃：通"仞"。

②楼季：善于攀登的人。

③牧竖：牧童。

④陵夷：山坡平缓。

⑤掇：拾取。

⑥季、孟之难：鲁国三桓季孙氏、叔孙氏、孟孙氏于公元前562年三分公室，又于公元前537年四分公室。

⑦燕哙好让而有子之之乱：燕王哙想模仿尧舜禅让故事，将王位让给丞相子之，结果导致燕国大乱，几乎亡国。

翻译

御史说：三仞的高墙，即使是楼季也难以攀登；高耸入云的山峰，连牧童也能登上山顶。所以，险峻就会使楼季难于登上三仞高墙，山路平缓就会使牧童轻易地爬上山顶。炉内熔化的金子，连庄跻都不会看一眼；钱币扔在路上，普通妇女都会去捡它。这不是妇女贪财而庄跻廉洁，而是由于法律处置的轻重不同，利害分明。所以法律可以依赖而不可逾越，可以遵循而不可以触犯。《诗经》上说："不可空手搏虎，不敢无舟渡河。"因为这样没有好处。鲁国崇尚礼义却有季孙氏、孟孙氏等三分公室的事变，燕王哙迷信禅让却发生了子之之乱。礼让不足以禁止奸邪，而刑法却能制止暴乱。圣明的君主凭借法治，因而能长期统治众民，长久守住国家。

文学曰：古者，明其仁义之誓，使民不逾；不教而杀，是虐民也。与其刑不可逾，不若义之不可逾也。闻礼义行而刑罚中，未闻刑罚行而孝悌兴也。高墙狭基，不可立也，严刑峻法，不可久也。二世信赵高之计，渫笃责而任诛断[①]，刑者半道，死者日积。杀民多者为患，厉民悉者为能[②]。百姓不胜其求，黔首不胜其刑[③]，海内同忧而俱不聊生。故过任之事，父不得于子；无已

之求，君不得于臣。死不再生，穷鼠啮狸[④]，匹夫奔万乘[⑤]，舍人折弓，陈胜、吴广是也。当此之时，天下俱起，四面而攻秦，闻不一期而社稷为墟，恶在其能长制群下，而久守其国也？

御史默然不对。

注释

①渫笃责而任诛断：用繁重的刑罚任意杀人。渫，繁重。笃，通“督”。任诛断，依靠刑罚。

②厉民悉者为能：以欺凌搜刮百姓为能。厉，虐害。悉，全部，尽。

③黔首：秦始皇称老百姓为黔首。

④穷鼠：穷途末路的老鼠。啮：咬。狸：狸猫。

⑤奔：投向，顶头而上，犹言拼命。万乘：谓天子。

翻译

文学说：古时候，宣明仁义的誓约，使百姓不违反礼义；如果不进行教育就杀头，这是残害百姓。与其让刑法不敢被触犯，不如让仁义不可被违反。只听说过推行礼义，刑罚就能运用得恰当，没有听说过刑罚施行而孝悌之风兴起。在狭窄的地基上建筑高墙，是不能建成的。用严刑峻法治理国家，是不能长久的。秦二世听信赵高的计谋，用繁重的刑罚任意杀人，路上一半行人是受过刑的人，被处死的人日益增多。官吏以多杀百姓为忠，以欺凌搜刮百姓为能。老百姓承受不了官府的苛求，平民受不了朝廷的刑罚，天下的人有共同的忧愁而无法生活。因此超过能力的事，连父亲也得不到儿子的帮助。无穷无尽的苛求，连君主也得不到臣子的效忠。如果到了死不复生的地步，穷途末路的老鼠也会咬狸猫，普通老百姓也敢和天子拼命，贵族门下的舍人会因为弓箭折断而杀死主人，陈胜、吴广就是这样的人啊。在那个时候，天下的人同时起义，从四面八方围攻秦朝，听说不到一年的时间，秦朝社稷就成为废墟，哪里还能长期统治民众，长久守住国家呢？

御史默然不作声。

大夫曰：瞽师不知白黑而善闻言①，儒者不知治世而善訾议②。夫善言天者合之人，善言古者考之今。令何为施？法何为加？汤、武全肌骨而殷、周治，秦国用之，法弊而犯，二尺四寸之律③，古今一也，或以治，或以乱。《春秋》原罪④，《甫刑》制狱⑤。今愿闻治乱之本，周、秦所以然乎？

注释

①瞽师：盲人乐师。

②訾议：诽谤，批评。訾，诽谤，诋毁。

③二尺四寸之律：汉朝法律写在二尺四寸的竹简之上。

④《春秋》原罪：《春秋》追究犯罪之源。原罪，根据动机好坏来定罪。

⑤《甫刑》制狱：《甫刑》要求按刑法断案。

翻译

大夫说：盲人乐师虽然不知道白黑，但善于辨别声音；儒生们不懂得治理国家的道理，但他们善于批评。善于谈论天理的人应能合乎人间的事情，善于谈论古代的人应能考察现今的实际。政令为什么要施行？刑法怎样算增加呢？商汤、周武王少用刑罚保全肌骨而国家得到治理，秦朝使用周朝的方法，法制败坏而受到侵犯。写在二尺四寸竹简之上的法律，古今都是一样，有的因为法律得到治理，有的却因为法律陷入混乱。《春秋》追究犯罪动机，《甫刑》要求按照刑法断案。现在愿听听治和乱的根本原因，导致周、秦一治一乱的原因是什么呢？

文学曰：春夏生长，圣人象而为令①。秋冬杀藏，圣人则而为法。故令者教也，所以导民人；法者刑罚也，所以禁强暴也。二者，治乱之具，存亡之效也，在上所任。汤、武经礼、义，明好恶，以道其民②，刑罪未有所加，而民自行义，殷、周所以治也。上无德教，下无法则，任刑必诛，劓鼻盈蔂③，断足盈车，举河以西，不足以受天下之徒，终而以亡者，秦王也。非二尺四寸之律异，所以反古而悖民心也。

注释

①象：取象自然。

②道：同“导”。

③劓鼻盈蔂（léi）：割下的鼻子装满土筐。蔂，盛土的土筐。

翻译

文学说：春生夏长，圣人取象自然而制作政令。秋冬万物肃杀收藏，圣人效法而制定法律。所以政令就是教化，是用来教导民众的工具；法律就是刑罚，是用来禁止强暴的手段。二者是治理国家的工具，有使国家存亡的效果，关键在于君主如何运用。商汤、周武王运用礼义，分明善恶，以引导百姓，没有施加什么刑罚，而百姓自己遵行礼义，这就是殷、周治理得好的缘故。上边不用仁德教化，下边没有法则，滥用刑罚，厉行诛杀，割下的鼻子装满土筐，斩断的脚装满了车子，以至黄河以西地区都不足以容纳天下的犯人，最终因此灭亡，秦始皇就是这样的。并不是二尺四寸竹简所记载的法律有什么不同，而是所作所为违反了古代传统而又背离了人心。

大论第五十九

导读

“大论”，有“总论”之意，犹如其他书籍末尾的“要略”。本篇是全书的总结，双方仍就礼治还是法治的问题展开辩论。大夫认为，时世不同，治国方法就要随之而变，还对儒家学派的老祖宗孔丘加以揭露和批判。文学则认为，治国要从移风易俗入手，用仁义教化来培养良风善俗，且赞扬了孔子拯救乱世的高尚情怀。辩证以双方各执己见而解散。

大夫曰：呻吟槁简①，诵死人之语，则有司不以文学②。文学

知狱之在廷后而不知其事，闻其事而不知其务。夫治民者，若大匠之斫[3]，斧斤而行之，中绳则止[4]。杜大夫、王中尉之等，绳之以法，断之以刑，然后寇止奸禁。故射者因槷，治者因法。虞、夏以文[5]，殷、周以武[6]，异时各有所施。今欲以敦朴之时，治抏弊之民，是犹迁延而拯溺，揖让而救火也。

注释

①槁简：干枯的竹简，指陈旧的古书。

②以：通“似”，如，像。

③斫：砍削。

④中绳：正对上绳墨的界限，即符合标准的意思。

⑤虞、夏以文：虞、夏是以禅让方式实现权力交接。

⑥殷、周以武：商汤、周武王是以武力夺取政权。

翻译

大夫说：抱着古书哼哼唧唧，诵读死人的语句，朝廷官吏不像你们文学。你们文学只知道牢狱在朝廷后边，但并不知狱中事情，即使是听说了里边的事，也不知如何处理。治理民事，就像木匠砍削，挥动斧斤，符合绳墨就停止。杜周大夫、王温舒中尉等人，将罪人绳之以法，判刑定罪，然后盗寇止息，奸邪禁止。所以射手要根据箭靶射箭，治理国家要依靠法律。虞、夏运用文治方法，殷、周则以武力夺取政权，时代不同就各有一套治国的措施和办法。如今想用敦朴时代的文教，来治理那些狡诈的民众，就像是拖延时间去拯救落水者，互相打躬作揖去救火一样。

文学曰：文王兴而民好善，幽、厉兴而民好暴，非性之殊，风俗使然也。故商、周之所以昌，桀、纣之所以亡也，汤、武非得伯夷之民以治，桀、纣非得跖、蹻之民以乱也，故治乱不在于民。孔子曰："听讼吾犹人也，必也使无讼乎！"无讼者难，讼而听之易。夫不治其本而事其末，古之所谓愚，今之所谓智。以棰楚正乱①，以刀笔正文②，古之所谓贼，今之所谓贤也。

注释

①棰楚：古代一种杖刑。

②刀笔：用刀笔书写判词，此处指刑罚。古时用笔把字写在竹木简上，有误时，以刀削之，用笔重写。

翻译

文学说：周文王兴起，人们就很善良，周幽王、周厉王兴起，人们就很凶暴，这不是民众性格发生变化，而是社会的风俗所造成的。所以商朝和周朝之所以昌盛，夏桀和商纣王之所以灭亡，并不是因为商汤、周武王得到伯夷这样的民众才得到治理；夏桀、商纣也并不是因为得了像柳下跖、庄蹻这样的民众才导致大乱。所以国家的兴盛和衰败并不在于百姓。孔子说过："审理诉讼案件，我和别人差不多，一定要使没有人打官司才好。"没有诉讼很难做到，有诉讼而去审理案件却是容易的。不治理根本（从根本上推行仁义给以引导），而从事末端（在事件发生后才用刑法去制裁），这就是古人所说的愚，今人所说的智。以刑杖来制止社会混乱，用法吏刀笔判词来纠正文治，这就是古人所说的贼，今人所说的贤。

大夫曰：俗非唐、虞之时，而世非许由之民[1]，而欲废法以治，是犹不用隐括斧斤，欲挠曲直枉也。故为治者不待自善之民，为轮者不待自曲之木。往者，应少、伯正之属溃梁、楚，昆卢、徐谷之徒乱齐、赵，山东、关内暴徒，保人阻险[2]。当此之时，不任斤斧[3]，折之以武，而乃始设礼修文，有似穷医，欲以短针而攻疽，孔丘以礼说跖也[4]。

注释

①许由：传说中的上古高士，尧以天下让之，他不受而逃隐。

②保人阻险：聚众恃险。保，通“堡”，聚集。阻，恃。

③斤斧：这里借喻刑罚。

④孔丘以礼说跖：孔子本想以礼义劝说盗跖，结果大败而归。

翻译

大夫说：现在的风俗不是尧舜时的风俗，世上也不都是像许由那样的百姓，而你们却想废除法律来治理民众，就犹如不用矫正曲木的工具和斧头，却想把直的东西弄弯曲、把弯曲的东西弄直一样。所以，治理国家的人，并不期待天生善良的百姓；做车轮的工匠，也并不等待自然弯曲的树木。从前，应少、伯正一伙人在梁、楚一带造反，昆卢、徐谷一伙人在齐、赵作乱，关外和关内的暴徒，聚众恃险。在这种情况下，不使用刑罚，不用武力镇压他们，而去修礼义，施仁德，这就如同无能的医生，想以短针治疗毒疮，如同孔丘用礼义游说盗跖一样。

文学曰：残材木以成室屋者，非良匠也。残贼民人而欲治者，非良吏也。故公输子因木之宜，圣人不费民之性[①]。是以斧斤简用，刑罚不任，政立而化成。扁鹊攻于凑理[②]，绝邪气，故痈疽不得成形。圣人从事于未然，故乱原无由生[③]。是以砭石藏而不施[④]，法令设而不用。断已然，凿已发者，凡人也。治未形，睹未萌者，君子也。

注释

①费：通“拂”，违背。

②凑理：即腠理，经络的脉理。

③原：同“源”，根源。

④砭石：古代治病用的石针。

翻译

文学说：糟蹋木材来建筑房屋，不算好木匠。残害民众来进行治理，不算好官吏。因此鲁班顺应木材所宜，圣人不违背民众的天性。因此，好木匠少用斧头，好官吏不使用刑罚，政令制定后教化随之而成。扁鹊治疗病人经络腠理，断绝致病的邪气，所以毒疮就不易形成。圣人在事件未发生之前进行教化，所以混乱的根源也就不会产生。这样，治病的石针就可以收藏起来，法令设置而不用施行。诊断已经明显的病情，处理已经发生的事件，这种人只是普通人。治闻未成形的病，看到未发生的事，这样的人才是真正的君子。

大夫曰：文学所以称圣知者，孔子也，治鲁不遂[①]，见逐于齐[②]，不用于卫[③]，遇围于匡[④]，困于陈、蔡[⑤]。夫知时不用犹说，强也；知困而不能已，贪也；不知见欺而往，愚也；困辱不能死，耻也。若此四者，庸民之所不为也，何况君子乎！商君以景监见[⑥]，应侯以王稽进[⑦]。故士应士，女因媒。至其亲显，非媒士之力。孔子不以因进见而能往者，非贤士才女也。

注释

①治鲁不遂：指孔子在鲁做官，很不得意。遂，成功。

②见逐于齐：指齐景公欲以尼谿田封孔丘，受到齐相晏婴的阻挠。

③不用于卫：孔子在周游列国的十四年中，曾数次出入卫国，均未得到卫君重用。

④遇围于匡：孔子长相似阳虎，而阳虎曾对匡人施暴，因此孔子在自卫至陈、路过匡地时，被匡人误以为是阳虎而将孔子包围。

⑤困于陈、蔡：楚国使人聘孔子，陈蔡害怕孔子在楚国受到重用而对自己不利，因此派兵将孔子困于野地。

⑥商君以景监见：商鞅刚到秦国，靠秦孝公的宠臣景监的推

荐，才见到秦孝公。

⑦应侯以王稽进：范雎通过王稽的推荐才得到秦昭王的任用，最后当上了秦国的丞相。应侯，即范雎。

翻译

大夫说：文学所称道的圣人和智者，就是孔子。孔子治理鲁国不成功，被齐国驱逐，在卫国得不到任用，在匡地遭到包围，在陈、蔡野地被围困。孔丘明明知自己不为时人所用还要到处游说诸侯，这是顽固；明知自己处境困窘而不肯罢休，这是贪婪；不知道自己会被欺骗而前往，这是愚蠢；走投无路，遭人侮辱，还想苟活下去，这是无耻。“强”“贪”“愚”“耻”这四样，一般老百姓都不去做，更何况君子呢！商君是通过景监引荐而见到秦孝公，应侯范雎是通过王稽而得到进用。所以士人通过别人的推荐才被录用，少女靠媒人的介绍才出嫁。至于能不能亲近君主飞黄腾达，却不只是只靠推荐或介绍人的力量了。孔子不是通过他人引荐去进见诸侯，他却周游列国，到处游说，可见他并不是像贤士和才女那样的人啊！

文学曰：孔子生于乱世，思尧、舜之道，东西南北，灼头濡足[①]，庶几世主之悟[②]。悠悠者皆是，君闇[③]，大夫妒，孰合有媒？是以嫫母饰姿而矜夸，西子彷徨而无家。非不知穷厄而不见用，悼痛天下之祸，犹慈母之伏死子也，知其不可如何，然恶已[④]。故适齐，景公欺之，适卫，灵公围，阳虎谤之，桓魋害之。夫欺害圣人者，愚惑也！伤毁圣人者，狂狡也。狡惑之人，非人

也。夫何耻之有！孟子曰："观近臣者以所为主，观远臣者以其所主。"使圣人伪容苟合，不论行择友，则何以为孔子也！

注释

①灼头濡足：烧着头，湿了脚。这里指头顶烈日，跋山涉水。

②庶几：副词，表示希望和可能，差不多。

③闇：同"暗"，糊涂，昏愦。

④恶：通"乌"，疑问词，哪里。

翻译

文学说：孔子生在乱世，思慕尧、舜之道，东西南北，头顶烈日，跋山涉水，四处奔走游说，希望诸侯醒悟。天下普遍的情形是，君主昏暗，大夫嫉妒，谁会给他当介绍人呢？因此丑女嫫母修饰姿容而矜持自夸，美女西施徘徊而无婆家。并不是孔子不知道自身处境困窘和不会被录用，而是他伤痛天下乱祸，犹如慈母伏在死去的儿子身上一样，明知不可能有所作为，然而怎么能停止救世呢？所以，孔子到了齐国，景公欺骗他；跑到卫国，灵公使人围攻他，阳虎批评他，桓魋要杀害他。欺骗陷害圣人的人，是愚蠢无知的；伤害诋毁圣人的人，是疯狂狡诈的。狡诈狂惑的人，不是真正的人。他们哪里有什么羞耻感！孟子说："观察在国君身边的臣子，要看他接待的是什么人，观察远方来的臣子，要看他被什么人所接待。"假使圣人伪装欢容曲意迎合，不根据品行去选择朋友，那么又怎么能成为孔子呢！

大夫抚然内惭[①]，四据而不言[②]。

当此之时，顺风承意之士如编[③]，口张而不歙[④]，舌举而不下，闇然而怀重负而见责。

大夫曰：诺，胶车倏逢雨[⑤]，请与诸生解。

注释

①抚然：失望的样子。抚，通“怃”。

②四据：以手据地，手和足都据在地上。

③如编：像编成一排似的，即依次列坐。

④歙：通“噏”，合。

⑤胶车倏风雨：车子用胶粘合，遇到雨水后会散开。这是古代歇后语，意思是四散、解散。倏，突然。

翻译

大夫心里感到失望和惭愧，以手据地而不再说话。

这个时候，那些看风使舵、阿谀奉承大夫的人，像编成一排似的，嘴巴张开而合不拢，舌头抬起来而放不下，神态黯然，如同怀有重担而被斥责一般。

大夫说：好啦，胶车突然突然遇上了雨，请诸位儒生解散吧。

杂论第六十

导读

本篇是《盐铁论》作者桓宽以“客”的名义说明自己编述此书的原因和对辩论双方观点的看法，犹如今人所写的“编后记”或“后序”。他认为文学、贤良与公卿的分歧实质上是义利之辨：文学、贤良崇尚仁义，而公卿追求权力财利。桓宽赞美文学、贤良高举六经旗帜，探讨天下致太平的根源。而他虽肯定御史大夫桑弘羊是博学通才之士，但也批评他不能坚持仁义准则、不能效法古代圣王以德化民、一味追逐财利的行为，认为这将导致他身死族灭。他对车千秋丞相明哲保身的行为表示不满，对丞相史和御史曲意逢迎上司的行为表示不屑。

客曰[①]：余睹盐、铁之义[②]，观乎公卿、文学、贤良之论，意指殊路，各有所出，或上仁义[③]，或务权利。异哉吾所闻。周、秦粲然，皆有天下而南面焉，然安危长久殊世。始汝南朱子伯为予言：当此之时，豪俊并进，四方辐凑[④]。贤良茂陵唐生、文学鲁国万生之伦，六十余人，咸聚阙庭[⑤]，舒六艺之风，论太平之原。智者赞其虑，仁者明其施，勇者见其断，辩者陈其词。訚訚焉，侃侃焉，虽未能详备，斯可略观矣。然蔽于云雾，终废而不行，悲夫！公卿知任武可以辟地，而不知广德可以附远；知权利可以广用，而不知稼穑可以富国也。近者亲附，远者说德，则何

为而不成，何求而不得？不出于斯路，而务畜利长威，岂不谬哉！中山刘子雍言王道，矫当世，复诸正，务在乎反本。直而不徼[⑥]，切而不燥[⑦]，斌斌然可谓弘博君子矣[⑧]。九江祝生奋由路之意，推史鱼之节，发愤懑，刺讥公卿，介然直而不挠[⑨]，可谓不畏强御矣。桑大夫据当世，合时变，推道术，尚权利，辟略小辩，虽非正略，然巨儒宿学恧然[⑩]，不能自解，可谓博物通士矣。然摄卿相之位，不引准绳，以道化下，放于利末，不师始古。《易》曰："焚如弃如，"处非其位，行非其道，果陨其性[⑪]，以及厥宗。车丞相即周、吕之列，当轴处中，括囊不言。彼哉！彼哉！若夫群丞相、御史，不能正议以辅宰相，成同类，长同行，阿意苟合，以说其上[⑫]，斗筲之人[⑬]，道谀之徒，何足算哉！

注释

①客：这里指本书作者桓宽。

②义：通"议"，议论。

③上：同"尚"，崇尚。

④辐凑：即辐辏，车轮的辐条聚集到车毂的中心，这里比喻人才聚集。

⑤阙庭：朝廷。

⑥徼：抄袭、窃取。

⑦燥：空洞。

⑧斌斌然：文雅的样子。斌斌，通"彬彬"，有文采的样子。

⑨介然：耿直的样子。挠：弯曲。

⑩恧然：惭愧的样子。

⑪陨：同“殒”，死亡。性，同“生”，生命。

⑫说：同“悦”，讨好。

⑬斗筲（shāo）之人：比喻气度见识狭小之人。

翻译

客人（即本书作者桓宽）说：我看了盐铁官营的争议记录，看到了公卿、文学、贤良的辩论之词，双方思想旨趣完全不同，各自都有自己的理论出处。有的崇尚仁义，有的注重权势财利。我所听到的与此不同。周、秦曾经很兴盛，都统治过天下而称王，但周秦安危状况与享国长短却完全不同。当初汝南的朱子伯曾经告诉我：朝廷召开盐铁会议的时候，贤良、文学一起进京，四方人才聚集在一起。贤良有茂陵唐先生、文学有鲁国万先生之辈，总共有六十余人，都聚集到朝廷，叙谈六经的风教，议论使天下太平的根本办法。智慧的人出谋划策，仁厚的人阐明如何施行，勇敢的人显示自己的果断，善于辩论的人陈述他们的言辞。有的儒生发言时正直恭敬，有的儒生说话时温和快乐，虽然没能展现所有儒生风度，但从他们身上已经见出大概了。然而他们的办法却被云雾遮住（被公卿所阻），终于被放弃而未能付诸实行，真令人痛心啊！公卿（指桑弘羊等人）只知道用武力可以开疆辟土，却不知道广施仁德可以使远方归附；只知道权力财利可以拓展财用，而不知道勤于耕种可以使国家富强。如果邻国亲近归附，远方异族受到恩德而心悦诚服，那么做什么不能成功，追求什么而得不到呢？不从这条路去考虑问题，却注重聚集财富，助长军威，岂不是荒谬吗？中山的刘子雍讲到王道，认为矫正当今的错误，回到正确的轨道，关键在于恢复礼义这个王道根本。他说话正直而不蹈袭前人，切实而不空洞，文质彬彬，可以算是一位知识广博的君子。九江郡祝先生发扬子路的精神，继承史鱼的义节，抒发内心的愤慨，刺讥公卿之弊，耿直不屈，可以说是不畏强权。桑弘羊大夫凭借当朝执政地位，迎合时势变化，推行法家道术，崇尚权势财利，开辟小辩之术，虽然不是王道正确方法，然而使像贤良、文学这样的大儒博学之士感到惭愧，不能自行摆脱困境，桑大夫可算是博学通才之士。然而他处在卿相这样的高位，不能援引正确的准则，以王道教化下民，却追逐工商业这种末利的发展，而不效法古代的治国方法。《易经》九四爻辞说："向上焚烧，弃之于道。"桑大夫如同九四爻一样，处于为众所弃的危险地位，其行为不合正道，最终丧失了自己的性命，殃及他的宗族。车千秋丞相处于周公、吕望的地位，在会议中像车轴一样处于朝廷的核心，可是他却闭口不言，保全自身，他啊！他啊！至于丞相史、御史们，不能发表正确议论来辅佐上司，只是成全同侪官员，助长同行之人，奉承迎合，以此讨好上级，这些见识狭小的人，这些阿谀逢迎之徒，哪里值得一谈！